Roland Weis

Hochmoorleichen
Ein Kriminalroman

Roland Weis

Hochmoorleichen

Ein Kriminalroman

rombach verlag

Auf dem Umschlag: Hochmoor in Hinterzarten

Umschlag: Rombach Verlag GmbH & Co. KG, Freiburg i.Br.
Satz: Rombach Druck- und Verlagshaus GmbH & Co. KG, Freiburg i.Br.
Herstellung: Rombach Druck- und Verlagshaus GmbH & Co. KG, Freiburg i.Br.
ISBN 978-3-7930-5177-0

INHALT

VORREDE

Der krumme Lebensweg von Alfred geht weiter. Der ebenso lebenslustige wie planlose Lokalreporter tappt erneut mitten hinein in einen Kriminalfall, der im Hochschwarzwald spielt. Diesmal in Hinterzarten. Ebenso wenig, wie der Ort Hinterzarten erfunden ist, sind auch das Hochmoor, die Adlerschanze, die Buchhandlung Baeuchle oder die Zimmerei Ganter erfunden. Das gibt es alles in Hinterzarten. Und deswegen sind auch die Personen nicht erfunden, jedenfalls nicht alle. Wie in allen Krimis mit dem Lokalreporter Alfred spielen auch in diesem Krimi tatsächlich lebende Personen aus dem Hochschwarzwald und aus Freiburg mit. Immer wieder werde ich gefragt, ob denn das statthaft sei, ob ich die jeweiligen Personen um Erlaubnis gefragt habe, ob ich ihnen das Manuskript vorher zum Lesen gegeben habe.
Die Antwort lautet jedes Mal mehr oder weniger: nein.
Jeder Ort hat seine bekannten Gesichter. Man muss keinen Bürgermeister erfinden, keinen Feuerwehrkommandanten, keinen Förster und keinen Zimmermeister, wenn es die schon gibt und sie jedermann kennt. Diese Krimi-Reihe heißt „Schwarzwaldkrimi". Der Schwarzwald wird dabei auch nicht erfunden, sondern es spielt genau jener Schwarzwald die Hauptrolle, den es auch wirklich gibt. Bei meinen Schwarzwaldkrimis bedeutet das auch immer: Die Dörfer heißen so, wie sie heißen, die Gasthäuser heißen so, wie sie heißen und die Bürgermeister oder sonstigen Ortshonoratioren heißen ebenfalls so, wie sie heißen. Und wenn meine Hauptpersonen ein Gasthaus betreten, das es auch tatsächlich gibt, dann treffen sie dort keine Fantasiewirtin und keine Fantasiestammgäste an, sondern eben genau jene Leute, die man in der Realität dort antrifft.

Da ich bemüht bin, alle real existierenden Personen so wohlwollend wie möglich, so sympathisch wie sie es verdient haben und so positiv wie sie es sich wohl wünschen würden, darzustellen, minimiere ich den möglichen Unmut. Außerdem baue ich nur solche Personen in meine Krimis ein, die ich auch wirklich gut zu kennen glaube. Ich habe noch nie ernsthafte Beschwerden erhalten, stattdessen aber eine lange Liste von Freunden und Bekannten, die den formlosen Antrag bei mir eingereicht haben, doch auch einmal in einem Alfred-Krimi mit aufgenommen zu werden. Manch einem wird der Wunsch hiermit erfüllt.

Roland Weis im August 2018

MOORLEICHEN

Moorleichen waren für Förster Eugen Winterhalder eine Mär. Eine Sache aus schlechten Kriminalromanen. Und in einem solchen befand er sich ja nicht, als ihm gleich mehrere Moorleichen begegneten. Er befand sich auf dem morgendlichen Rundgang durch sein Revier, durch das sumpfige Hinterzartener Hochmoor.

Der Sumpf birgt viele Geheimnisse, große und kleine. Zu den kleinen gehören alte Autoreifen, ausgediente Waschmaschinen und abgebrochene Skistöcke. Jedes Jahrzehnt hat im moorigen Untergrund etwas hinterlassen. Drei, fünf, an manchen Stellen acht Meter tief lagern die Zeugnisse menschlichen Kulturschaffens. Eine Sense aus dem 17. Jahrhundert wurde 1934 geborgen, als man meinte, man müsse Torf abbauen. Viel gruseliger sind die wirklich großen Geheimnisse des Hochmoores. Dämonen, Geister, Wiedergänger, Leichen. Den Aufhocker gibt es wirklich. Glauben viele. Das ist ein Sumpfmonster, das in der Dämmerung lauert und ahnungslosen Menschen auf den Rücken springt. Und wenn es da erst einmal sitzt, dann lässt es sich nicht mehr abschütteln. Stattdessen wächst es und wird immer größer und schwerer. So lange bis sein Opfer unter der Last im Moor versinkt.

Es blubberte. Instinktiv sprang Eugen Winterhalder einen Schritt seitwärts. Ein Aufhocker in der Morgendämmerung? Der Förster musste über sich selber lachen. Er glaubte doch nicht an diese Kindermärchen. In den zwanzig Jahren, die er nun bald schon als Revierförster für das Hinterzartener Hochmoor zuständig war, war ihm noch nie ein Dämon begegnet. Auch keine Leiche. Nicht einmal ein versunkener Gummistiefel.

Es stand noch Nebel zwischen den Bäumen. Dazwischen kroch bereits die Morgensonne durch die Wipfel. Die Nebelschlieren vagabundierten wie späte Partygäste durch das morgendliche Hochmoor, irgendwie unschlüssig, ob die Party schon zu Ende sei, oder vielleicht noch etwas passieren würde. Bald würden sie sich verflüchtigen. Die Vögel zwitscherten beherzt gegen den Morgendunst an und riefen den Tag herbei. Förster Eugen Winterhalder, ein stämmiger Wikingertyp mit Schnauzbart und strohblondem, schon leicht angegrautem Haar, blieb kurz stehen und schnupperte in die Morgenluft. Es roch würzig und frisch. Die Düfte des Hinterzartener Hochmoores: eine Mischung aus Laub, Wasser, Moder und Baumrinde. Der morgendliche Kontrollgang durch das Hinterzartener Hochmoor löste bei einem Naturmenschen, wie Revierförster Winterhalder einer war, stets eine große Dankbarkeit aus. Wie schön die Welt doch war. Aus den Augenwinkeln beobachteter er zwei Eichhörnchen, die sich durch die Moorkiefern jagten, an den Stämmen hinauf und hinunter. Winterhalder stand auf dem hölzernen Bohlenweg, der das Moor einmal in seiner gesamten Breite durchquerte und es für Spaziergänger und Wanderer erschloss. Unter dem Steg plätscherte ein braunschwarzes Rinnsal und verlor sich irgendwo zwischen Wollgras und Moosbeere. Ein gelber Zitronengirlitz flog vorbei wie ein verirrter Tennisball vom nahegelegenen Tenniszentrum. Eugen Winterhalder fuhr sich mit den Fingern durch den struppigen Schnauzbart und registrierte zufrieden, dass sich alles ringsum in Einklang befand. Als Naturmensch spürte er die Harmonie. Das Moor dampfte vor sich hin, während es erwachte. Keine störenden Geräusche, keine störenden Besucher.

Mit Grausen dachte Eugen Winterhalder an jenen Vorfall vor einigen Tagen zurück, als der Fahrer eines Paketlieferwagens versucht hatte, mit seinem Fahrzeug just auf jenem Holzbohlenweg, auf dem der Förster jetzt stand, das Moor zu durchqueren. Das Navi habe ihm diesen Weg als Abkürzung gewiesen, so behauptete der Paketzusteller später, als ihn die Freiwillige Feuerwehr mit der Seilwinde aus dem Sumpf ziehen musste. Denn die Abkürzung hatte natürlich nicht funktioniert. Irgendwie hatte es der Paketzusteller mit seinem Lieferwagen zwar über den Bohlenweg geschafft, obwohl dieser nur wenige Zentimeter breiter als der Wagen war. Aber am Ende des Bohlenweges war dann auch Ende der Abkürzung gewesen. Der Lieferwagen geriet mit den Rädern in ein Sumpfbächlein, sank ein, konnte sich nicht mehr selbst befreien und steckte schließlich bis zur Achse im Schlamm. Die Feuerwehr musste eingreifen. Naserümpfend betrachtete Eugen Winterhalder jene Stelle, an der sich die Havarie ereignet hatte. Noch immer waren die tiefen Reifenspuren im moorigen Boden deutlich zu erkennen. Und das Gestrüpp ringsum, die hohen Stauden des Engelwurz, die Seggengräser, welche durch den Feuerwehreinsatz niedergetrampelt oder unter die Räder geraten waren, hatten sich noch immer nicht erholt. Plötzlich stutzte Eugen Winterhalder. Sein Hund Arko schlug an. Der aufmerksame Deutsch Langhaar schlug sich seitlich in die Büsche und drang in eine der typisch zugewucherten Moorschlenken ein. Er hatte etwas entdeckt. Eugen Winterhalder pfiff. Ein Kommando, auf das Arko normalerweise sofort reagierte. Aber nichts geschah. Arko hechelte weiter durchs Moorgestrüpp. „Arko, hier, hierher!“, befahl das Herrchen. Der Hund antwortete mit einem Winseln, rührte sich aber nicht von der Stelle. Das bedeutete, Arko hatte etwas entdeckt. Ein totes Tier? Ein verletztes Tier? Missmutig verließ Eugen Winterhalder den befestigten Weg. Manchmal entsorgten Menschen ihren Müll im Hochmoor. Dann fanden sich gan-

ze Plastiktüten voller Unrat, darunter oft auch gammelnde Lebensmittel, altes Brot, halbleere Büchsen, schimmelnde Tomaten. Für Hundenasen eine unwiderstehliche Mischung. Einmal hatten Unbekannte ein halb filetiertes Spanferkel im Hochmoor entsorgt, offensichtlich die Reste einer Sommernachtsparty. Arko hatte es am nächsten Morgen zuverlässig erschnüffelt. Mit etwas Ähnlichem rechnete Eugen Winterhalder jetzt wieder. Arko schlug an. Er hatte auf jeden Fall etwas gefunden, was nicht dahin gehörte. Das aufgeregte Bellen hallte durch den morgendlichen Moorwald. Was ging nur in solchen Menschen vor, die ihren Müll in der freien Natur entsorgten? Dazu noch in einem Naturschutzgebiet wie dem Hochmoor. Der Revierförster bog den Stamm einer jungen Moorbirke zur Seite, um in die Schlenke einzudringen. Mit einer Hand behielt er das Birkenstämmchen im Griff. Das braune Moorwasser gurgelte um seine schweren Stiefel. Die Moorschlenken, muldenartige Vertiefungen, in denen sich das Wasser sammelte, gehörten zu den gefährlichen Zonen. Eugen Winterhalder war erfahren genug, um zu wissen, wie weit er sich hineinwagen durfte. Im Hinterzartener Hochmoor gab es viele solche Stellen, heimtückische schwarze Löcher. Sie blubberten harmlos vor sich hin, oft noch getarnt durch den grünen Teppich von Bleichmoos, der die Gefahr unsichtbar machte.
Arko bellte nur wenige Meter entfernt. Eugen Winterhalder setzte den Fuß auf eine Seggenstaude, weil er wusste, dass dieses typische Moorgras meist auf festem Grund wuchs. Er nutzte die Staude als Trittstein, um noch einige Meter weiter in die Senke vorzudringen. Arko stand bis zum Bauch im Wasser und kläffte sich die Seele aus dem Leib, wie er es immer tat, wenn etwas Ungehöriges im Wald geschah. Jetzt sah Eugen Winterhalder, warum sein Hund so aufgebracht kläffte. Es war ein Arm! Ein menschlicher Arm, der aus dem

Moorwasser ragte, wie das Ende eines versunkenen Astes. Am Ellbogen bildete er einen Knick, so dass der Unterarm fast ins Moorwasser zurückfiel. Die dazugehörige Hand war in den herabhängenden Ast einer Traubenkirsche verkrallt. Fast so, als hätte der Mensch, der zu diesem Arm gehörte, versucht, sich an der Traubenkirsche aus dem Sumpf zu ziehen. Eugen Winterhalder widerstand dem Impuls, näher hinzugehen und nachzuforschen, was unter der schwarzen Wasseroberfläche steckte. Dass er es mit einer Moorleiche zu tun hatte, war ihm auch so klar. Und das in seinem Revier! Unaufgeregt, wie es seine Art war, wog er ab, was zu tun sei. Hier war nicht mehr der Förster gefragt. Das war ein Fall für die Polizei. Eugen Winterhalder griff zu seinem Handy. Bevor er den Notruf wählte, machte er zur Sicherheit ein paar Fotos. Er zoomte den düsteren Tümpel mit seiner Handykamera zu einer Großaufnahme heran. Dabei entdeckte er eine weitere Anomalie: Ein menschlicher Schädel, nur wenige Zentimeter unter der Wasseroberfläche. Er setzte die Kamera ab und spähte über die brackige Wasseroberfläche. Das war irgendwie unmöglich. Der Schädel war viel zu weit vom Arm entfernt, fast drei Meter. Gehörten diese beiden menschlichen Teile zusammen? Arko kläffte weiter das Sumpfwasser an, er war nicht zu beruhigen. Jetzt suchte Eugen Winterhalder mit zusammengekniffenen Augen die gesamte Umgebung ab. In der Moorschlenke standen etliche teils miteinander verbundene Wassertümpel, durchwachsen mit Beeren- und Heidekräutern, Wollgras, Seggen und Fieberklee. Noch ein Arm! Wiederum mehrere Meter von den beiden anderen Fundstellen entfernt. Er schwebte unter der Wasseroberfläche, und ob ein Corpus zu ihm gehörte, war aus der Entfernung nicht auszumachen, aber Eugen Winterhalder wollte es auch nicht so genau wissen. Er war normalerweise hartgesotten, aber nun wusste er endlich, was darunter zu verstehen war, wenn vom kalten Grauen die Rede war. Normalerweise war er kein ängstlicher Mensch. Im Gegenteil, er verkörperte geradezu den herzhaften und bodenständigen Schwarzwälder: Aufgewachsen auf einem Bauernhof, immer in der Natur unterwegs, geradeheraus und kantig, unerschrocken, zupackend. In Hinterzarten schätzte man ihn als langjährigen Gemeinderat und ehrenamtlichen Stellvertreter des Bürgermeisters. Nun aber spürte er, wie sich ihm die Nackenhaare aufstellten und eine Gänsehaut ihn überzog. Das waren nun doch ein paar Leichen zu viel. Für den Revierförster ebenso wie für seinen Hund. Eugen Winterhalder alarmierte die Polizei.

PRIVATINSOLVENZ (1)

Alfred besaß drei verschiedene Visitenkarten, die er sich alle selbst gebastelt hatte. Er drehte sie zwischen den Fingern hin und her und überlegte, welche für diesen Anlass wohl die angemessene wäre.

Die Dame an der edlen Empfangstheke von „Schiller&Partner“ im Foyer eines aufwändig sanierten Palais in Freiburg-Herdern wartete geduldig. Sie wirkte auch irgendwie edel furniert. Das Kastanienbraun ihrer kunstvoll toupierten Frisur korrespondierte jedenfalls harmonisch mit dem Mahagoni ihres Mobiliars. Ihr Make-up verlieh ihr eine perfekte Maske puppenhafter Unantastbarkeit. Alfred hätte nicht einmal ihr Alter schätzen können. Vielleicht war sie schon 40. Zu einer anderen Zeit und unter anderen Umständen hätte Alfred sie beflirtet. Unattraktiv war sie nicht. Nur kühl. Jetzt aber war er nur ein nackter Bittsteller.

„Ich bin angemeldet“, sagte Alfred. Er konnte seine Verlegenheit nicht verbergen. Zumal die Atmosphäre in den Geschäftsräumen dieser hochdekorierten Anwaltskanzlei ihn noch kleiner werden ließ, als er sich ohnehin schon fühlte. Gott, wie war das alles peinlich. Die Visitenkarte „Journalist – Redakteur – Autor“ verwarf er. Zurzeit war er nun mal weder Redakteur noch Autor. Der letzte Auftrag lag Monate zurück. Auch „Privatdetektiv – Recherche – Überwachung – Ermittlung. Detektei A.L.F. Red.“ schien ihm völlig unangemessen. Um die Wahrheit zu sagen: Alfred hatte bislang erst einen einzigen Auftrag als Privatdetektiv erhalten. Er musste eine entlaufene Katze wiederfinden. Das war ihm auch gelungen, damals in Oberried. Ein Jahr war das schon her. Sein bisher einziger Fall. Hundertprozentige Aufklärungsquote. Vielleicht sollte er damit angeben. Er verwarf den Gedanken. Blieb die dritte Visitenkarte: „Historiker und Autor – Firmen und Vereinschroniken“. Auch dieses Geschäftsfeld war bislang nicht wirklich eine Erfolgsstory. Er stopfte alle drei Visitenkärtchen wieder in sein Portemonnaie, in dem es außer Visitenkarten, dem Studentenausweis und diversen Plastikkarten keinen weiteren Inhalt gab – jedenfalls kein Bargeld. Resigniert erwiderte er den geduldigen Blick der Empfangsdame: „Student!“, gab er dann zu Protokoll.

„Sie sind angemeldet bei Dr. Schiller persönlich?“, fragte die Kastanienbraune skeptisch. Diskret, aber nicht so, dass es Alfred entgangen wäre, musterte sie seine Erscheinung. Offenbar sah er nicht so aus wie jemand, den Dr. Schiller persönlich empfing. Klar, er trug nur ein T-Shirt und ausgewaschene Jeans, außerdem zerfledderte Stoffslipper, die sich bereits in ihre Bestandteile auflösten, aber sein Termin war echt. „Ich kenne Herrn Dr. Schiller persönlich. Ihn und seinen Sohn Jochen. Wir ... äh ... wir wohnen zusammen, Jochen und ich.“ Da die Miene der Empfangsdame sich weiterhin nicht aufhellte, schob Alfred nach:

„ ... in einer WG. Wohngemeinschaft! In der Wiehre.“

Seufzend betätigte die kühle Wächterin ein paar Tasten an ihrem Telefon, stimmte sich kurz mit einer unsichtbaren Rita ab, die aus dem Off immerhin bestätigte, dass Alfred angemeldet sei und Dr. Schiller eine halbe Stunde seiner kostbaren Zeit eingeplant habe. Und diese Rita lieferte auch den Anlass für Alfreds Besuch, den auszusprechen vor der schönen Kastanie Alfred sich eigentlich genierte.

„Ah, es geht um eine Privatinsolvenz, verstehe!“, sagte die Kastaniendame, und Alfred wäre vor Scham am liebsten im marmorierten Fußboden versunken. „Ich nehme mal die Personalien auf und lege eine Akte an. Dann schicke ich ihn hoch“, sagte die Dame vom Empfang noch, dann legte sie auf.

Inzwischen bereute Alfred, dass er sich überhaupt auf diesen Termin eingelassen hatte. Was hatte ihn da geritten? Jochen war es gewesen. Jochen Schiller, der Wohnungsgenosse, der nicht nur mit blendenden Noten Jura studierte, sondern zufällig auch noch der Sohn des besten, bekanntesten und teuersten Rechtsanwalt-Gurus von ganz Freiburg war. Eines nicht mehr allzu fernen Tages, soweit war Jochens Weg vorgezeichnet, würde er in die Kanzlei von Schiller&Partner eintreten, Karriere machen, Ruhm und Reichtum der Familie mehren und irgendwann selbst der Schiller in Schiller&Partner sein.

„Geh zu meinem Alten, der haut dich da raus", das waren Jochens Worte gewesen. „Privatinsolvenz! Alles kein Problem heutzutage. Lass die Hosen runter! In ein paar Jahren ist alles erledigt."

So einfach war es vermutlich nicht. Aber Alfred hatte ein solches Paket an Schulden aufgehäuft, gleichzeitig nahezu keine Einkünfte mehr zu verbuchen, auch keine in Aussicht, so dass unbedingt etwas geschehen musste.

„Ich sorge dafür, dass du direkt einen Termin bei meinem Alten kriegst. Er hat sowieso einen Narren an dir gefressen", behauptete Jochen. Das mochte sein. Die Kanzlei Schiller, namentlich Jochens Vater, hatte Alfred vor einigen Monaten davor bewahrt, hohe Schadensersatzforderungen an diverse Versicherungen, Energiekonzerne und Waffenhersteller zahlen zu müssen, die Alfred mit getürkten Social-Media Kampagnen im Internet hintergangen hatte. Gleichzeitig hatte die Kanzlei Alfreds Komplizen und den eigentlichen Hauptanstifter verteidigt, den WG-Mitbewohner Tim Joy, der aber dennoch um eine fast zweijährige Haftstrafe nicht herumgekommen war. Diese saß er zurzeit im Freiburger Gefängnis ab. Während aber Tim Joy ein echter Cyber-Krimineller war, der so viel Dreck am Stecken hatte, dass

es auch für mehrfach Lebenslänglich gereicht hätte, war Alfred lediglich in die ganze Sache hineingeschlittert und eigentlich unschuldig. Nach seinem eigenen Verständnis sowieso. Aber am Ende hatten das auch die Rechtsanwälte der geprellten Unternehmen so gesehen und sich von Schiller-&Partner zu einem gütlichen außergerichtlichen Bereinigen aller Verstöße überreden lassen.
Das ersparte Alfred zwar die Schadensersatzforderungen sowie die Anzeige und eine mögliche Verurteilung, nicht aber die weiteren finanziellen Folgen. Die Unternehmen forderten 75.000 Euro bereits ausbezahltes Honorar zurück. Für dieses Geld hatte Alfred aber damals auf Pump und in Erwartung weiterer fürstlicher Honorare einen fast 100.000 Euro teuren, neuen roten Flitzer gekauft, einen Rennwagen vom Feinsten. Den war er längst wieder los, allerdings um 50.000 Euro unter Neupreis, so dass er jetzt dem Autohändler noch 50.000 Euro schuldete und den geprellten Unternehmen etwa weitere 30.000, die sich von Monat zu Monat um unverschämte Zinssätze vermehrten. Seit Monaten lebte Alfred auf Pump. Schon standen die Anwälte dieser und weiterer Gläubiger vor der Tür und drohten mit Zwangsvollstreckung und Strafanzeigen. Die Schlinge lag um Alfreds Hals und es war nur eine Frage der Zeit, bis jemand sie zuziehen würde.
Und deshalb hatte Alfred sich auf Jochen Schillers Vorschlag eingelassen: „Geh zu meinem Alten. Der baut dir eine hieb- und stichfeste Privatinsolvenz und in ein paar Jahren bist du alle Sorgen los.“
Die Stimme der Kastanienbraunen riss Alfred aus seinen Grübeleien: „Ah, ich sehe, Sie haben ja bald Geburtstag. Ein Runder auch noch!“
„Wie? Was? Geburtstag?“

„Ja, in vier Wochen." Die Empfangsdame wedelte mit Alfreds Personalausweis, von dem sie die Daten entnommen hatte. „Dreißig! Runde Zahl! Ja, ja, da hat man dann schon das Bedürfnis, mal reinen Tisch zu machen, das verstehe ich", meinte die Empfangsdame jetzt gar nicht mehr so kühl, sondern eher mitfühlend. Sie schob Alfred den Personalausweis über die Theke zurück. „Hätte Sie gar nicht so alt geschätzt", meinte sie aufmunternd. „Sie sehen noch viel jünger aus."

Was für ein Trost! Alfred wusste, dass er mit seinen nun bald dreißig Jahren immer noch bubenhaft aussah. Ein charmanter Lümmel konnte er sein. Die Frauen mochten ihn, wenn auch nicht alle. Meistens die Falschen. Aber davon konnte er sich nichts kaufen. Er besaß noch Kredit auf der Unikarte für drei Mensaessen. Danach würde er verhungern.

„Könnten Sie mir zwanzig Euro leihen?", fragte er augenzwinkernd über die Theke hinweg, aber es war ihm bitter ernst.

„Nein! Ist es so schlimm?"

Alfred nickte, machte eine zerknirschte Schnute und legte seinen Dackelblick auf. Vielleicht funktionierte es ja. „Sehr schlimm! Im Augenblick halt", seufzte er. „Vorübergehend!" Er registrierte das Zaudern seiner Gesprächspartnerin. „Vorübergehende Krise!" Wie zu sich selbst: „Weiß nicht mal, von was ich in den nächsten Tagen leben soll!" Er legte einen möglichst bedauernswerten Leidenston auf und machte die passende Miene dazu: „Ganz viel Pech gehabt. Verdammtes Pech. Ein paar Wochen oder Monate vielleicht, dann bin ich da wieder raus. Aber im Augenblick, tja, im Augenblick …" Er ließ offen, was im Augenblick geschehen würde, stattdessen gab er ein Bild gesamthaften Elends ab. Und als die Kastanienbraune, während sie zu sich selbst beschwichtigend meinte: „Ich habe ja Ihre Daten und da

Sie ein Bekannter von Herrn Schiller sind …“ zu Alfreds Überraschung tatsächlich einen Zwanzigeuroschein aus ihrer Handtasche nestelte, unterdrückte er den Triumph. Sie reichte ihm den Schein. „Irgendwann zurückbringen“, sagte sie kokett. „Kommt nicht auf den Tag an. Ich hab Ihre Personalien!“ Damit entließ sie Alfred in den Aufzug, der hinauf in die Gemächer des Kanzleiinhabers Dr. Schiller schwebte. Bis er oben angekommen war, hatte er in mehreren Varianten durchgeplant, wie er die ihm unverhofft zugeflogenen zwanzig Euro anlegen wollte. Ein Päckchen Tabak, das auf jeden Fall. Seit mehr als zwei Wochen lebte er in Sachen Nikotin nur vom Schnorren. Die restliche Summe würde er zum Teil ins Aufladen seiner Unikarte investieren, oder auch nicht. Ein Bier wäre auch mal wieder gut.

Er musste seine Überlegungen unterbrechen, weil er ins Heiligtum der Anwaltskanzlei Schiller&Partner gebeten wurde, in das Büro des Kanzleichefs. Alfred kannte den Rechtsanwalt bereits. Dieser sah ebenso blendend aus wie sein Sohn Jochen, nur noch teurer gekleidet. Ein drahtiger und hochgewachsener, graumelierter Mann in einem lässigen Business-Anzug, der Alfred jetzt mit beiläufiger Geste auf einen Ledersessel winkte.

„Also junger Mann, schon wieder in Schwierigkeiten?“

Alfred nickte zerknirscht.

Dr. Schiller lächelte zuversichtlich und streckte Alfred die Hand zur Begrüßung hin: „Das kriegen wir schon hin. Das wird schon wieder …“

BEIM ANTIQUITÄTENHÄNDLER

„Und, wie funktioniert das so mit einer Privatinsolvenz?" Hugo, der neben Alfred auf dem Beifahrersitz des Lieferwagens saß, paffte eine Wolke seines illegalen Rauchzeugs aus und wartete auf Antwort. Das Thema interessierte Alfreds WG-Mitbewohner wirklich. Hugo fand alles spannend, was mit dem seiner Meinung nach unvermeidlich bevorstehenden Zusammenbruch des Kapitalismus zu tun hatte. „Ich muss zuerst alle meine Schulden und all mein Vermögen offenlegen. Dann kann man einen Schuldenplan machen und mit den Gläubigern eine außergerichtliche Einigung anpeilen. Ich darf nichts mehr besitzen. Nicht einmal meinen roten Flitzer."

Das war Alfred besonders arg. Sein kleiner roter Sportwagen, der alte, den er eigentlich durch ein superteures neues Modell hatte ersetzen wollen, der seit Monaten ungefahren in der Garage seines Kumpels Linus in Neustadt stand, den musste er für eine Privatinsolvenz im Zweifel zu Geld machen und in die private Konkursmasse mit einbringen. Das widerstrebte ihm zutiefst. Und bei diesem Punkt hatte er dem Anwalt Schiller auch erklärt, er überlege sich das Ganze erst noch einmal. Denn den roten Flitzer zu verkaufen, das kam eigentlich nicht in Frage. Alfred wollte aber nicht über seinen Besuch bei der Kanzlei Schiller&Partner reden. Deshalb erzählte er nicht weiter.

Er konzentrierte sich auf den Lenker und auf die Kurven im Höllental. Sie waren unterwegs nach Hinterzarten. Hugo blieb hartnäckig: „Das System spuckt dich aus. Du bist kein funktionierendes Rädchen mehr. Die Banken können nichts mehr an dir verdienen, die Miet-Haie nicht, die Versicherungen nicht, der Staat nicht. Du hast ausgedient."

„So kann man es auch sehen", pflichtet Alfred bei.
„Du bist frei!" Hugo klatschte in die Hände. „Für dich gelten keine bürgerlichen Spielregeln mehr, keine staatliche Zwangsversklavung mehr!"
Hugo war ein seltsamer Kauz, aber auf dem besten Wege, Alfreds bester Freund zu werden. Angeblich stammte er aus Argentinien und studierte in Freiburg solche exotischen Fächer wie internationale Kulturantrophologie und Ethnologie. Jedoch hatte Alfred gelernt, Hugos Behauptungen anzuzweifeln. Je nach Gesprächspartner stellte Hugo sich selbst auch als Chilene, als Bolivianer oder als Kolumbianer vor. Und von Studium konnte bei Hugo keine Rede sein, außer dass er stellvertretender Vorsitzender des internationalen Marxistischen Studentenbundes der Ortsgruppe Freiburg war.
Alfred klopfte mit der flachen Hand aufs Lenkrad: „Hugo, ich bin nicht frei, ich bin pleite!"
„Das ist dasselbe!" Hugo stieß eine Rauchwolke aus und bleckte seine gelben Kokainzähne: „Warum machst du sonst hier mit?"
„Eben! Weil ich pleite bin!"
Sie fuhren nach Hinterzarten, um dort einen Antiquitätenhändler aufzusuchen. Hinten im Lieferwagen, den Hugo „besorgt" hatte, lagerten eine alte Standuhr aus dem 18. Jahrhundert und eine lederbezogene napoleonische Chaiselongue mit gezwirbelten Füßen. Hugo wollte die beiden Raritäten zu Geld machen und hatte Alfred für dessen Mitwirkung „Halbe-Halbe" versprochen.
Mitwirkung war vielleicht das falsche Wort. Mittäterschaft hätte es besser getroffen. Uhr und Sitzmöbel stammten aus dem Fundus des Rechtsanwaltes Schiller Senior, der den Fehler gemacht hatte, im Erdgeschoss seiner Jugendstilvilla in der Wiehre zahlreiche wertvolle antike Möbel zwischen-

zulagern, eben in jener Villa, wo im Obergeschoss Alfreds WG hauste. Das war jene WG, in der neben Alfred auch Hugo und der momentan inhaftierte Tim Joy ihre Zimmer hatten, außerdem auch noch der Sohn des Hausbesitzers Jochen Schiller, der es aber normalerweise vorzog, sein teures Penthouse in Herdern zu bewohnen. In die WG in der Wiehre kam er nur, wenn dort gefeiert wurde, oder wenn ihm der Sinn nach Studentenromantik stand. Der gut betuchte Vater von Jochen Schiller sammelte nebenbei Antiquitäten und betrieb mit ihnen auch einen exklusiven Handel. Weil sein Sohn Jochen jedoch vor einiger Zeit so fahrlässig gewesen war, Alfred einen Wohnungsschlüssel für das Erdgeschoss zu überlassen, besaß Alfred jetzt diesen Schlüssel und konnte ein- und ausgehen, wie es ihm beliebte.

„Ich habe kein gutes Gefühl", sagte Alfred, während er vorsichtig um den Kreuzfelsen kurbelte. Sie hatten ihre Ladung im Heck nicht wirklich sachgerecht befestigt. Deshalb musste Alfred mit viel Gefühl in die Haarnadelkurve einlenken. Die Kreuzfelsenkurve im oberen Höllental war schon manchem Lastwagenfahrer zum Verhängnis geworden. LKW kippten hier reihenweise um, mindestens einer pro Monat.

„Ich habe ein prima Gefühl", widersprach Hugo. Er hatte immer ein prima Gefühl, egal was er machte. Alfred kannte ihn nicht anders. „Wir werden die beiden alten Kisten zu Geld machen. Uhr ist Zehntausend, Sofa Zwanzigtausend wert. Eigentlich viel mehr. Aber Zehn- und Zwanzigtausend, das müssen wir rausholen."

Alfred wurde schwindlig bei dem Gedanken daran, dass Halbe-Halbe in diesem Falle 15.000 Euro für ihn selbst bedeuten würde. Für ihn war das immer noch nur ein Tropfen auf den heißen Stein. Aber immerhin? Was würde Hugo mit so viel Geld machen?

„Hugo, du alter Kommunist! Für was brauchst du das Geld? Besitz macht korrupt“, lästerte Alfred, und quälte den Lieferwagen im dritten Gang Richtung Birklehof hinauf.
„Nicht für mich“, erklärte Hugo voller Ernst und füllte die Fahrerkabine erneut mit ockergelbem Rauch. „Ist für die Revolution. Weißt du, was ein Raketenwerfer kostet?“
„Ein Raketen …? Bist du wahnsinnig?“
Hugo ignorierte die Frage. Ungerührt fuhr er fort: „120.000 Euro. Neu, ab Werk! Aber das kriege ich nicht. Also Schwarzmarkt!“
Sie bogen in die Ausfahrt Richtung Hinterzarten ein: „Du bist verrückt. Für was brauchst du einen Raketenwerfer?“
Hugo zuckte mit der Schulter. „Weiß noch nicht. Kann man immer gebrauchen.“
Die Revolutionsfantasien Hugos hatten Alfred noch nie gestört, eher amüsiert. Er hielt ihn für einen Salonbolschewisten, bis zu einem gewissen Grade harmlos, närrisch. Aber manchmal hatte Hugo gruselige Anwandlungen. Zum Beispiel, wenn er von der Anschaffung eines Raketenwerfers träumte. Da wurde er unheimlich.
Alfred schielte zum Beifahrersitz hinüber. Hugo grinste breit und kurbelte das Seitenfenster herunter, um seine Kippe zu entsorgen. Wenn sie in der freien Natur auch nur eine Minute weiterqualmte, würde Hinterzarten sein heilklimatisches Prädikat verlieren.
Das Navi führte sie aus dem Ort hinaus und ein Bergsträßchen hinauf, das Richtung Skilifte führte. Hier wimmelte es von schmucken Schwarzwaldhäuschen mit Vorgärten, Walmdächern und Ziergaupen. Wohlhabende Gegend, so war Alfreds Eindruck.
Ein solches Haus auf halber Höhe am Berg war ihr Ziel. Grüne Fensterläden und ein Hirschgeweih an der Vorderfront des Gebäudes schufen Forsthausambiente. Auf dem

Rasen des Vorgartens stand eine alte zweispännige Kutsche, ein Relikt aus dem Zeitalter der Pferdefuhrwerke. Sie war schön hergerichtet, schwarz lackiert und in den Deichseln saftig geölt. Der Kutschbock war mit schwarzglänzendem Ledersitz bezogen. Eigentlich zu schade, um das Ding bei Wind und Wetter so draußen stehen zu lassen. Sie parkten den Lieferwagen direkt in der Einfahrt, mit dem Heck gegen ein hölzernes Garagentor, auf dem in weißer Schrift kunstvoll gezeichnet das Wort „Werkstatt" prangte.

Nach zweimaligem Klingeln erschien der Hausherr an der Tür. Der Antiquitätenhändler. „Benz!", so stellte er sich vor. Meinrad Benz war ein schrulliger Typ. Eine Brille mit verstaubten runden Gläsern saß ihm verrutscht auf der Nasenwurzel, seine Haare standen ihm ungekämmt zu Berge und am rechten Ohr trug er einen affigen silbernen Anstecker. Er rauchte einen Zigarillo. Der allerdings duftete verführerisch. Benz trug einen mit Farb- und Leimresten überzogenen Blaumann, darunter ein ehemals weißes, jetzt karamellfarbenes T-Shirt. Vom Zigarillo stieg ein dünner Rauchfaden auf, als Meinrad Benz seine beiden Besucher in seine Werkstatt führte. Das war Alfred schon mal sympathisch. Endlich mal ein Mensch, der es noch wagte, in seinen eigenen vier Wänden zu rauchen. Die Werkstatt war überfüllt von alten Möbeln und ihren Einzelteilen, bis unter die hölzerne Decke übereinandergestapelt. Alles war vollgestellt mit Geschirr, Bilderrahmen, Büchern, Haushaltsgeräten und sonstigem Wohnungszubehör aus den letzten zwei Jahrhunderten. An der Decke hingen zwei mächtige Kronleuchter, die zwar nicht leuchteten, dafür aber miteinander um die Wette funkelten, als Meinrad Benz die schlichte Neonröhre einschaltete, die ihm als Werkstattbeleuchtung diente.

„Gemütlich hier", befand Alfred. Er nahm einen gebogenen eisernen Schaft in die Hand, an dessen spitzem Ende eine

Kette eingelassen war. „Was ist denn das?" Und als er es in der Hand wog: „Ganz schön schwer."

Meinrad Benz schob sich die Brillengläser zurecht. „Finden Sie es wirklich gemütlich?" Er hatte Alfreds nett gemeinte Bemerkung wohl als Aufforderung verstanden, zunächst einmal die ganze Werkstatt und ihren Inhalt zu erläutern. Kurz schielte er auf Alfreds Fundstück: „Ein eiserner Bremsschuh. Hat man früher an die Räder von Kutschen und Fuhrwerken gespannt. Wenn es steil bergab ging." Er nahm Alfred das Teil aus der Hand und legte es an den alten Platz zurück. Bevor er es ablegte, stockte er kurz: „Oder wollen Sie das etwa kaufen? 150 Euro, dann können Sie es mitnehmen. Passt sowieso nicht in meine Sammlung."

Alfred winkte ab. Er fragte nach der Kutsche im Vorgarten. „Das ist ein tolles Stück, nicht wahr. Voll funktionstüchtig. Es war im 19. Jahrhundert die Hauskutsche vom Gasthaus Rössle hier in Hinterzarten. Ich mache regelmäßig Fahrten für das Hofgut Sternen."

Ungefragt zählte er dazu Details auf: „Da fahre ich am Sonntagmorgen durch das Löffeltal runter. Die Rösser leiht mir der Abel Unmüßg, der ist Gespannfahrer hier in Hinterzarten." Alfred kannte den Namen. Er wusste, dass Abel Unmüßig mit seinen Gespannen an Wettbewerben teilnahm und außerdem Mitglied im Gemeinderat von Hinterzarten war. „Und unten im Hofgut Sternen, da lade ich dann Inder, Araber und andere Touristen auf, kutschiere sie durch das Löffeltal nach Hinterzarten und dann hinauf bis nach Alpersbach oder auf den Windeck. Dann gibt es Einkehr in Fehrenbachs Esche oder beim Ospelehof, und am Abend wieder zurück ins Höllental zum Hofgut Sternen. Feiner Nebenverdienst. Und macht auch Spaß."

Insgesamt war Meinrad Benz sehr redselig und gab preis, dass er sich nach seiner Schreinerausbildung auf das Restaurieren von alten Möbeln spezialisiert hatte, er selbstverständlich aber auch andere Antiquitäten zum Weiterverkauf in Zahlung nehme, und überhaupt, dass er sich eher als Künstler verstehe, denn als Handwerker, denn man müsse schon ein Händchen haben und Intuition und Kreativität und, und, und … Alfred und Hugo hörten sich das alles eine Weile an, dann verloren sie die Geduld. „Wir zeigen dir jetzt, was wir haben", sagte Hugo. Er kannte keine Höflichkeitsform, er duzte grundsätzlich jeden.

Die Werkstatttür ging auf, und ein rundes Frauengesicht lugte herein: „Kann ich was bringen? Tee? Kuchen?"

„Ist gut, Mareike. Nein! Die Gäste wollen nichts", wehrte Meinrad Benz ab, noch ehe Alfred sein durchaus vorhandenes Interesse an Kuchen anzeigen konnte. Das Frauengesicht verschwand wieder. „Mareike, meine Frau", sagte Benz fast entschuldigend. „Immer ist sie neugierig, wenn ich Besuch habe." Es klang nicht böse, eher liebevoll. „Jetzt aber zum Geschäft!"

Sie luden die Standuhr und die Chaiselongue aus. Meinrad Benz bekam große Augen. Die beiden Stücke entstammten eindeutig einer anderen Liga als all der Kruscht, den er selbst in seiner Werkstatt herumstehen hatte. Zudem waren sie in tadellosem Zustand. Es gab keinerlei Restaurierungsbedarf. „Die Uhr funktioniert", beeilte Alfred sich zu erläutern. „Man muss sie nur aufziehen!"

Meinrad Benz umrundete stumm die beiden Stücke. Unter seinen Wuschelhaaren arbeitete der Verstand, man sah es der gekrausten Stirn an. „Das ist … äh, … ganz nett!", räumte er schließlich zögernd ein. „Ich müsste die Echtheit prüfen. Heutzutage werden solche Sachen auch ganz raffiniert nachgebaut. Unten drunter ist dann Sperrholz. Alles schon erlebt."

„Prüfen Sie!“, bot Alfred mit einer leutseligen Armbewegung an.
„So schnell geht das nicht. Da brauche ich ein paar Tage dazu. Sie müssten mir die Stücke mal hier lassen. Dann kann ich in Ruhe …“
„Das ist echt!“, knurrte Hugo. Die Diskussion gefiel ihm nicht.
„Ich glaube Ihnen ja gerne“, beschwichtigte Meinrad Benz. Sorgfältig, beinahe liebevoll strich er mit den Fingern an der Kante der Standuhr entlang. „Aber ich muss mich versichern. Es ist auch viel Hehlerware im Verkehr. Haben Sie Zertifikate? Herkunftspapiere? Wer waren die Vorbesitzer?“
Alfred schluckte. Das war's dann wohl.
Aber Hugo entgegnete trocken: „Alles ganz korrekt. Das hat für uns ein befreundeter Antiquitätenhändler aus Freiburg bei einer Auktion erworben. Kennen Sie den Rechtsanwalt Schiller?“
„Den Rechtsanwalt …? Der Rechtsanwalt …? Der Schiller? Der Sammler. Der von der Kanzlei Schiller&Partner?“
„Ja, genau! Mit dem arbeiten wir zusammen.“ Hugo sagte es so knapp und selbstbewusst, dass gar keine Zweifel mehr aufkommen konnten. Er fügte noch hinzu: „Möchtest du ihn anrufen. Schau, hier ist seine Visitenkarte. Kannst du sofort überprüfen.“ Er hielt dem beeindruckten Antiquitätenhändler Meinrad Benz ein Visitenkärtchen der Kanzlei Schiller hin. Benz verschränkte die Hände vor der Brust und winkte ab: „Nein, nein, so war es nicht gemeint. Selbstverständlich … Wenn der Schiller das gekauft hat … das ist ja, … dann ist das ja zweihundertprozentig. Lassen Sie gut sein.“
Also keine Zertifikate. Der Kelch war an ihnen vorüber gegangen. Aber von der Echtheitsprüfung wollte Meinrad Benz keinen Abstand nehmen. „Geben Sie mir zwei oder drei Tage Zeit. Dann kommen wir ins Geschäft.“

Das war das Stichwort für Hugo. Er fing an zu feilschen. Er begann mit einem Einstiegspreis von 35.000 Euro für die Chaiselongue und 20.000 Euro für die Uhr. Daraufhin erklärte Meinrad Benz, sie könnten beide Stücke nun doch sofort wieder aufladen und wieder mitnehmen, zu diesen Preisen habe er kein Interesse, es seien völlig unrealistische Fabelpreise. Hugo räumte grinsend ein, dass dem genau so sei, er habe eben einfach mal gepokert und sehen wollen, ob er es auch mit einem rechten Fachmann zu tun habe. Was er, Meinrad Benz denn zu zahlen bereit sei, immer vorausgesetzt, die Stücke seien echt. Benz war erkennbar kein Feilscher und Händler, sondern ein biederer Handwerker mit wenig Verhandlungsgeschick. Er bot für die Uhr zunächst 7.500 und für die Chaiselongue 15.000 Euro an. Binnen weniger Minuten hatte Hugo ihn auf 10.000 und 20.000 Euro hinaufgehandelt, und bei diesem Preis und tomatenroten Ohren von Meinrad Benz schlugen sie ein.
Nach längerem Hin und Her vereinbarten sie, die beiden Raritäten dem Antiquitätenhändler Benz einige Tage zur Begutachtung zu überlassen. Hugo bestand auf eine Kaution, andernfalls sei er nicht bereit, die Stücke herauszurücken. Die Verhandlung begann mit 5000 Euro, aber Meinrad Benz jammerte derart glaubwürdig vor, dass er gerade völlig ohne Bargeld sei, dass Hugo am Ende auch mit 500 Euro zufrieden war. So gingen sie auseinander.

EIN RÄTSELHAFTES VERBRECHEN

„Es sind mindestens drei Leichen. Vielleicht sogar fünf. Alle männlich!" Der Kommissar erwähnte es beiläufig, beinahe lakonisch, während er sich gleichzeitig eine selbstgedrehte Zigarette anzündete und dabei schützend die Hand vor dem Gesicht wölbte. Das wäre nicht nötig gewesen, denn nicht das leiseste Windchen rührte sich. Es war ein heißer und trockener Sommertag. Revierförster Eugen Winterhalder bemerkte verbindlich: „Wir haben Waldbrandgefahr!"

„Hier im Moor?" Der Kommissar blickte ungläubig aus seinen rot geäderten Augen. Er sah irgendwie trostlos aus, fand Winterhalder. Ungesund, abgearbeitet, müde. Und so klang er auch: „Ich dachte, hier ist alles feucht und voller Pfützen."

„Waldbrandgefahr besteht dennoch", beharrte der Revierförster.

Polizeioberkommissar Siegfried Junkel vom Freiburger Morddezernat nahm es schulterzuckend zur Kenntnis. Er machte keine Anstalten, seine Zigarette auszudrücken. Stattdessen paffte er zwischen den runzligen, zusammengepressten Lippen hervor und wölkte sich mit einer Qualmfahne ein. „Ist gut gegen Mücken!", knurrte er. Wie Revierförster Winterhalder beobachtete er die Beamten von der Spurensicherung und die Kollegen vom Revier in Neustadt, die den Fundort der Leichen im Hinterzartener Moor großräumig mit schweren Baustellenzäunen absperrten. Es herrschte ungewohntes Leben hier. Mindestens zwanzig Beamte waren im Einsatz. Einige neugierige Wanderer und Spaziergänger mussten ferngehalten werden. Der Bohlenweg, der das Moor durchquerte, war bereits mit rot-weißem Trassierband abgesperrt. Eine junge Beamtin baute Verbotsschilder auf. Revierförster Winterhalder beobachtet dies alles mit skep-

tischem Blick. Die Unruhe im Hochmoor gefiel ihm überhaupt nicht.
„Wie gesagt, drei oder fünf Leichen“, wiederholte Junkel. Es klang wie ein Vorwurf, den nun Winterhalder zu entkräften hätte.
„Wie ist das möglich?“, wollte der Revierförster wissen.
Junkel schnaubte: „Sie sind gut, Mann. Wie soll ich das wissen? Ich hatte gehofft, Sie wüssten eine Antwort darauf.“
„Ich meine, wie ist es möglich, dass Sie nicht wissen, ob es drei oder fünf Leichen sind“, präzisierte Winterhalder seine Frage. Er war geradeheraus und offen. Sein klarer Blick war fragend auf Junkel gerichtet. „Wir bekommen ein Problem, wenn sich das in Hinterzarten herumspricht“, sagte er. Jetzt sprach der stellvertretende Bürgermeister, der Winterhalder im Ehrenamt war. „Stellen Sie sich den Skandal vor. Die Unruhe? Die Touristen. Die Hotels werden es spüren.“ Und dann, sozusagen als Zusammenfassung all der Bedenken: „Kann man das geheim halten?“
Junkel lächelte säuerlich und nahm zu diesem Anlass sogar die Zigarette aus dem Mundwinkel. „So etwas kann man nie geheim halten. Wir müssen die Presse informieren. Die Staatsanwaltschaft. Die Ermittlungen beginnen. Wir werden Untersuchungen anstellen müssen, Zeugen befragen.“
„Was für Untersuchungen? Welche Zeugen?“ Winterhalder ließ Junkels Zigarette nicht aus den Augen, die dieser jetzt in der herunterhängenden Hand gefährlich dicht bei einer Rosmarinheide, einem verkrüppelten, dürren Strauch, qualmen ließ.
„Zeugen! Zeugen eben! So wie Sie ein Zeuge sind“, nuschelte Junkel unwillig vor sich hin. „Vielleicht finden wir Spaziergänger, die etwas gesehen haben? Vielleicht ein Liebespaar? Und was ist mit ihrem Paketdienstfahrer? Seine Personalien brauchen wir auch.“

„Aber das war doch schon vor mehr als einer Woche, als der über den Bohlenweg gefahren ist."
„Na und. Was glauben Sie, wie alt Leichen im Moor werden können? Zwei Wochen, zwei Monate, zwei Jahre? Die sehen immer noch aus wie gerade erst gestorben."
„Sie meinen, die Leichen könnten schon länger im Moor gelegen haben?" Eugen Winterhalder fragte es mit fachlichem Interesse. Junkel nickte, gab aber keine Erläuterungen. Stattdessen deutete er mit der Zigarettenhand über die Moorlandschaft vor ihnen: „Wir wissen nicht einmal, ob wir schon alles gefunden haben. Verstreut auf über 20 Quadratmeter haben unsere Spurensicherer bisher registriert: Eine vollständige und bekleidete männliche Leiche mittleren Alters. Des Weiteren zwei Torsos, Oberkörper mit Kopf, ebenfalls männlich, unbestimmten Alters. Die beiden Torsos waren mit einer geschmiedeten Eisenkette aneinander gekettet. Außerdem: zwei Unterkörper mit Beinen, aber ohne Füße. Ebenfalls männlich, Alter ungewiss. Torsos und Unterkörper gehören möglicherweise zusammen. Das kriegen unsere Gerichtsmediziner bei der Obduktion heraus. Was ich Ihnen sage, das ist nur der vorläufige Erstbefund."
„Es fehlen die Füße?", fragte Eugen Winterhalder ungläubig. Sein normalerweise rotbackiges Gesicht wurde bleich. „Das ist ja mehr als unheimlich."
„Nur bei zwei Leichen fehlen die Füße. Eine ist vollständig", präzisierte Oberkommissar Junkel. „Aber es gibt noch weitere Ungereimtheiten", klärte er schnarrend auf, während er die Zigarette wieder zwischen die Lippen klemmte: „Die Leichenteile, die nicht aneinander gekettet waren, wurden mit Abständen von drei bis fünf Metern voneinander geborgen. Es ist deshalb völlig unklar, ob sie zusammen gehören. Um darüber Klarheit zu bekommen, werden wir den Tümpel ausbaggern müssen."

„Sie werden … was?“ Winterhalder war perplex. Fast versagte ihm die Stimme. „Das können … das dürfen Sie doch gar nicht.“

Junkel lachte kurz. Es klang gehässig, obwohl es wahrscheinlich nicht so gemeint war. „Warum sollten wir nicht dürfen?“

„Das Moor steht unter Naturschutz.“ Eugen Winterhalder klang ernstlich empört. „Es ist das größte Hochmoor des ganzen Schwarzwaldes. Ein unwiederbringlicher Schatz.“

„Wenn es um die Aufklärung von Verbrechen geht, dann dürfen wir alles. Auch ein Moor trocken legen. Glauben Sie mir …!“

Eugen Winterhalder entfuhr ein tiefer, von Herzen kommender Seufzer. Er ahnte Unheil voraus. Gewitterwolken über Hinterzarten. Schwere Zeiten für das Hochmoor. Das war überhaupt nicht nach seinem Geschmack.

„Ich muss Bürgermeister Tatsch informieren“, sagte er, mehr zu sich selbst als zu Junkel. „Und den Gemeinderat. Und die Kollegen. Mein Gott, wo soll das hinführen?“

Das interessierte Oberkommissar Junkel nicht. Er stakste jetzt vorsichtig innerhalb der mittlerweile vollständigen Absperrung auf einen der Spurensicherer zu, die mit langen Teleskopstangen Quadratmeter für Quadratmeter der Moorschlenke abtasteten, in der die Leichen gefunden worden waren.

„Und, Ritter? Irgendwas Neues?“

Der mit Ritter Angesprochene blickte auf: „Bleiben Sie weg Junkel, Sie verderben sich die Schuhe.“

Es war schon zu spät. Junkel sank bis ans Schienbein mit beiden Beinen im Moor ein. Dabei war er doch auf einen grünen Moosteppich getreten. Er fluchte. Es gurgelte und blubberte unter ihm. Braunes Sumpfwasser warf Blasen. Geheime Kräfte aus der Tiefe saugten an ihm. Er sank weiter ein. Beim Versuch, sich zu befreien, schmatzte der Untergrund gefräßig. Junkel bekam einen Fuß frei, aber der Schuh blieb im Schlamm zurück. „Eh, mein Schuh …“, entfuhr es ihm. Ritter reichte ihm eine Hand. „Kommen Sie her, ich zieh sie hier herauf, das ist ein felsiger Untergrund. Hier können Sie nicht einsinken.“ Tatsächlich gab es mitten im Moor einen großen, bemoosten Granitfindling, der um eine Mannslänge aus dem Untergrund heraus ragte. „Sicherer Standplatz“, pries Ritter ihn an, als er Junkel zu sich herangezogen hatte.

„Und mein Schuh?“ Junkel sah an sich hinunter. Auch den linken Socken hatte es ihm ausgezogen. Beide Hosenbeine waren bis unter die Knie eine einzige Fangopackung. Ein unflätiger Fluch entfuhr dem Kommissar: „Scheißkacke!“

Ritter reichte dem Oberkommissar seinen Teleskopstock. „Sie können ja nach Ihrem Schuh suchen. Hier!“

Junkel winkte ab: „Hab Ersatzschuhe im Auto. Das waren eh alte Latschen.“

„Wir werden Ihren Schuh auf jeden Fall bergen“, versprach Ritter. „Wir stellen diese Ecke des Moors auf den Kopf. Alles was sich da drin befindet, kommt auch ans Tageslicht. Ich habe schon einen Bagger bestellt.“

„Gut so!“, kommentierte Junkel voller Genugtuung, so als hätte er eine Rechnung mit dem Moor offen. „Ich will heute Abend noch einen Bericht! Das hier“, er zeigte vage mit einer Armbewegung über das Moor, „das hat das Zeug zum Skandal!“

Junkel hatte genug von diesem Tatort gesehen. Ritter würde alles Wichtige zusammenfassen und ihn auf dem Laufenden halten. Hier gab es für den Oberkommissar fürs Erste nichts mehr zu tun. Er musste den Obduktionsbericht abwarten. Sie würden diesen Moorleichen schon noch ihr Geheimnis entreißen, dessen war Junkel sich sicher.

„Kann man hier irgendwo unkompliziert und günstig Mittagessen?", wandte er sich an den Revierförster, der immer noch ziemlich fassungslos am Rand der Schlenke stand und per Handy verschiedene Amtspersonen beim Forst und beim Rathaus in Hinterzarten über die Ereignisse ins Bild setzte.
„Ja, ich melde mich wieder, Herr Tatsch. Sobald ich was Neues weiß." Damit war Winterhalders Gespräch mit dem Bürgermeister von Hinterzarten beendet und er wandte sich Junkel zu: „Was meinten Sie?"
„Wo man hier Mittagessen kann? Günstig, unkompliziert und am besten mit Raucherbereich?" wiederholte Junkel seine Frage. „Ich habe keine Lust auf eines eurer Hinterzartener Schicki-Micki-Restaurants."
Winterhalder überhörte geflissentlich die spitze Bemerkung und empfahl: „Gehen Sie ins Pfännle. Sie fahren vorbei, wenn Sie aus dem Ort hinaus fahren. Direkt an der Hauptstraße. Rechte Seite, bevor es durch die Bahnunterführung geht."
Junkel fand das Pfännle mühelos und betrat ein Lokal, das den Gast mit einer rustikaler Holztheke empfing, die eine Art Karree bildete, an dem man vorbei musste, um in den eigentlichen Gastraum zu gelangen. Hinter der Theke wirtschaftete eine jüngere, blonde Bedienung, die jedem ein Lächeln schenkte, auf den ihre Blicke fielen. Auf einer Seite der Theke saßen zwei ältere Männer mit Bart und Bauch und ließen behaglich ihr Bier verdunsten, auf der gegenüberliegenden Seite hatten sich mehrere Handwerker aufgereiht. Sie trugen alle die gleiche blaue Arbeitsjacke mit der Firmenaufschrift „Metzler Dächer und Fassaden". An der Stirnseite der Theke saßen zwei alte Bekannte. Junkel ließ sich seine Überraschung nicht anmerken: „Alfred! Was machst du denn hier? Und wen hast du da dabei? Ist das etwa Hugo, dein Terroristenkumpel?"

Junkel und Alfred waren in der Tat alte Bekannte. Immer wieder waren sie sich in den vergangenen zwei Jahren über den Weg gelaufen, und mehr als einmal hatte Junkel Alfred aus schwierigen Situationen herausgepaukt oder alle Augen des Gesetzes zugedrückt, wenn Alfred mal wieder in einem Kriminalfall herumstocherte, der ihn eigentlich nichts anging. Jetzt stellte Junkel sich schnuppernd zwischen die Barhocker, auf denen Alfred und Hugo saßen: „Was raucht ihr denn für ein Kraut?“ Hugo zeigte seine gelbe Zahnreihe und ließ gut gelungene Rauchwölkchen gegen die Decke steigen. Junkels Auftauchen und dessen Frage schienen ihn überhaupt nicht zu interessieren. Alfred hingegen rutschte unruhig auf seinem Barhocker hin und her. Junkels Gegenwart war ihm sichtlich unangenehm und man sah es ihm an.

„Schlechtes Gewissen, irgendwie?“, fragte Junkel lauernd. Er war kein Blödmann. Und er kannte seine Pappenheimer. Wenn Alfred und Hugo gemeinsam unterwegs waren, dann hatten sie entweder etwas ausgefressen, oder sie waren gerade dabei, es zu tun.

„Ich zeige Hugo nur den Schwarzwald“, log Alfred. „Wir gondeln ein bisschen durch die Gegend. Nur so zum Spaß.“

„Aha!“, machte Junkel vielsagend.

In Wahrheit waren Hugo und Alfred im Pfännle gelandet, weil sie das dringende Bedürfnis hatten, die 500 Euro, die sie vom Antiquitätenhändler Meinrad Benz als Kaution erhalten hatten, in Bier umzuwandeln. Sie hatten gerecht geteilt und sich abgeklatscht, denn es war ja wohl klar, dass ihre beiden Antiquitäten Benz’ Echtheitsprüfung überstehen würden, und dann winkten jedem 15.000 Euro. Das war doch ein Grund, schon mal zu feiern.

„Ich würde gerne etwas essen“, sagte jetzt Junkel. „Wollen wir uns an einen Tisch setzen? Oder bleibt ihr hier? Dann setze ich mich alleine irgendwo hin.“

Alfred und Hugo zogen um. Junkel wählte einen Tisch am Fenster, der möglichst weit von der Theke entfernt war. Direkt dahinter begann der Nichtraucherbereich, der aber durch eine hölzerne Trennwand gegen Nikotin abgesichert war. Sie waren unter sich, die Nachbartische waren unbesetzt.

„Nett hier", befand Junkel, während die freundliche Blonde von der Theke ihm die Speisekarte vorlegte und mit kaum merklichem Stirnrunzeln seine Getränkebestellung aufnahm: „Ein Cognac! Aber ja doch, gerne."

Alfred wusste aus ihren früheren Begegnungen, dass Junkel spätestens gegen Mittag in seinen täglichen Cognac-Konsum einstieg. Also wunderte er sich nicht. Vielmehr wunderte er sich, warum Junkel überhaupt in Hinterzarten herumgeisterte.

„Verfolgen Sie unschuldige Studenten, oder was bringt Sie sonst hierher?"

Junkel scherzte: „Eigentlich komme ich nur deswegen: Saure Kutteln und Brägele!" Er deutete auf die Speisekarte. „Gibt es kaum noch irgendwo. Unten in Freiburg gar nicht. Da muss man schon auf die Dörfer."

Für Alfred bedeutete die Antwort, dass Junkel nicht über den wahren Grund seiner Anwesenheit sprechen wollte. Also ließ er das Thema ruhen. Während sie Bier und Cognac trinkend auf Junkels Essen warteten, tauschten sie persönliche Neuigkeiten aus. Junkel erzählte feixend, dass seine Vorgesetzte, die leitende Kriminaldirektorin Dr. Gerda Leber-Semmlich, die ihm seit Monaten das Leben schwer machte und ihn in den vorgezogenen Ruhestand zu mobben trachtete, fürs Erste keine Gefahr mehr darstelle. „Sie hat mit mir zusammen in einer Feierstunde vom Innenminister höchstes Lob erhalten. Mit der Aufklärung des Hexenfalles im Frühjahr konnte sie landesweit glänzen. Und sie weiß ge-

nau, dass sie den Erfolg mir zu verdanken hat. Jetzt lässt sie mich in Ruhe.“ Der Oberkommissar grinste: „Sie hat mir die Hand geschüttelt und mir geflüstert, dass sie die wenigen Jahre bis zu meinem Ruhestand schon noch mit mir klarkommen würde.“
„Den Hexenfall habe ich aufgeklärt“, korrigierte Alfred. „Eigentlich müsste sich der Innenminister bei mir bedanken.“
„Wie ist es danach deiner Freundin Anna ergangen?“, wollte Junkel jetzt wissen, während er in seinen Teller hineinschnupperte, den ihm die Bedienung soeben auf den Tisch stellte. Im Teller schwappte randvoll eine braune Brühe, in der die Kutteln badeten wie kleine sperrige Madenwürmer. Die knusprig verkrusteten Bratkartoffeln bildeten darin ein heißes Gebirge, von dem feiner Dampf aufstieg. Junkel betrachtete die Landschaft wohlwollend.
„Was ist denn das?“, fragte Alfred entsetzt.
Junkel erklärte trocken: „Innereien! Pansen! Zerschnippelter Kuhmagen. Zehn Stunden gewässert und erhitzt und dann in brauner Soße mit Rotwein gekocht. So macht man das. Brägele kennst du? Oder soll ich das auch erklären?“
Alfred winkte ab: „Das ist Hundefutter!“
„Darf ich mal probieren?“, fragte Hugo interessiert. Junkel reichte ihm den Löffel, Hugo stopfte sich eine Ladung in den Rachen, verdrehte genussvoll die Augen und war sofort begeistert. „Schmeckt lecker!“
Alfred kannte Hugo. Dem schmeckte alles. Das war kein Maßstab.
Während sich der Oberkommissar schmatzend über seine sauren Kutteln hermachte, wiederholte er seine Frage: „Wie ist es Anna seither ergangen? Das muss ihr doch auch zugesetzt haben, als sie damals tagelang in der Gewalt dieses psychotischen Entführers war?“

Alfred hatte gehofft, dass Junkel die Frage wieder vergessen würde. Er seufzte: „Sie war drei Monate in einer Reha-Klinik. Es geht ihr gut. Sie hat das ohne Folgen verdaut, denke ich. Sie arbeitet schon wieder bei der BZ in Neustadt." Alfred wollte das alles betont beiläufig klingen lassen. Aber irgendetwas in seinem Tonfall machte Junkel stutzig. Der alte Kommissar hatte feine Antennen. „Was stimmt nicht?", fragte er vorsichtig.

Alfred zuckte mit der Schulter: „Weiß auch nicht so recht. Sie ist sehr reserviert, mir gegenüber. Vielleicht gibt sie mir die Schuld an all diesen Ereignissen."

Alfred tat sich schwer, darüber zu sprechen. Anna, die schöne schwarzhaarige BZ-Redakteurin und langjährige Freundin, sie war seine heimliche Liebe, eine Art unerreichbare Dulcinea. Sie verstanden sich gut, und Anna versorgte ihn gelegentlich mit journalistischen Aufträgen. Doch sie ließ keine Privatheit mehr zu. Alle Versuche Alfreds, Anna außerhalb der BZ-Redaktion privat zu treffen, waren von ihr abgewehrt worden, teilweise mit fadenscheinigen Begründungen. Es war offensichtlich, dass sie ihn auf Distanz hielt. Ihr fein geschnittenes herzförmiges Gesicht stand ihm vor Augen, ihre schönen dunkelbraunen Rehaugen, ihre Stupsnase, ihre geschwungenen Lippen, der edle, bleiche Teint, der zarte Flaum von feinsten Härchen an ihren Schläfen. Es war nun einmal so, dass er in sie verliebt war und sie begehrte und verehrte, dass er aber in ihrer Gegenwart immer alles falsch machte. Es hatte Zeiten gegeben, da hatte sie ihm das Gefühl gegeben, die Zuneigung beruhe auf Gegenseitigkeit. Aber in letzter Zeit spürte er, wie sie sich voneinander entfernten, ohne dass er eine Idee hatte, wieso und wie er das hätte stoppen oder verhindern können. Er seufzte. Junkel betrachtete ihn sezierend aus seinen Triefaugen über den

dampfenden Teller hinweg und formulierte ein nachdenkliches: „Verstehe!"
„Sie meldet sich nie von alleine", fuhr Alfred sinnierend fort, mehr zu sich selbst als zu Junkel. Jetzt, da er darüber nachdachte, fiel es ihm erst auf: „Sie ruft mich nie an, sie schickt mir nie eine Mail. Immer muss ich mich bei ihr melden und geradezu um Aufträge betteln. Dann bekomme ich gnädig irgendwas. Hauptversammlung des Schwarzwaldvereins, Jahresbericht der Sozialstation. Diese Preisklasse. Als wäre ich ein x-beliebiger freier Mitarbeiter. Es fühlt sich an wie Gnadenbrot." Trotzig spülte Alfred seine laut ausgesprochenen Gedanken mit einem großen Schluck Bier hinunter. Junkel löffelte fleißig seine Kutteln, aber er schien über Alfreds Worte nachzudenken.
„Ich hätte da was für dich. Ein Riesenthema. Mordsgeschichte. Exklusiv!" Er sagte es beiläufig und ließ in seiner Konzentration auf die Kutteln nicht nach.
„Mordsgeschichte? Exklusiv?", bohrte Alfred nach. Sofort erwachte der Journalist in ihm. „Bisschen genauer geht es nicht? Was soll das sein?"
„Was glaubst du, warum du mich hier in Hinterzarten triffst?"
Alfred zuckte mit der Schulter: „Keine Ahnung!"
„Ein Mordfall!", warf Hugo dazwischen. „Wozu braucht man sonst einen Kommissar."
„Dein Kumpel hat's erfasst."
„Oh", meinte Alfred elektrisiert. „Mord in Hinterzarten. Das wäre wirklich eine Story. Wo ist die Leiche?"
„Drei Leichen, mindestens!"
Junkel wischte sich mit der Serviette den Mund ab. In das verblüffte Schweigen hinein sagte er: „Also pass auf. Das ist taufrisch und wird erst Morgen oder Übermorgen an die Presse gehen, du hast also einen Tag Vorsprung. Im Hinter-

zartener Hochmoor wurden mehrere Leichen und Leichenteile geborgen.“ Er beugte sich über den Tisch zu Alfred hinüber und begann flüsternd seinen Bericht: „Hör zu!“ Er erzählte die ganze Geschichte mit allen Details.

WIE EINE LANGE NACHT BEGINNT

Anna gab sich unnahbar kalt und darauf bedacht, lediglich geschäftlich mit Alfred zu verkehren. Sie verschanzte sich hinter ihrem Schreibtisch. Alfred kam nicht an sie heran. Außerdem lungerte da noch Peter Sterzer herum, der blondköpfige BZ-Fotograf, der es auf Anna abgesehen hatte, wie Alfred zuverlässig wusste. Deshalb hasste er diesen höflich-freundlichen Sterzer von Herzen, fand aber keine Handhabe, wie er ihm, trotz dessen ständig liebenswerten und dienstbeflissenen Wesens, vielleicht doch mal hätte eins auf die Mütze geben können. Sterzer lieferte einfach keinen plausiblen Anlass. Alfred hätte sich kolossal blamiert und sich ganz gewiss auch den Unmut Annas zugezogen. Denn die schätzte Sterzer sehr. Zu Alfreds Leidwesen.

Alfred hatte sich in Hinterzarten von Hugo getrennt. Er hatte den Kumpel alleine mit dem Lieferwagen zurück nach Freiburg geschickt, obwohl er wusste, dass Hugo weder einen Führerschein besaß noch wirklich Autofahren konnte. Dieser behauptete zwar hartnäckig das Gegenteil, aber ignorierte dennoch jedes Mal, wenn er am Steuer saß, die Gangschaltung und sämtliche Verkehrszeichen.

Nach einem Abstecher ins Hochmoor, wo er mit dem Smartphone brauchbare Aufnahmen vom abgesperrten Fundort der Leichen machte, fuhr Alfred mit dem Zug nach Neustadt. Er kaufte sich gegen seine Gewohnheit sogar eine Fahrkarte. Schließlich besaß er 250 Euro, die noch komplett unangetastet waren, weil Junkel generös im Pfännle die Rechnung übernommen hatte. Das war schon irgendwie ein feiner Kerl, dieser Junkel, dachte Alfred, während er über den Fall nachdachte, den der Oberkommissar serviert hatte. Ein starkes Stück, dieser Leichenfund. In Gedanken formulierte er bereits den Artikel, den er für Anna und die BZ schreiben wollte. Er hatte sie kurz angerufen, und wie erwartet wollte sie seinen Bericht haben. Er selbst hatte sich daraufhin eingeladen, in die Redaktion nach Neustadt zu kommen, um den Text dort sogleich ins System einzutippen. So kam er an Anna heran, außerdem ging das schneller, als wenn er zuerst nach Freiburg zu sich nach Hause gefahren wäre, dort geschrieben und eine lange Mail verschickte hätte und vielleicht doch noch für Erklärungen und Rückfragen hin und her telefonieren musste. Jetzt stand er vor Annas Schreibtisch, und es gab schon den ersten Ärger: „Alfred, deine Fotos vom Hochmoor, die sind zwar okay, aber wozu haben wir einen Fotografen? Ich schicke jetzt gleich Peter hin, der soll das alles noch einmal professionell aufnehmen. Schließlich werden wir mit diesem Thema auch auf die Landesseiten gehen."

Alfred konnte schlecht gegen Peter Sterzer argumentieren. Es war klar, dass der Fotograf am Ende bessere Fotos liefern würde. Dennoch wehrte er sich. Es war sein Fall. Es waren seine Mühen. Er druckste herum. Die allerliebste Zornesfalte wuchs auf Annas Stirn, die Alfred stets entzückte, wenn sie erschien. Jetzt sah sie aus wie eine Göttin. In Ermangelung fachlicher Argumente versuchte er es mit der Mitleidsmasche: „Du weißt, wie es um mich steht. Ich bin auf jeden Euro angewiesen. Das Bildhonorar …"

„Vergiss das blöde Bildhonorar", wehrte Anna ab, und Alfred bereute bereits, dass er wieder einmal die Hosen herunter gelassen hatte. „Ich mache dir eine pauschale Honoraranweisung für diesen Artikel, da ist mehr als ein Bildhonorar drin. Wenn's nur das ist …"

„Wieviel?", fragte Alfred lauernd.

Anna seufzte auf ihre unnachahmliche Art, so wie Mütter seufzen, wenn sie ihren unreifen Sprösslingen bestimmte

Notwendigkeiten der Welt erklären müssen. „Sind 250 Euro genug?"

Alfred nickte. Peter Sterzer, der sich bereits gürtete, um nach Hinterzarten aufzubrechen, bedachte er mit einem grimmigen Blick. Dann suchte er sich ohne weiteren Kommentar einen freien Arbeitsplatz und schrieb dort seinen Artikel „Leichenfund im Hochmoor". Es wurde ein langer Artikel. Ein sehr guter Artikel. Ein exklusiver Artikel. Alfred war in seinem Element.

Da Anna unter Vorbringung fadenscheiniger angeblicher Verpflichtungen seine Einladung abwehrte, nach Feierabend noch „auf ein Bier" irgendwo zusammenzukommen, trollte Alfred sich nach getaner Arbeit in Richtung Spritz. Das war zusammen mit dem Dennenbergstüble eine seiner bevorzugten Stammkneipen in Neustadt und außerdem nur drei Gehminuten von der BZ-Redaktion entfernt.

Es war noch früher Nachmittag, und im Biergarten der Spritz war Alfred der erste Gast. Es fing unerfreulich an für ihn. Günther, der Wirt, begrüßte ihn mit einem Rüffel: „Ah, sieht man dich auch mal wieder? Habe schon gedacht, du traust dich nicht mehr her."

Oh jeh! Alfred hatte sofort ein schlechtes Gewissen, ohne wirklich zu wissen, warum. Aber irgendetwas musste er ausgefressen haben, sonst hätte Günther ihn nicht so angeraunzt. Er versuchte, sich an seinen letzten Besuch zu erinnern. Wie lange war das her? War er besoffen gewesen? Hatte er sich daneben benommen? Die Wirtin Marina vielleicht beleidigt? Irgendetwas musste gewesen sein, aber es fiel ihm nicht mehr ein. Vorsichtig wagte er zu fragen: „Wieso soll ich mich nicht mehr her trauen? Habe ich was ausgefressen?"

Günther ließ ein blechernes Lachen ertönen. Dann griff er neben dem Bierausschank unter die Theke und förder-

te einen Bierdeckel zutage. „Hier! Deshalb!" Er warf ihm den Bierdeckel wie eine Frisbeescheibe zu. Alfred fing ihn geistesgegenwärtig im Fluge. Der Bierdeckel war vollgekritzelt mit Zahlen, Kreuzen, Strichen. Oben am Rand stand „Alfred" drauf. Alfred studierte das Werk. Es dämmerte ihm: „Mein Deckel?"
„So ist es", dröhnte Günthers mächtige Stimme.
„Wieviel?", fragte Alfred kleinlaut.
„Zweihundertvierzig!" Günther warf Alfred die Zahl an den Kopf, und sie traf ihn wie ein Ambos. Er ließ sich auf die Bank am Stammtisch sinken. „So eine Scheiße", fluchte er. Günther blieb erwartungsvoll neben ihm stehen. Der Bierdeckel lag unschuldig auf der Tischplatte.
„Hast du nicht!", nahm Günther eine Antwort Alfreds vorneweg. „Ja, ja, ich weiß: Geschäft läuft gerade schlecht, wenig Aufträge, kein Bargeld. Das höre ich seit Wochen von dir." Er beugte sich zu Alfred hinunter: „Hör mal, du weißt, ich bin geduldig. Ich bin großzügig." Alfred saß wie paralysiert. Günther interpretierte das falsch, und jetzt kam jene Seite am Wirt der Spritz zum Vorschein, die niemand, der ihn nicht kannte, hinter seiner rauen Schale vermutete: „Irgendwann musst du bezahlen. Ich habe auch nichts zu verschenken. Also ganz klar: Zweihundertfuffzig, das ist die Obergrenze. Mehr lasse ich nicht anschreiben. Was ist? Willst du ein Bier?"
Alfred nickte, immer noch geplättet von seinem Schuldendeckel. Während Günther das Bier zapfte, nestelte Alfred die 250 Euro hervor, die er am Morgen als seinen Anteil von der Kaution des Antiquitätenhändlers erhalten hatte. Das tat jetzt wirklich weh. Aber es ging nicht anders. Bierdeckelschulden waren Ehrensache. Wer die nicht bezahlte, der hatte die Bürgerrechte verwirkt. Als Günther das frisch gezapfte Bier brachte und vor Alfred auf den Tisch stellte,

reichte dieser dem Spritzenwirt ohne Kommentar die Geldscheine. 250 Euro. Großzügig meinte er: „Du kannst aufrunden. Ich trinke nachher sowieso noch eines. Stimmt also!“
Günther steckte das Geld ein und klopfte Alfred auf die Schulter: „Ich wusste, dass man sich auf dich verlassen kann. Ich wusste es. Bist ein Prachtkerl. Wenn nur jeder so wäre. Komm, darauf gebe ich einen Schnaps aus.“
„Ein Schnaps, was höre ich? Da komme ich ja gerade im richtigen Augenblick?“, sagte eine Stimme am Eingang, die zu einem braungebräunten Typen mit spiegelverglaster Sonnenbrille, Goldkettchen um den Hals, Brilli im Ohr, sündhaft teurem Valentino Camouflage T-Shirt und lässig über die Schulter geworfenem Bruno Banani-Jackett gehörte. Es war Linus der Versicherungsmakler. Alfreds treuester Kumpel im Hochschwarzwald. Als hätte er gerochen, dass Alfred in der Stadt war. Überraschenderweise war Linus nicht alleine unterwegs. Er hatte seine Dauerfreundin dabei, Cindy Nails and more, wie Alfred sie insgeheim nannte. Sie betrieb in Löffingen ein hochpreisiges Nagelstudio „Nails and more“, das ausgesprochen gut lief. Überhaupt war die kunstblonde Cindy ein Erfolgsmensch und in all ihren Bewegungen und ihrem Auftreten ein Luxusweibchen. Sie sah blendend aus, so, wie man sich eine Nails and more-Chefin eben vorstellt, besaß eine makellose Figur und auch den Geschmack, sie mit den richtigen Klamotten zu drapieren. Sie war sogar gescheit, etwas, was Alfred erst nach und nach aufgegangen war, aber sie hatte einen gravierenden Makel, das war ihre Stimme. Ein Stimmchen: „Hallöchen, Alfred, so ein Zufall, sieht man sich auch mal wieder?“, piepste sie. Sie klang leider wie die Synchronstimme von Micky Mouse.
Man drückte sich, gab Küsschen, kippte gemeinsam den Schnaps, den Günther ausgab und ließ sich dann an einem kleinen Einzeltisch nieder. Wenn er Cindy dabei hatte,

machte Linus stets einen Bogen um den Stammtisch. Die sich anbahnende laue Sommernacht hatte Cindy und Linus in den Biergarten der Spritz gelockt. Generös lud Linus Alfred zum gemeinsamen Abendessen ein. Linus musste nicht extra fragen. Er wusste, dass Alfred immer klamm war.

„Wann holst du deinen roten Flitzer ab?“, kam das Gespräch bald auf Alfreds Sportwagen, der in Linus’ Garage in der Josef-Sorg-Straße untergestellt war. Er stand dort, weil es Alfred an Kleingeld fehlte, den Wagen aufzutanken.

„Vorerst gar nicht“, räumte Alfred zerknirscht ein. „Ich hatte gehofft, ich könnte ihn noch ein paar Wochen oder Monate dort stehen lassen. Wahrscheinlich muss ich ihn auch abmelden.“ Alfred machte mit Daumen und Zeigefinger, die er aneinander rieb, das universelle Zeichen für Kleingeld, das er nicht hatte.

„So schlimm?“, fragte Linus. Er sah wie immer aus wie frisch von der Sonnenbank. Vor allem aber sah er aus wie jemand ohne Geldsorgen. Er bestellte sich einen Sommersalat. Cindy nahm Toast. Alfred fand, dass er sich ein Holzfällersteak mit Bratkartoffeln verdient hatte. Das Bier schmeckte ihm wieder.

Nachdem die Bestellungen aufgegeben waren, nahm Alfred den Faden wieder auf: „Ich muss den roten Flitzer womöglich sogar verkaufen“, gestand er mit einem schweren Stöhnen.

Das entlockte Cindy einen spitzen Schrei. Auch sie wusste, dass der rote Flitzer Alfreds Heiligtum war, obwohl er langsam ins Oldtimeralter kam.

„Man muss allen Besitz veräußern, wenn man eine Privatinsolvenz beantragt“, klärte Alfred auf. Jetzt kam es sowieso nicht mehr darauf an, die eigene Situation zu beschönigen oder zu verheimlichen. Er holte weit aus und erklärte, dass

er beim Rechtsanwalt Schiller gewesen sei, um sich über Voraussetzungen und Abwicklung einer Privatinsolvenz aufklären zu lassen.
„Ich werde es machen müssen", fasste er zusammen. „Ich weiß keinen anderen Ausweg mehr." Wie zur Bekräftigung spülte er einen großen Schluck Bier hinterher.
„Wie wäre es mit arbeiten?", fragte Cindy spitz.
Alfred warf ihr einen giftigen Blick zu. Er mochte Cindy. Sie hätte ihm auch gefallen. Aber sie hatte manchmal Ansichten, die sich überhaupt nicht mit seinen vertrugen. „Ich bin Student", sagte er.
Sie lächelte und piepste dagegen: „Auch Studenten können arbeiten. Viele verdienen sich ihr Studium mit Nebenjobs. Mit richtigen Nebenjobs."
Sie betonte „richtigen" auf eine Art und Weise, die deutlich machen sollte, dass sie Alfreds Gelegenheitsaufträge nicht ernsthaft als Arbeit betrachtete. Alfred wusste, was sie meinte. Sie meinte einen dieser typischen studentischen Aushilfsjobs, wie sie das Studentenwerk oder die einschlägigen Leiharbeitsfirmen vermittelten. Seit einigen Wochen hatte Vanessa einen solchen Job, Alfreds Freundin und Kommilitonin im Studienfach Geschichte. Seither war mit ihr nichts mehr anzufangen. Sie jobbte tageweise an der Kasse in der großen Karstadt-Filiale in der Kaiser-Joseph-Straße. Und am Abend kam sie flach und völlig ausgelaugt nach Hause geschlichen, fiel auf ihr Bett und war zu nichts mehr zu gebrauchen.
So wollte er jedenfalls nicht sein Studentenleben verbringen. Er verzog die Mundwinkel: „Ich kann meinen erlernten Beruf doch nicht verleugnen. Schließlich bin ich ausgebildeter Journalist. Eine solche Story wie die von heute, die kann ich doch nicht sausen lassen. Da komme ich sonst nie im Leben mehr rein."

„Was für eine Story?“, fragte Linus. Alfred ging auf, dass er noch gar nichts davon erzählt hatte. Also holte er weit aus, und während sie gemeinsam aßen und die zweite und dann auch die dritte Runde Bier tranken, erzählte er in allen Einzelheiten, was er über den Leichenfund im Hochmoor erfahren und für Anna zum Aufmacher für den nächsten Tag zum Artikel zusammengefasst hatte.

Die Nacht hielt Einzug. Im Biergarten wurde es gemütlich. Der Stammtisch füllte sich mit den üblichen Verdächtigen. Alfred nahm das vierte Bier, Linus hielt mit. Ein Verdauungsschnaps durfte nicht fehlen. Cindys vorsichtige Mahnungen fruchteten nichts. Sie selbst hielt sich zurück. Sie trank Mineralwasser und ließ sich vom immer beschwingter werdenden Alfred auch nicht zu einem „kleinen Schnäpschen“ überreden. „Einer muss ja noch fahren!“ Also tranken Linus und Alfred alleine. Sie prosteten zum Stammtisch hinüber, wo so illustre Gäste wie der Polizist Knoddle, der Wildbartträger Karle, der Altfeuerwehrkommandant Langhans und Narrenvater Locke versammelt waren.

Linus ließ der Leichenfund im Hochmoor nicht los: „Was passiert da jetzt? Wie will die Polizei rausfinden, wer die Toten sind?“

„Nehme an, die werden in der Gerichtsmedizin jede Faser untersuchen, und mehr noch: Gebiss, Fingerabdrücke, Zehennägel, Mageninhalt.“

„Unappetitliche Vorstellung“, befand Linus.

„Ja, möchte kein Gerichtsmediziner sein!“

„Hält man ja nicht aus.“

„Höchstens mit einem Schnaps!“

Sie bestellten noch einen weiteren Schnaps und ein Bier obendrauf. Cindy machte eine Schnute, aber es war schon zu spät. Linus und Alfred hatten bereits das, was sie den „Flow“ nannten. Das hieß: Es gingen noch ein paar Bier und einige Schnäpse rein. So strich der Abend dahin. Immer blieben die Moorleichen das Hauptgesprächsthema, so lange, bis Linus ganz verwegen vorschlug: „Komm Alfred, lass uns rausfahren zum Hochmoor. Das muss ich mir anschauen."

„Spinnst du!", fuhr Cindy dazwischen. „Es ist finstere Nacht!"

„Gerade drum", argumentierte Linus mit schwerer Zunge. „Da sieht uns niemand. Da sind wir alleine."

„Da hat er Recht!", bestätigte Alfred, der bereits gefährlich auf seinem Stuhl wankte. „Wenn nicht heute Nacht, wann dann? Morgen wimmelt es dort von Polizei und Presse. Dann wird alles abgesperrt. Heute Nacht ist die letzte Möglichkeit ..."

Die letzte Möglichkeit für was? Das wussten sie nicht. Sie hatten sich nur so in ihre Idee verbohrt, dass es kein Zurück mehr gab. Cindy leistete tapfer Widerstand, aber je mehr sie gegen das Vorhaben argumentierte, desto entschlossener wurden Linus und Alfred, es unbedingt durchzuziehen. Einen triftigen Grund hatten sie nicht. Außer Alkohol.

„Wenn du uns nicht nach Hinterzarten fährst, dann laufen wir eben. Oder trampen!", kündigte Linus an. Cindy kannte ihre Pappenheimer. Sie wusste, dass die beiden Saufköpfe keine Ruhe geben würden. So ließ sie sich erweichen. „Ich fahre euch. Aber mit ins Moor gehe ich nicht. Ich warte im Auto!"

Das Auto war ein Porsche. Ziemlich nagelneu. Linus' Porsche. Cindy fuhr, Linus hing breit im Beifahrersitz und Alfred musste sich hinten auf den Rücksitz zwängen, der mehr ein Hundeliegeplatz war. So ging es durch die Nacht über die B31 nach Hinterzarten. Weil Alfred wusste, dass der Bohlenweg abgesperrt war, kamen sie auf die famose Idee, auf dem Parkplatz der Földi-Klinik zu parken und von dieser westlichen Seite über den Spazierweg in das Hochmoor einzudringen. Es gab hier zwar keinen offiziellen Zugang ins Moor, aber was machte das zwei vollalkoholisierten Schwachköpfen aus, die sich für Profiermittler hielten? Als sie endlich auf dem Spazierweg standen, der von der Földi-Klinik über die Wiese hinüber zum Hochmoor führte, ging ihnen auf, dass eine Taschenlampe keine schlechte Idee gewesen wäre. Die Grillen zirpten empört. Im Gebüsch raschelte etwas Unbekanntes. Das Moor sonderte Geräusche ab. In der Ferne leuchteten die Lichter von Hinterzarten. Die Sommernacht war sternenklar, es bereitete keine Mühe, auf dem Weg zu bleiben, der sie bis an den Rand der Hochmoorzone führte. Aber wenn sie, um an die Fundstelle der Leichen zu kommen, hier wirklich querfeldein hindurch wollten, so wie Alfred es vorschlug, dann drangen sie in niederen Birken- und Kiefernwald ein, voller Stauden, Sträucher und Wollgras, und überall dazwischen tückische Moosteppiche, unter denen es gruselig gurgelte und blubberte. Zwischen all dem standen dunkle Wasserpfützen, und es schlängelten sich schmale Rinnsale durch die urzeitliche Landschaft. Alfred und Linus hatten genug Alkohol intus, um all dies zu ignorieren. Linus nutzte die Taschenlampen-App auf seinem Smartphone, um wenigstens von Baum zu Baum und von Grasinsel zu Grasinsel ein wenig vorauszuleuchten. Da aber Alfred vor ihm her stolperte, verschluckte dessen Rücken den Hauptteil des Lichtes.

„Ich kenne mich aus“, behauptete Alfred, als sie sich nach zehn Minuten heillos verlaufen hatten. Alfred hatte bereits vollkommen nasse Schuhe, weil er mehrfach bis zu den Knöcheln in Wasserpfützen getappt war. „Kann man hier einsinken?“, fragte Linus in einem lichten Moment.

„Unmöglich!“, lallte Alfred, der keine Ahnung hatte. „Das ist kein Sumpf, das ist nur so ein komisches Biotop.“ Was der Unterschied war, verriet er nicht. Stattdessen bog er den nächsten im Weg stehenden Strauch auseinander und arbeitete sich weiter vorwärts. Seine Absicht war es, immer geradeaus abzukürzen, denn dann mussten sie unweigerlich früher oder später auf den Bohlenweg treffen. Als Linus zwischendurch den Verdacht äußerte, sie gingen vielleicht im Kreis, wehrte Alfred dies mit der Leichtigkeit des Besoffenen ab: „Ich orientiere mich an den Sternen …“ Platsch, da stand er schon wieder im Wasser. Diesmal bis an die Knie. Saugender Schlamm schloss sich um seine Füße. Es erging ihm ähnlich, wie am Morgen dem Oberkommissar Junkel: Er bekam zwar seinen Fuß wieder frei, aber der Schlappen fehlte. Der Sumpf hatte den Slipper verschluckt, und Alfred stand barfuß im Wasser. Mit Linus' Hilfe fasste er wieder festen Grund. Fluchend verharrten die beiden. Irgendwo im Baum über ihnen flatterte ein Schatten. Etwas ferner ertönte der Jagdruf eines Käuzchens.

Linus kicherte: „So fangen Horrorfilme an …“ Er krempelte die Hosenbeine seiner Bruno Banani-Hose hoch, die zum Bruno Banani-Jackett gehörte, welches er klugerweise im Auto zurückgelassen hatte.

„Hey, halt mal still!“, forderte Alfred und packte Linus am Ellbogen.

„Was ist los? Hast du den verdammten Bohlenweg endlich gefunden?“

„Nein. Aber da, schau! Da ist ein Licht.“

„Wo?“

Alfred wies zwischen die Bäume. „Da! Da hinten. Da schimmert es hell.“

Jetzt sah auch Linus den Lichtschein. Es war ein intensives, weißes Licht, was unbeweglich zwischen den Bäumen stand. Weit entfernt zwar, aber nicht zu übersehen.

„Da ist was!“

„Was du nicht sagst?“

Sie beobachteten beide fasziniert den Lichtfleck, der sich nicht von der Stelle rührte. Um nachzudenken, zündete Alfred sich eine Zigarette an. Ein Glühwürmchen.

„Kann das der Bohlenweg sein? Der Fundort der Leiche?“, fragte Linus. „Vielleicht hat die Polizei Scheinwerfer aufgestellt, um den Platz zu beleuchten?“

Das war eine Erklärung. Sie tasteten sich vorsichtig weiter, immer in Richtung der Lichtquelle. Dabei machten sie einen Lärm wie zwei Vollernter. Äste und Sträucher knackten unter ihren rücksichtslosen Füßen. Linus bahnte jetzt den Weg, weil Alfred mit nur einem Schuh gehandicapt war. Immer wieder tappten sie in Wasserlöcher. Einmal sank Alfred in Sekundenschnelle bis zum Oberschenkel ein. In Panik grapschte er nach Linus und zerriss ihm das 700 Euro teure Valentino Camouflage T-Shirt. Beide fluchten. Dann waren sie endlich so nahe, dass sie die Lichtquelle erkennen konnten. Es waren keine Scheinwerfer und sie befanden sich auch nicht am Leichenfundort. Das weiße Licht kam aus einem tipiartigen weißen Zelt, das auf einer Seite völlig offen war. Es leuchtete ins Moor hinein wie die ISS in den Weltraum. Jede Menge Ungeziefer umflatterte das hell leuchtende Objekt. Ein seltsames technisches Brummen lag in der Luft. Im Zeltinneren bewegte sich ein menschlicher Schatten.

DIE MOTTEN KOMMEN ZUM LICHT

Linus kämpfte mit Fluchtimpulsen. „Lass uns verschwinden!“, empfahl er. Aber Alfred war in solchen Situationen eher unerschrocken. Manche hätten es auch naiv genannt. “Hey, hallo! Hallo!“, rief er in Richtung des gleißenden Zeltes. Sofort richtete sich dort der Schatten auf und ein Mann trat ins Freie. „Günther? Bist du es Günther?“

„Ich heiße Alfred“, rief Alfred durch die Nacht. Er trat wankend ein paar Schritte näher, so dass der Schatten aus dem Zelt ihn nun auch sehen musste. Hinter Alfred folgte stockend Linus.

„Was wollen Sie?“, fragte der Mann mit einem Anflug von Panik in der Stimme. Er brachte eine Taschenlampe in Stellung und richtete den Lichtstrahl direkt auf Alfreds Gesicht. Geblendet drehte Alfred sich weg.

„Mein Gott, ein Gespenst!“, hörte Alfred den Schatten sagen. Er stolperte weiter auf den Mann zu. Gewiss musste er wirken wie ein Gespenst. Es fehlte ihm ein Schuh. Die Hosenbeine waren bis zu den Oberschenkeln schlammverschmiert und nass. Das Haar hing Alfred wirr in die Stirn und sein Gesicht glänzte schweißnass infolge der Anstrengung und des Alkohols. Linus hinter ihm, mit seinem zerrissenen Valentino T-Shirt sah nicht viel besser aus.

„Zwei Gespenster“, verbesserte sich der Schattenmann. Der Lichtstrahl der Taschenlampe wanderte von Alfred zu Linus und wieder zurück. „Um Gottes Willen, wer sind Sie? Was treiben Sie hier?“

„Das könnte ich Sie auch fragen“, entgegnete Alfred trotzig. Er war jetzt so nahe, dass der Fremde ihm unmittelbar in die Augen leuchtete. „Würden Sie bitte die Taschenlampe wegnehmen? Sie blenden mich!“ Er bemühte sich, klar zu artikulieren. Aber seine Sätze hörten sich an wie Sumpf.

„Ich heiße Linus, und das ist Alfred“, sprang Linus ihm aus der Deckung bei. „Ihr Licht hat uns angelockt. Es ist ja meilenweit zu sehen, quer durch das Moor.“

Jetzt erst, da der Fremde die Taschenlampe gesenkt hatte und das Licht ihn nicht mehr unmittelbar blendete, konnte Alfred die weiß beleuchtete Zeltkonstruktion genauer studieren. Es handelte sich um ein Rohrgestell, ausgestattet mit zwei gleißenden Hochleistungsleuchten, über welches ein zeltartiges weißes Netzgewebe gespannt war. Das Brummen im Hintergrund stammte von einem Generator, der Strom lieferte. Das weiße Netz war übersät von Nachtfaltern, Mücken, Motten und anderen Insekten, die vom Licht angelockt worden waren.

Der Fremde schüttelte ungläubig den Kopf und ließ seinen Taschenlampenstrahl immer wieder an Alfred und Linus auf- und ab wandern. „Das sind ja mal zwei ganz seltene Nachtfalter. Das ist mir im Hochmoor auch noch nie passiert“, so sprach er mehr zu sich selbst als zu seinen Besuchern. „Mitten in der Nacht zwei Besucher. Wo kommen Sie denn her?“

Alfred deutete vage in die Richtung, aus der sie gekommen waren. Er konnte sich immer noch keinen Reim auf das beleuchtete Netzgebilde machen. „Was passiert …, was machen Sie hier?“

Der Mann lachte und stellte sich vor: „Mein Name ist Utz Klinger. Doktor Utz Klinger. Ich bin Entomologe. Ich kartiere die Nachtfalterpopulation im Hochmoor.“

„Ento …?“ Linus hatte Mühe mit der Bezeichnung.

„Insektenforscher“, half Dr. Utz Klinger nach. Er sah so aus, wie man sich einen Insektenforscher vorstellt: Brauner Vollbart, kleine, runde Forscheraugen hinter einer dicken

Hornbrille, bekleidet mit einer wetterfesten Gore-Tex Jacke und zu allem Überfluss mit einem Pepita-Hütchen auf dem Kopf. An den Füßen trug er große, klobige Stiefel. „Ich bin Entomologe am Institut für Forstzoologie und Entomologie der Albert-Ludwigs-Universität in Freiburg. Und jetzt Sie: Wer oder was sind Sie? Sie haben was getrunken?"
Diese letzte Beobachtung war sehr scharfsinnig. „I wo!", widersprach Linus. „Nur ein paar Bierchen!" Körperhaltung, Aussprache und vor allem Aussehen von Alfred und Linus verrieten das Gegenteil.
Alfred entschied sich lallend für die halbe Wahrheit: „Wir sind Journalisten. Wir sind wegen der Leichenfunde hier?"
„Welche Leichenfunde?" Jetzt schienen sie den Wissenschaftler überrascht zu haben.
„Haben Sie nichts davon mitbekommen?" Das ganze Hochmoor wimmelt doch von Polizisten. Der Bohlenweg ist gesperrt. Man hat mehrere männliche Leichen im Hochmoor gefunden."
„Ich komme nie über den Bohlenweg. Ich habe hier einen Trampelpfad. Direkt vom Bahnhof hierher. Da kriege ich nicht mit, was sonst noch im Moor geschieht."
Alfred verdaute die Information, während er die Falter studierte, die über die illuminierte Leinwand wimmelten und immer wieder unermüdlich gegen sie anflatterten. Er versuchte, einen von ihnen einzufangen, aber seine Motorik spielte nicht mit. Er griff ins Nichts.
„Lassen Sie das!", mahnte Klinger. Zum ersten Mal klang er bedrohlich. „Und erzählen Sie mir was von den Leichenfunden."
Mühsam Reihenfolge und Einzelheiten sortierend, brachte Alfred die wichtigsten Fragmente seiner bisherigen Erkenntnisse zusammen. Dr. Utz Klinger hörte schweigend zu. Seine Miene verriet keinen Schrecken, eher wissenschaft-

liches Interesse. Ab und zu stellte er eine Zwischenfrage. Alfred hätte erwartet, dass der Insektenforscher in Panik sofort sein seltsames Lockfallenzelt abbrechen und aus dem Moor verschwinden würde. Stattdessen war die höchste Sorge des Forschers aber eine andere: „Hoffentlich bringt das mein Projekt nicht in Gefahr. Wir sind doch erst mittendrin. Das wäre eine Katastrophe, wenn wir jetzt abbrechen müssten …“
„Wer ist wir?“, wollte Alfred wissen.
„Wir? Das Institut für Entomologie. Ich und mein Kollege, der mit mir dieses Projekt durchführt.“
„Etwa der Günther, nachdem Sie vorher gerufen haben?“
„Genau der. Günther Hesslin.“
„Ein Doktor wie Sie?“
„Nein. Doktorand. Er schreibt seine Doktorarbeit über die Nachtfalterpopulation im Hinterzartener Hochmoor. Eine Forschungslücke … bisher!“
Alfred räusperte sich murmelnd: „Muss die Menschheit unbedingt wissen.“ Der Insektenforscher zog einen kleinen, eleganten Laserpointer aus der Brusttasche seiner Jacke und richtete den Laserstrahl auf einen der Falter im Netz: „Schauen Sie, hier, das ist eine Heidelbeer-Schnabeleule. Wir nennen sie auch Samteule oder Zünslereule. Typisch für Hoch- und Heidemoore. Sehr weit verbreitet. In einer Nacht haben wir schon mal zweiunddreißig Exemplare gezählt.“
Alfred ließ sich nicht ablenken. „Wo ist er jetzt, dieser Günther? Sie haben nach ihm gerufen. Als wir kamen, da dachten Sie, wir seien er.“
„Ja, das stimmt“, sagte Dr. Klinger und steckte seinen Laserpointer wieder ein. „Er ist heute nicht zur Schicht erschienen. Ich dachte, vielleicht kommt er später.“ Er warf einen Blick auf seine Armbanduhr: „Halb eins! Nein, das wird nichts mehr. Heute Nacht kommt er wohl nicht mehr.“

Linus fiel eine Ungereimtheit auf. Er hatte sich auf einer trockenen Stelle niedergelassen und dämmerte der Ausnüchterung entgegen. Dennoch hatte er das Gespräch verfolgt: „Kommen Sie getrennt zur Schicht? Sind Sie immer zu zweit?“

Dr. Klinger seufzte: „Ja, das muss ich erklären: Normalerweise sind wir zu zweit. Es ist nicht immer gemütlich, alleine in der Nacht im Moor. Und das Kartieren geht zu zweit leichter von der Hand. Aber ich komme jeden Abend von Freiburg hier hoch, während Günther das Glück hat, dass hier in Hinterzarten sein Elternhaus steht. Er übernachtet hier. Aber wie gesagt, heute Abend ist er nicht erschienen.“

Klinger ließ dieser Erläuterung ein nachdenkliches Grunzen folgen, so als wäre ihm soeben eine Erkenntnis gekommen. „Ist was?“, fragte deshalb Alfred, der eine Antenne für solche Momente hatte. „Ist Ihnen noch was eingefallen?“

Klinger schüttelte den Kopf: „Nicht wirklich. Mir kam nur, vielleicht hat er auch, … vielleicht war das eine Retourkutsche.“

„Dass er heute nicht erschienen ist? Das war eine Retourkutsche?“

„Kann sein. Weil ich letzte Woche nicht gekommen bin. Wir machen das ja nur einmal in der Woche. Ich habe letzte Woche gefehlt, da hat er sich vielleicht gedacht, dass er diese Woche auch mal fehlen kann.“

„Warum haben Sie gefehlt?“, wollte Alfred wissen.

Klinger winkte ab: „Blöde Sache! Hatte einen Unfall, im Höllental. Tja …“ Er führte nicht weiter aus, was daran eine „blöde Sache“ war. Stattdessen wiederholte er: „Tja!“

Linus rappelte sich wieder auf: „Das da, ist das der Trampelpfad?“ Er deutete auf eine Stelle mit niedergedrücktem Gebüsch jenseits des Lichterzeltes.

Klinger nickte. „Ja, führt direkt zum Bahnhof! Aber Vorsicht! Da steht noch der Generator. Nicht drüber fallen."
Alfred hätte sich gerne noch etwas länger mit dem Insektenforscher unterhalten. Er hatte das Gefühl, dass er hier etwas erfuhr, was er noch gebrauchen konnte. Sein Gefühl täuschte ihn selten. Es war das Journalist-Detektiv-Zufallstreffer-Gefühl, das ihn schon häufig einer Sache auf die Spur gebracht hatte. Doch diesmal blieb es beim Gefühl, denn Linus stolperte bereits los, hinaus in die Dunkelheit. Es zog ihn nach Hause, oder jedenfalls zurück zum Porsche und zu Cindy. Das war ein deutlicher Hinweis für einsetzende Ernüchterung. Alfred stolperte hinter ihm her. Den Insektenforscher ließ er mit einem makabren Gruß zurück: „Passen Sie auf, dass ihr Licht keine Wiedergänger anlockt. Wer weiß, wieviel Leichen noch im Moor unterwegs sind … Ha, ha!"
„Nicht witzig!", schimpfte Dr. Utz Klinger hinter Alfred her. Doch der war schon auf Linus' Fersen in der Dunkelheit verschwunden.

VERFOLGUNGSJAGD

Alfred hatte noch nicht genug, und der Höhepunkt dieser Nacht stand ihm erst noch bevor. Der Trampelpfad des Insektenforschers führte erstaunlich schnell und auf sicherer Trasse aus dem Moor hinaus. Nach wenigen Minuten standen sie schon auf dem Spazierweg, der direkt gegenüber vom Hinterzartener Bahnhof jenseits der Gleise am Rande des Moors entlang führte. Linus blieb stehen und nestelte sein Smartphone hervor: „Nichts wie nach Hause. Ich sage Cindy Bescheid, dass sie herüber fährt und uns direkt beim Bahnhof abholt."

Alfred legte seinem Kumpel die Hand auf den Unterarm: „Stopp, nicht doch! Es sind nur wenige Meter von hier bis zum Einstieg in den Bohlenweg. Lass uns wenigstens mal noch schnell vorbeischauen. Jetzt, wo wir schon mal hier sind …"

Linus Gesicht sah nicht nach Begeisterung aus. Eher so, wie nach einem erfolglosen Verkaufsgespräch. Es war unübersehbar, dass er die Nase voll hatte. In gleichem Maße, wie die Alkoholseligkeit bei ihm nachließ, kehrte der Verstand zurück. „Was machen wir hier? Was wollen wir überhaupt? Das ist doch Mist! Schau mal, wie ich aussehe!" Er zeigte in hilfloser Geste an seinen Hosenbeinen hinab.

„Kommt auch nicht mehr darauf an", befand Alfred. „Wir schauen nur mal schnell die Stelle an, wo die Leichen gefunden wurden. Das ist direkt beim Bohlenweg." Schon war er unterwegs. Widerwillig folgte Linus. „Ich rufe Cindy an. Sie soll uns an der Tennishalle abholen. Nochmal zurück durch das Moor gehe ich auf keinen Fall!"

Alfred überkam ein Gedankenblitz: „Sie kann doch vom Földi-Parkplatz direkt auf dem Spazierweg am Moor entlang fahren und auf der anderen Seite des Bohlenweges auf uns warten, um uns dort aufzulesen. Wir gehen auf dem Bohlenweg quer durch das Moor. Riesenabkürzung!"

Linus blieb stehen. Sie hatten nun schon fast die Stelle erreicht, wo der Spazierweg ins Moor abbog und gleich auf den Bohlenweg treffen würde. „Hör mal", sagte er, „hast du nicht erzählt, die Polizei habe den Bohlenweg abgesperrt? Wie sollen wir da die Abkürzung nehmen?"

„Es ist nur ein Gitter. Wir können drüber klettern." Alfred war jetzt im Jagdfieber. Während er sprach ging er weiter, damit Linus ja nicht auf die Idee kam, umzukehren. Was erhoffte er sich? Einen ungestörten Blick auf den Fundort der Leichen? War es auch ein Tatort? Hatte die Polizei etwas übersehen? Die besondere Atmosphäre der Sommernacht stachelte ihn an. Schließlich sah die Welt des Moores in der Nacht nochmal ganz anders aus als am Tage. So war Alfred gestrickt, das hatte ihn schon oft mitten hinein in rätselhafte Kriminalfälle geführt. Wenn ein Geheimnis lockte, dann erwachten seine Instinkte.

Schon standen sie vor dem Bohlenweg. Irgendwo grunzten Frösche um die Wette. Der Mond warf silbriges Licht zwischen die Bäume. Die Absperrgitter reflektierten kalt. Sie waren kein Hindernis. Es entstand lediglich ein höllischer Lärm, als Alfred begann, sich daran emporzuziehen. Metall stieß auf Metall, die einzelnen Elemente des Gitters wankten gegeneinander an. Da Alfred nur noch über einen Schuh verfügte, war es für ihn nicht ganz einfach, sich emporzuhieven. Das Gitter war zwei Meter hoch und mit vielen metallenen Querstreben versehen, die Alfreds blankem Fuß nicht schmeckten. Linus beobachtete seinen Kumpel beim Klettern und fluchte mürrisch vor sich hin. Parallel wählte er auf dem Smartphone Cindy an und erklärte ihr, wo sie

abgeholt zu werden wünschten. „Was?“ Er hörte aufmerksam ins Smartphone hinein.
„Hey Alfred“, sagte er, während Alfred bereits oben über das Gitter ruckelte und auf der anderen Seite hinunter plumpste wie ein Kartoffelsack. „Cindy sagt, der Spazierweg ist für Autos gesperrt. Sie muss über den Rasen fahren, um auf den Weg zu kommen. Außerdem ist dieser viel zu schmal.“
„Sie soll sich nicht so anstellen“, gab Alfred zurück, während er sich aufrappelte. „Komm endlich rüber und sag ihr, dass das Verbot nachts nicht gilt. Sie soll halt vorsichtig fahren. Der Porsche hat auch einen ersten Gang. Sag ihr das …“
Während Linus diskutierte und sich dann unwillig daran machte, ebenfalls die Gitterabsperrung zu überklettern, nahm Alfred das abgesperrte Areal in Augenschein. Im Mondlicht war gut zu erkennen, dass die Ermittler mehrere Quadratmeter der Moorschlenke komplett ausgehoben hatten. Es stank nach feuchtem Moder. Ein kleiner einarmiger Bagger stand am Rande der entstandenen Grube, und neben ihm zeigte ein schwarzer, stinkender Schlammberg an, wo der Aushub gelandet war. Es war ein beachtlicher Haufen. Alfred umrundete ihn vorsichtig. Er vermutete, dass man das Loch im Moor nach Abschluss der Ermittlungen wieder zuschütten und den Urzustand wieder herstellen würde. Dennoch konnte er sich die Begeisterung der Naturschützer vorstellen, wenn sie von diesem brutalen Eingriff ins Moor erfahren würden. Linus lärmte beim Klettern noch schlimmer als zuvor Alfred. Das Metallklackern hallte über das nächtliche Moor.
Alfred leuchtete mit der Taschenlampen-App seines Smartphones den schwarzen Schlammhaufen ab. Der Schlamm sonderte den säuerlichen, schweren Geruch von gärendem Urschlamm ab. Ein paar Wurzeln und Äste ragten heraus. Einer glänzte metallisch und war erstaunlich glatt. Um ihn

zu fassen zu kriegen, musste Alfred in den Matschberg hineinwaten. Das bekam seinem verbliebenen rechten Schuh nicht gut. Er blieb genauso stecken, wie zuvor der Linke. Alfred rutschte ab und fiel auf die Knie. Im Fallen fischte er aber noch nach dem seltsamen Ast, bekam ihn zu fassen und zog ihn mit seinem Gewicht aus dem Moorschlamm. Es war gar kein Ast. Eher ein Rohr, ein metallischer Lauf. Ein Gewehr. Sogar ein Stück des hölzernen Schaftes hing noch am anderen Ende. Alfred konnte sein Glück nicht fassen. Eifrig fotografierte er das Stück, soweit die Lichtverhältnisse und die Leistungsfähigkeit der Smartphone-Kamera dies erlaubten. Er vermutete, dass die Spurensucher der Kriminalpolizei das Stück noch nicht entdeckt hatten, weil sie zunächst nur die Leichenfundstelle ausgebaggert hatten. Über den Aushub würden sie sich wohl erst in der nächsten Runde hermachen.
Mit Donnergetöse kippte in diesem Augenblick das Absperrgitter um, auf dessen oberster Sprosse Linus wie ein gelähmter Affe hing. Das Gitter begrub Linus unter sich. Der im Fitness-Studio gestählte Linus, ausgestattet mit dekorativen Freibad-Bizeps und einem eindrucksvollen Sixpack, jammerte wie ein gesottener Frosch. Es war eben doch ein Unterschied, ob man seine Muskulatur nach Lehrbuch definierte, oder ob man sie mal zum Klettern über ein Absperrgitter in Gebrauch nahm. Auch der Alkohol hatte seine Hände im Spiel.
Alfred legte das Gewehrfragment zurück auf den Schlammberg und fasste an: „Ich hebe das blöde Gitter an. Dann kommst du unten raus. Hör auf zu jammern."
„Meine Rippen. Ich glaube, meine Rippen sind gebrochen."
In diesem Augenblick leuchtete unweit im Wald, auf dem Spazierweg, über den sie gekommen waren, das kräftige Licht einer Taschenlampe auf: „Halt, wer da! Stehenblei-

ben! Polizei!“ Das rief eine helle, klare Frauenstimme durch die Nacht.

Linus rappelte sich auf. Alfred zerrte ihn auf den Bohlenweg.

„Stehenbleiben! Polizei!“, wiederholte die Frauenstimme. Sie gehörte der jungen Streifenbeamtin Johanna Schwarz vom Neustädter Polizeirevier. Zusammen mit ihrem Kollegen, dem erfahrenen Streifenführer Hans Pflaster, hatte sie im Rahmen ihrer nächtlichen Streifenpatrouille auch Station beim Hinterzartener Moor gemacht. Man hatte sie nämlich angewiesen: „Habt ein Auge auf den abgesperrten Leichenfundort. Nachts ist er unbewacht. Nicht dass Unbefugte sich dort Zugang verschaffen!“

Und genau dies schien jetzt eingetreten zu sein. Unbefugte hinter den Absperrgittern. Die beiden Streifenpolizisten, alter Hase und junge Kollegin, verständigten sich kurz. „Vorsicht, Johanna“, mahnte der Ältere. „Manchmal kehren die Täter zum Tatort zurück. Wenn es Leute sind, die mit den Leichen was zu tun haben, dann sind sie vielleicht bewaffnet.“ Die junge Beamtin ließ sich davon nicht irritieren: „Hansi, sie sind in der Absperrung. Wir könnten sie stellen!“ Sie eilte zum umgekippten Absperrgitter und lauschte. Alfred und Linus flohen im trampelnden Eilschritt über den Bohlenweg. Sie waren nicht zu überhören. „Sie wollen das Moor durchqueren und auf der anderen Seite verschwinden“, kombinierte die Polizistin. Noch hatte sie nur die Taschenlampe gezückt. Aber die Dienstpistole war griffbereit. „Ich rufe Verstärkung“, entschied der mit „Hansi“ verniedlichte Hans Pflaster. Er war hier der Streifenführer. Auf seinen besonnenen Kopf kam es an. „Wir schicken eine Streife auf die andere Seite des Moores. Auf dem Spazierweg, der zur Földi-Klinik geht, müsste man mit dem Streifenwagen hinkommen. Und wir beide rücken hinter den Flüchtenden her.“ Er gab einen kurzen Lagebericht und die Anforderung von Verstärkung durch den Funk weiter, dann folgte er seiner unerschrockenen jungen Kollegin auf den Bohlenweg. Sie hatte die Taschenlampe wieder ausgeknipst. Damit hätte sie nur eine Zielscheibe abgegeben. Der Mond erhellte die Moorlandschaft ausreichend. Was an jedem anderen Tag vielleicht eine romantische Kulisse gewesen wäre, wirkte nun gespenstisch und gefährlich. „Sei bloß vorsichtig“, raunte Hansi Pflaster seiner Streifenpartnerin zu. Die flüsterte zurück: „Ich glaube, es sind zwei. Die machen einen Lärm wie zwei Besoffene!“

Noch einmal rief sie durch die Nacht: „Bleiben Sie stehen! Hier ist die Polizei. Das Moor wird abgeriegelt. Stellen Sie sich freiwillig!“

Die beiden Flüchtenden dachten nicht daran. Jetzt hatten sie am anderen Ende des Bohlenweges die dortige Gitterabsperrung erreicht. Der erste kletterte schon drüber. Der zweite machte ihm Baumleiter. Die beiden Polizisten kamen heran. Wieder leuchteten ihre Taschenlampen auf, erfassten Linus, auf dessen Schultern soeben Alfred stieg. Hier bewährte es sich, dass auf dem Neustädter Polizeirevier auch Polizisten im Einsatz waren, die in Neustadt wohnten und lebten und deshalb so manchen Einheimischen kannten. Streifenführer Hansi Pflaster war so einer: „Ich glaub, ich spinne. Das ist doch Linus, der Versicherungsmakler. Wie sieht der denn aus?“

Linus, geblendet vom Lichtstrahl der Polizeitaschenlampe, konnte seine Verfolger natürlich nicht erkennen. Hätte er geahnt, dass er es mit zwei Neustädter Beamten zu tun hat, die er mehr oder weniger gut kannte, denen er sogar bereits – wenn auch erfolglos – versucht hat, Versicherungspolicen aufzuschwätzen, so wäre er stehen geblieben und hätte aufgeklärt, wie er in diese Situation geraten war. Da er aber ein schwerbewaffnetes Sondereinsatzkommando auf seinen Fersen vermutete, hangelte er sich in Panik über das Absperrgitter und setzte seine Flucht fort. Hinter Alfred her, der schon einen kleinen Vorsprung hatte.

„Hinterher!“, entschied Hans Pflaster. „Die entkommen uns nicht mehr.“ Er musste selber kräftig schnaufen. Die Verfolgungsjagd brachte ihn außer Atem. Die junge Kollegin hingegen stand fit wie Lara Croft schon auf der anderen Seite des Gitters, kein bisschen angestrengt.

Alfred war unterdessen hin- und hergerissen, ob er alleine ausreißen oder auf Linus warten sollte. Was war bloß mit dem Kumpel los? Normalerweise war Linus der Fitte und Alfred der Lahme. Sportskanone Linus. Das konnte doch nicht am Alkohol liegen. Alfred hatte schließlich die gleiche Menge intus. Außerdem war er selbst barfuß. Und trotzdem viel schneller unterwegs als Linus.

„Hey Linus? Bist du okay? Stimmt was nicht?“

Linus rasselte beim Atmen wie ein asthmatischer Gaul und hielt sich die Brust. Er spuckte Blut. „Ich … ich. Meine Rippen. Das Gitter … Bestimmt habe ich mehrere Rippen gebrochen.“ Wieder spuckte er Blut und Speichel. Röchelnd richtete er sich wieder auf: „Ich krieg keine Luft.“

„Nur noch ein paar Meter“, spornte Alfred ihn an. „Gleich sind wir draußen. Wenn nur Cindy alles richtig gemacht hat. Dann müsste sie dort auf uns warten.“ Er sah sich um. Die Polizisten hatten nicht aufgegeben. Er hörte, wie sie jetzt auch das zweite Absperrgitter überkletterten. „Komm, los!“, forderte er Linus auf und zerrte ihn mit sich. Linus folgte keuchend.

Sie hatten Glück, denn Cindy stand mit abgeblendeten Scheinwerfern auf dem Spazierweg, direkt da, wo der Bohlenweg unter einer uralten Kandelaber Fichte aus dem Moor heraus trat und sich mit dem Spazierweg kreuzte. Sie hatte

bereits gewendet, die Schnauze stand Richtung Hinterzarten. Der Motor brummte erwartungsvoll.
„Die Rettung!“, frohlockte Alfred. Cindy stand neben der Fahrertür und stierte in die Nacht. Jetzt erkannte sie ihre beiden herantaumelnden Helden. „Mein Gott …“, entfuhr es ihr.
„Frag nicht lange“, rief Alfred ihr zu. „Wir müssen hier weg. Sie sind hinter uns her …“
„Wer …?“
Alfred beantwortete die Frage nicht. Er riss die Beifahrertür des Porsches auf, kletterte auf den Rücksitz und überließ dem jämmerlich stöhnenden Linus den Beifahrersitz. Cindy fragte nicht weiter. Sie sah den Gesichtern an, dass die Lage ernst war. „Wohin?“, fragte sie.
„Schnell zurück!“, kommandierte Alfred.
Keine Sekunde zu spät. Im selben Augenblick hatten die beiden Streifenpolizisten die Stelle erreicht. Der Porsche machte einen Satz nach vorne. Dann bewegte er sich dröhnend auf dem schmalen Spazierweg in Richtung Földi-Klinik. Steinchen und Grasfetzen spritzen durch die Luft. Die junge Polizistin hob die inzwischen gezückte Dienstwaffe. „Soll ich auf den Reifen schießen?“
„Lass mal“, sagte ihr Kollege und drückte ihren bereits anvisierenden Arm nach unten. „Da vorne kommen bereits die Kollegen hergefahren. Sie fahren genau aufeinander zu. Die entkommen uns nicht mehr.“
Auch die Flüchtenden im Porsche hatten bereits das Scheinwerferpaar entdeckt, das ihnen auf dem Spazierweg entgegenkam. Jetzt sprang auch noch ein blaues Signallicht an. Lichtblitze zuckten über die offene Wiese.
„Polizei!“, konstatierte Cindy.
„Scheiße“, stöhnte Linus. Er krümmte sich vor Schmerzen auf dem Beifahrersitz. Ganz offensichtlich hatte ihm das

umstürzende Absperrgitter wirklich übel mitgespielt. Alfred wägte unterdessen die verbliebenen Möglichkeiten. Auto stehen lassen und zu Fuß weiter flüchten? Keine Chance. Linus würde in seiner Verfassung nicht weit kommen.

„Bieg hier rechts ab“, kommandierte Alfred, als vom Spazierweg ein nochmals schmalerer Seitenweg rechtwinklig abging und die Wiese hinauf Richtung B31 führte. Das entgegenkommende Polizeifahrzeug war höchstens noch 250 Meter entfernt. Dies war der letzte Fluchtweg. Cindy kurbelte den Porsche um 90 Grad in den grasbewachsenen Seitenweg hinein. Der Sportwagen machte Bocksprünge, die breiten Reifen drehten durch, aber Cindy blieb nervenstark auf Kurs. Es ging stramm bergauf. Die Räder drehten durch. Im ersten Gang brachte Cindy den Sportwagen dazu, gehorsam den Weg emporzuklettern. Alfred beugte sich über die Rückenlehne und gab überflüssige Anweisungen. „Langsamer! Gas! Kupplung! Runterschalten!“ Bis Cindy die Faxen dicke hatte. Ihre schrille Piepsstimme explodierte: „Halt endlich dein Maul, du blödes Arschloch! Immer bringst du uns in solche Situationen …“

Erschrocken von diesem Ausbruch, fiel Alfred auf seinen Rücksitz. Linus wagte ein kraftloses: „Cindy ….“ Da das Sprechen ihm Schmerzen bereitete, brach er ab.

Sie schafften es bis hinauf zur B31. Hinter ihnen ruckelte auch der Streifenwagen die Wiese empor. Allerdings mündete der Feld- und Wiesenweg, den Cindy hochgefahren war, nicht in die Bundesstraße ein. Dieser Fluchtweg war ihnen leider durch unüberwindliche Leitplanken verbaut.

„Was nun?“, wollte Cindy wissen.

„Hier rechts!“, befahl Alfred, und Cindy folgte. Der Porsche bürstete brachial über eine Wegrinne hinweg. Linus stöhnte schmerzvoll auf, mehr wegen des Porsches als wegen seiner Rippen. Rechts mündete der Feldweg auf eine geteerte Rampe, die sich wie eine Wendeltreppe emporschraubte und dann als schmale Brücke die B31 überquerte. Die Einheimischen nannten dieses Gebilde „Schnecke“. Es handelte sich um den Radfahrer- und Fußgängerüberweg über die B31, soeben breit genug, dass der Porsche zwischen dem metallenen Geländer links und rechts jeweils noch ein paar Zentimeter Spiel hatte.

„Da hinauf?“, fragte Cindy zweifelnd.

„Mach schon! Die Polizei ist gleich da. Auf der anderen Seite gibt’s eine Zufahrt zur B31. Dann sind wir auf und davon. Gegen den Porsche haben die keine Chance, wenn wir erst mal auf der B31 sind.“

„Ma … ach“, bestätigte auch Linus. Cindy machte.

Sie war sicher keine schlechte Autofahrerin. Immerhin hatte sie es über den Spazierweg bis hierher geschafft, das wäre mit einem Porsche nicht jedem gelungen. Aber die Schnecke war nicht für Autos gemacht. Der Wendelkreis, den sie bildete, mochte für Radfahrer geeignet sein, für einen Sportwagen war er eine Nummer zu eng. Dagegen war die Zufahrt ins Parkhaus unter dem Neustädter Schwenk-Bau geradezu eine Luxusautobahn. Es passierte also das Unvermeidliche. Der rechte Seitenspiegel zerbarst klirrend, als Cindy im Innenradius der Kurve das Geländer schrammte. Dann knirschte es aufreizend auf der linken Fahrerseite, als dort Porsche und Geländer auf Tuchfühlung gingen. Ein paar warnende Funken begleiteten den Streifschuss. Hektisch lenkte Cindy viel zu stark wieder nach links ein, und da bohrte sich dann der Kotflügel mitsamt Scheinwerfer zwischen zwei Geländerstreben. Die Flucht war zu Ende. Oder? Es gab kein Zurück mehr. Der Polizeistreifenwagen stand bereits unten und versperrte den Aufgang zur Schnecke. Zwei Beamte standen dort erwartungsvoll und fanden es ziemlich unterhaltsam, wie der

Porsche sich verhedderte und im Gewinde der Schnecke festfuhr.
Cindy hämmerte verzweifelt auf das Lenkrad ein und brach in hysterisches Heulen aus. „Ihr Idioten, ihr Idioten!“, entfuhr es ihr.
Das eigentliche Problem für Cindy, Linus und Alfred bestand darin, dass der Porsche links und rechts zwischen dem Geländer gefangen war. Es gab keine Möglichkeit, die Türen zu öffnen, sie hatten nur wenige Zentimeter Spiel. Entweder quetschte sich Cindy mit weiteren Blechschäden gewaltsam ihren Weg frei, oder sie mussten aufgeben. Wirklich? Alfred war noch nicht bereit. Linus' Porsche besaß ein gläsernes Schiebedach. Es war geöffnet. Ein etwa 50 Zentimeter breiter Schlitz im Dach. Ein Notausgang!
„Ich steige hier aus“, verkündete er und zwängte sich bereits über die Vorderlehnen durch den Schlitz hindurch. Cindy heulte und Linus stöhnte. Alfred ahnte, dass für diese beiden die Flucht zu Ende war. Aber er selbst wollte noch nicht aufgeben. Er stemmte sich durch die schmale Öffnung. Auf dem Dach liegend, die Beine über die Frontscheibe hängend, reichte er seine Hand ins Fahrzeuginnere und rief Linus zu: „Komm, ich helfe dir raus. Pack an!“ Am Fuße der Schnecke setzte der Streifenwagen, der sie verfolgt hatte, seine Sirene in Gang. Das ohrenbetäubende Heulgeräusch hallte durch die Nacht. Cindy schlug auf Alfreds ausgestreckte Hand: „Verschwinde!“, keifte sie. „Hau endlich ab. Du bringst nur Unglück!“ Linus keuchte: „Gib auf, Alfred …“ Dann stöhnte er wieder und hielt sich die Rippen. Es stand schlecht um ihn.
Alfred rutschte vom Autodach. Wenn die Polizisten ihn verfolgen wollten, mussten sie den Porsche überklettern, der die Schnecke in voller Breite verstopfte wie ein Korken. Das würde Zeit kosten. Er konnte es schaffen. Er

kannte sich aus. Auf der anderen Seite der B31 mündete die Fußgängerbrücke in einen Wirtschaftsweg. Nur wenige Meter weiter befand sich das Hotel Lafette mit einigen Nebengebäuden. Wenn es ihm gelang, sich dort zu verstecken, wäre er gerettet. Er überquerte mit blanken Füßen auf der schmalen Brücke die B31. Unter ihm rauschten Autos durch die Nacht. Die Straße war auch mitten in der Nacht noch gut frequentiert. Alfreds Trachten konzentrierte sich auf das Hotel Lafette. Hinter sich hörte er das Gebrüll der Polizisten. Irre, welche Gedanken einem in einer solchen Situation kamen. Sein Verstand blieb beim Namen Lafette hängen. Er wusste, woher der Name kam. Dass ihm dies gerade jetzt einfiel, wo er doch ganz andere Dinge im Kopf hätte haben müssen. Man sagt, das geschlagene Heer des französischen Generals Jean Victor Moreau habe bei seinem kopflosen Rückzug durch das Höllental hier vor über 200 Jahren eine Geschützlafette zurückgelassen. Und als Erinnerung an diese Lafette habe das Gasthaus und Hotel später dann diesen Namen „Zur Lafette" angenommen. Der nächste Gedanke, während er schon das andere Ende der Fußgängerbrücke erreicht hatte, drehte sich um die Frage, wie eigentlich eine solche Lafette ausgesehen haben mochte. Ein Geschütz? Eine Kanone? Alfred verschob den Gedanken in die Wiedervorlage. Er würde an der Uni nachschlagen. Das interessierte ihn. Nun aber nichts wie abtauchen, in der Dunkelheit verschwinden.

Jäh wurde er aus seinen Gedanken gerissen. Direkt vor ihm blitzte das gleißende Licht einer schweren Stablampe auf und blendete ihn. Gleichzeitig rief eine Stimme, die er schon kannte: „Endstation! Hier ist die Polizei! Das Gelände ist umstellt. Sie sind verhaftet!" Es war die Stimme der jungen Polizeibeamtin, die ihn durch das Moor verfolgt hatte. Wie war sie auf diese Seite der Fußgängerbrücke gekommen?

Sie musste über die Leitplanken geklettert sein und die B31 überquert haben. Diese blöde Kuh!
„Und kommen Sie nicht auf dumme Gedanken …" Diese Mahnung kam aus der Dunkelheit von hinten aus dem Off. Auch dort stand inzwischen ein Verfolger. Der Streifenkollege der jungen Polizistin. Es war zu Ende. Sie hatten ihn. Er streckte die Hände in die Höhe: „Ist schon gut", rief er in den Lichtschein hinein. „Ich ergebe mich!"

DETEKTEI A.L.F. RED.

„Bei uns im Haus wird gestohlen!"
„Nein! Was du nicht sagst?" Alfred gab sich ungläubig. „Das kann ich mir überhaupt nicht vorstellen."
„Es ist aber so", sagte Jochen Schiller und beugte sich über den Küchentisch zu Alfred. Die leeren Kaffeetassen und mit Erdnussbutter verschmierten Messer schob er mit dem Unterarm zur Seite. Sie saßen sich gegenüber, in ihrer leicht nach Essig muffelnden WG-Küche. Jochen besaß zwar auch ein Zimmer in dieser WG, aber er wohnte nicht wirklich hier. Er tauchte nur hin und wieder auf und genoss die chaotische Atmosphäre. Eigentlich wohnte er in einem schicken Penthouse in Herdern, wo das Wohnen so teuer war, dass nur Rechtsanwaltssöhne und andere Privilegierte es sich leisten konnten.
Jetzt aber war Jochen wieder einmal in der WG aufgetaucht, beäugte vorwurfsvoll die ungewaschenen Geschirrberge in der Spüle und schnupperte den diffusen Essiggeruch, und er zog Alfred ins Vertrauen: „Mein Vater vermisst eine Standuhr, eine napoleonische Chaiselongue und mehrere wertvolle Bilder. Das hatte er alles unten im Erdgeschoss eingelagert. Du erinnerst dich doch, dort stehen seine Antiquitäten?"
Aber sicher erinnerte Alfred sich. Er wusste es nur allzu gut. Offenbar erinnerte sich aber Jochen nicht mehr daran, dass er selbst vor einiger Zeit einmal Alfred den Schlüssel für diese Wohnung überlassen hatte. Sonst hätte er ihm jetzt nicht so naiv alles ausgebreitet: „Mein Vater war gestern Nachmittag unten in der Wohnung. Und da hat er den Diebstahl entdeckt. Reiner Zufall. Normalerweise kommt er nur alle paar Monate mal vorbei."

„Und jetzt?“ Alfred versuchte gleichmütig und dennoch interessiert zu klingen. Er spürte, wie seine Ohren rot anliefen. Hoffentlich verriet ihn das nicht. Aber Jochen schien keinerlei Verdacht zu hegen: „Ich soll rausfinden, wie das geschehen konnte. Mein Vater meint, ich könnte mal alle Hausbewohner unter die Lupe nehmen. Da ich doch hier ein Zimmer habe …“

Also doch! Jetzt würde gleich die alles entscheidende Frage kommen. Alfred zitterte. Was würde er dann sagen? Konnte er Jochen belügen?

„Und da dachte ich, du könntest mir vielleicht helfen Alfred. Du kennst die Leute hier im Haus doch viel besser als ich. Du wohnst schließlich richtig hier.“

Alfred nickte mechanisch. Ihm war flau zumute. Jochen schöpfte keinen Verdacht. Ging dieser Kelch vielleicht an ihm vorüber?

Jochen interpretierte Alfreds Schweigen falsch. Er musterte ihn über den Küchentisch hinweg aufmerksam, fast liebevoll. So hatte er Alfred schon häufiger begutachtet. Alfred wusste das. Jochen war ein großer Bewunderer von Alfred, was nach Alfreds selbstgezimmerter Theorie daran lag, dass Schiller in einer Welt von Geld, Chrom, Titeln und Glaspalästen zu Hause war, wo es ihn schrecklich langweilte, während es bei Alfred ständig chaotisch drunter und drüber ging. „Das ist das, was er nicht hat. Ich glaube, er sehnt sich manchmal nach einem solchen Leben“, hatte Alfred seiner Kommilitonin Vanessa erklärt, mit der er sich über alles unterhalten konnte, auch über solche Themen. Vanessa hatte damals gesagt: „Es ist viel einfacher Alfred, nur bist du blind dafür. Jochen ist in dich verknallt! Das ist die simple Wahrheit.“

Dieses Gespräch kam Alfred in den Sinn, als er jetzt Jochen gegenüber saß und dieser ihn so aufmerksam musterte.

Alfred hatte Vanessa damals ausgelacht: „So ein Quatsch! Jochen ist doch nicht schwul. Hast du mal gesehen, mit welchen schicken Miezen er sich umgibt?“

So war es wirklich. Jochen sah blendend aus, ein Dressman aus der Parfüm-Werbung war nichts dagegen. Nicht nur, dass er blitzgescheit war und auf ein Einser-Examen in Jura zusteuerte, er war auch höflich, gesellig, unterhaltsam und auf eine magische Art attraktiv. Er besaß ein schmales, edel zugeschnittenes Heldengesicht, männlich und gleichzeitig feminin. Wenn er lächelte, und das tat er oft, dann strahlte ein junger römischer Gott auf die Welt herab. Die Schönsten der Schönen unter allen künftigen Juristinnen, Medizinerinnen und Betriebswirtschaftlerinnen umschwärmten ihn wie Schmetterlinge eine verlockende Blüte. Jochen wurde stets von zahlreichen jungen und attraktiven Frauen umflattert, von denen keine einzige Alfred auch nur eines Blickes gewürdigt hätte. Jochen bewegte sich in einer Liga, die schon von weitem nach Karriere, Reichtum, Stammbaum und einem Chalet in den Schweizer Bergen roch. Und bei alledem war Jochen ein prima Kumpel, ein Typ ohne Allüren, einer, der alles unternahm, um seine Privilegien nicht in Anspruch zu nehmen. Er buhlte bei Alfred, Vanessa und Hugo um Anerkennung. Und irgendwie verehrten ihn alle.

Nur jetzt nicht. Jetzt war Alfred misstrauisch. „Wieso geht dein Vater nicht einfach zur Polizei?“

Jochen lehnte sich in seinen Stuhl zurück: „Ich habe befürchtet, dass du diese Frage stellst.“ Er seufzte. „Du stellst immer die richtigen Fragen. Leider!“

Alfred stand auf dem Schlauch: „Was meinst du damit?“

„Ich will ehrlich zu dir sein.“ Jochen flüsterte, obwohl sich sonst niemand im Raum und auch niemand in der ganzen Wohnung befand. Als Alfred gegen Mittag endlich eingetrudelt war, nach einer Nacht in der gekachelten Verwahrzelle

im Polizeirevier Neustadt und nach einem unsäglichen Verhör mit dieser penetranten Polizistin, die ihm am liebsten die Würmer mit der Zange aus der Nase gezogen hätte, nach all diesem Stress und dieser Aufregung, da war die Wohnung leer gewesen. Kein Hinweis, wo Hugo steckte. Und Alfred wollte eigentlich ins Bett, als Jochen auftauchte. Er war todmüde, verkatert und niedergeschlagen. So wie es aussah, hatte er es sich wieder einmal mit Linus und Cindy verdorben. Linus war von der Polizei noch in der Nacht in die Helios Klinik gebracht worden. Dort lag er jetzt stationär, mit vier gebrochenen Rippen und einem Milzriss. Sein 60.000 Euro teurer, angekratzter Porsche war unterdessen von einem unsensiblen Hebekran aus seiner Falle befreit und in Gewahrsam genommen worden. Das Fahrzeug galt jetzt zunächst einmal als beschlagnahmt. Alfred war nach Verhör, Protokoll und der Intervention einiger Polizeikollegen, die er von früheren Fällen kannte, endlich aus den Fängen der unerbittlichen Jungpolizistin entlassen worden. Sie hatte ihn mit dem guten Ratschlag verabschiedet: „Und kaufen Sie sich ein paar Schuhe!“ Alfred war barfuß in den Zug gestiegen. Im Hochsommer ging so etwas durch.
Jetzt saß er Jochen gegenüber und hatte Mühe, die Augen offen zu halten. Jochen gab jetzt flüsternd Auskunft: „Er kann die Polizei nicht einschalten. Mein Vater will es ohne Polizei regeln. Du musst wissen …“ Er zögerte kurz. Alfred hakte nach: „Was muss ich wissen?“
„Kannst du … Ich kann dir doch vertrauen? Hundertprozentig?“
„Hundertprozentig!“, bekräftigte Alfred. Was war denn das für eine Geheimnistuerei.
„Diese Antiquitäten, die sind nicht alle auf ganz legalem Wege … also, um genau zu sein, die Polizei wäre irgendwie eher …, eher nicht …“

„Störend?“, bot Alfred an. Und schob nach: „Gefährlich für deinen Vater?“
Jochen seufzte erleichtert, so als sei er froh, die Dinge nicht selbst aussprechen zu müssen. „So ist es. Ungefähr! Also, du weißt schon …“
Alfred wusste gar nichts, aber er dachte sich seinen Teil. So lagen die Dinge also. Der alte Schiller hatte den Diebstahl bemerkt, aber er durfte keine Polizei einschalten. Wenn Hugo davon erfuhr, war bald kein Stück mehr sicher aus der Sammlung im Erdgeschoss.
„Du bist doch als Privatdetektiv unterwegs?“, schlug Jochen jetzt eine ganz andere Richtung ein. „Hast du nicht ein Detektivbüro angemeldet?“
Daher wehte der Wind. Jochen wollte Alfred für die Aufklärung der Diebstähle einspannen. Alfred nestelte seine Visitenkarte hervor und schob sie über den Tisch: „Privatdetektiv – Recherche – Überwachung – Ermittlung. Detektei A.L.F. Red.“
„Was heißt dieses komische Kürzel, A.L.F. Red?“, fragte Jochen.
„Nichts!“, erwiderte Alfred. „Es ist nur eine andere Schreibweise für Alfred. Sieht einfach besser aus.“
Jochen nickte. „Verstehe!“ Er studierte die Visitenkarte intensiv. Dann fragte er unvermittelt: „Was hast du für Tagessätze?“
„Tages … Sätze?“ Diese Frage erwischte Alfred auf dem falschen Fuß. War hier etwa Geld zu verdienen? Er fragte zur Sicherheit nach: „Verstehe ich dich richtig, du willst mich anheuern, damit ich als Privatdetektiv herausfinde, wer da unten im Erdgeschoss eure Antiquitäten gestohlen hat?“
„So ist es“, bestätigte Jochen. „Herausfinden, wer das war, und verhindern, dass es nochmal passiert. Du hast doch schon so viele Fälle aufgeklärt …“ Nach kurzem Zögern

fügte er hinzu: „Ich glaube, es muss jemand aus dem Haus gewesen sein."
Geräuschvoll atmete Alfred aus. Das war ein Ding. Fast konnte er sich ein Grinsen nicht verkneifen.
„Sind 500 Euro okay?"
Alfred bekam große Augen. „500 Euro? Für …? Als … als Tagessatz?"
Jochen interpretierte das Zögern falsch: „Ja, ich weiß, das ist nicht üppig. Aber du kannst ja Spesen extra abrechnen. Wenn du herumreisen musst zum Beispiel. Wir vereinbaren mal zehn Tage zu 500 Euro."
Alfred blieb stumm. In seinem Kopf sprang die Rechenmaschine an. Auch das interpretierte Jochen wieder falsch. Schnell schob er hinterher: „Das heißt nicht, dass wir erwarten, dass der Fall in zehn Tagen gelöst ist. Wenn es länger dauert, dann vereinbaren wir eben weitere Tage. Aber mal fürs Erste! Zehn Tage fürs Erste. Bitte Alfred! Damit ich meinem Vater sagen kann, dass ich was unternommen habe. Damit er sieht, dass es voran geht."
Alfred nickte mechanisch. Er konnte sein Glück nicht fassen. Dazu glotzte er so dämlich wie ein ausgestopfter Uhu.
„Heißt das ja?" Jochen lauerte erwartungsvoll.
Alfred nickt. „Ja!" Er räusperte sich: „Ja, Jochen. Ist doch selbstverständlich. Ich lass dich da nicht hängen. Ich helfe dir. Auftrag angenommen!" Er hob einen Finger: „Aber ich brauche deine Hilfe. Du musst mir eine Inventarliste bringen. Ich muss wissen, was alles da unten steht. Und am besten noch mit einem Preisschild dahinter. Damit ich die wertvollen von den unwichtigen Stücken unterscheiden kann."
„Alles! Mach ich alles. Du kriegst alles, was du brauchst."
Jochen klatschte in die Hände. „Ich wusste doch, dass ich mich auf dich verlassen kann. Du bist ein wahrer Freund, Alfred." Er ballte die Fäuste. Ihm schien tatsächlich ein

Stein vom Herzen gefallen. Gleichzeitig sagte er: „Die ersten drei Tage können wir ja verrechnen, oder?“
Alfred stand wieder auf dem Schlauch. „Verrechnen? Wie? Was meinst du?“
Jochen lächelte immer noch, aber jetzt so, wie die ganze Juristenfamilie Schiller zu lächeln pflegte, wenn sie einem gegnerischen Anwalt die Hosen auszog: „Na die Miete. Du hast seit vier Monaten keine Miete mehr gezahlt. Zweihundertfünfzig Euro pro Monat. Macht zusammen 1000 Euro. Und der angefangene Monat, den rechne ich gleich dazu, zusammen mit dem nächsten. Macht 1500 Euro. Deine ersten drei Tage!“
Alfred nickte erschöpft. Was sollte er Widerstand leisten, Jochen war schließlich im Recht. Und außerdem war er jetzt nur noch müde. Er wollte auf seine Matratze. Ein Bett besaß er nämlich nicht.

ES WAR MORD

„Das Gewehr ist ungefähr 220 Jahre alt." Oberkommissar Junkels schnoddriger Tonfall durfte nicht darüber hinweg täuschen, dass er mit vollem Ernst bei der Sache war. Alfred kannte den kauzigen Ermittler inzwischen. Er hatte sich mit ihm verabredet, und „wichtige Neuigkeiten" versprochen. Junkel hatte angebissen. Jetzt saßen sie im Uni-Café, ihrem üblichen Treffpunkt, der schon bei früheren Fällen zum Informationsaustausch diente. Aber Junkel, vor einem schwarzen Kaffee mit Cognac sitzend, wusste bereits mehr als Alfred. Denn als dieser ihm das Smartphone vorlegte und dort die Bildergalerie von den unscharfen nächtlichen Aufnahmen zeigte, die er im Hochmoor von dem Gewehrschaft gemacht hatte, da winkte Junkels ledrige Hand ab: „Haben wir selbst auch gefunden und sogar schon untersucht. Ein historisches Stück. Willst du es genau wissen?"

Alfred nickte.

„Es sind die Überreste einer französischen Charleville Muskete von 1777. Aus der Waffenschmiede von St. Etienne. Ein damals weit verbreitetes Infanteriegewehr der französischen Armee." Junkel schwenkte seine Kaffeetasse, als müsse er den Cognac darin noch ein wenig besser untermischen. Dann stellte er sie wieder ab, ohne einen Schluck getrunken zu haben. Er presste nachdenklich die Lippen zusammen. Alfred sah ihm an, dass er mit sich rang, ob und wieviel von dem, was er offensichtlich sonst noch wusste, er an Alfred weitergeben sollte.

„Dein Artikel war übrigens gut", schwenkte Junkel dann ab. „Alles drin. Ich hab's gelesen."

„Danke!", sagte Alfred und freute sich ehrlich. Es kam nicht so oft vor, dass ihn jemand für einen Artikel in der BZ lobte.

Was auch kein Wunder war, da er bestenfalls über Generalversammlungen und Trachtenfeste schreiben durfte. Das war Annas Schuld. Sie versorgte ihn nur kümmerlich mit Aufträgen.

„Wie passt das Gewehr zu dem Fall?“, fragte Alfred jetzt. Er trank eine Cola, die Junkel spendiert hatte. Den Cognac, den Junkel obendrein auszugeben bereit gewesen wäre, hatte Alfred ausgeschlagen. Es war erst früher Nachmittag und Alfred war erst kurz zuvor aus den Federn gekrabbelt. Vom Alkohol hatte er nach der Nacht im Moor erst einmal wieder genug.

„Gar nicht! Das Gewehr passt überhaupt nicht zu meinem Fall. Dazu ist es 220 Jahre zu alt.“ Junkel kicherte: „So lange hat es im Moor gelegen. Erst unsere Bagger haben es wieder zum Vorschein gebracht.“

„Erstaunlich“, grübelte Alfred. „Ein Leichenfund an einer Stelle, wo schon ein Gewehr liegt. Komischer Zufall!“

„Das stimmt allerdings“, bestätigte Oberkommissar Junkel. „Das Hinterzartener Hochmoor umfasst eine Fläche von rund 80 Hektar. Zweieinhalb Kilometer lang, ein Kilometer breit. Ungefähr! An manchen Stellen ist es bis zu acht Meter tief. Man sollte meinen, genug Platz, um ein Gewehr zu versenken, ohne dass es 200 Jahre später drei Leichen in die Quere kommt.“

„Also drei! Drei Leichen sind es“, unterbrach Alfred.

Junkel nickte zerknirscht. „Jetzt hab ich's verraten. Das wollte ich eigentlich nicht.“ Er zündete sich eine Zigarette an und bot Alfred ebenfalls eine an. Alfred griff zu.

„Es sind wirklich drei Leichen“, nahm Junkel den Faden wieder auf, nachdem er das erste Wölkchen unter den Sonnenschirm gepafft hatte. „Zwei sind ein bisschen unvollständig und in mehrere Teile zerlegt. Eine ist gut erhalten und vollständig. Die haben wir zuerst auf die Pritsche gelegt. Willst du wissen, an was sie gestorben ist?"

„Aber klar!" Alfred nahm Junkels unbekümmerten Tonfall auf. Er wusste, dass der Oberkommissar einen bestimmten Grund hatte, ihn einzuweihen. Bei Junkel war immer eine Absicht dahinter, wenn er Alfred Ermittlungsinformationen steckte, die eigentlich noch geheim waren.

„Ermordet!" Junkel ließ das Wort wirken.

Alfred nahm zwei hastige Züge aus seiner Zigarette, ehe er fragte: „Wie?"

Junkels zerknittertes Gesicht nahm einen verschwörerischen Ausdruck an. Auf seiner schrumpeligen Stirn bildete sich die eine Querfalte, die immer dann erschien, wenn etwas seine größte Missbilligung fand: „Er ist erstickt. Im Moor erstickt. Darin untergegangen sozusagen."

„Aber das ist doch kein Mord. Vielleicht ist er eingesunken und konnte sich nicht mehr befreien."

„Es war Mord", beharrte Junkel. „Der Tote hatte mehrere gebrochene Rippen und den Abdruck schwerer Schuhe auf seiner Brust. Er lag waagrecht im Moor, als wir ihn bargen. Wenn man waagrecht liegt, dann sinkt man nicht ein. Er hatte außerdem eine schwere Platzwunde am Hinterkopf. Von einem Schlag mit einem harten Gegenstand."

„Wie kann man dann ersticken?"

„Wenn jemand nachhilft!" Junkel schnaufte kurz und scharf: „Die Sache stellt sich für unsere Gerichtsmediziner so dar: Der Mann wurde von hinten geschlagen und stürzte ins Moor. Möglicherweise bewusstlos. Vielleicht aber auch nicht. Dann ist jemand aus größerer Höhe auf den Gestürzten gesprungen, und zwar von jenem Felsen herunter, der direkt neben der Fundstelle aus dem Moor ragt. Dieser Jemand hat dem Opfer dabei mehrere Rippen gebrochen und ist so lange auf ihm stehen geblieben, bis das Gewicht den

Unglücklichen ins Moor und unter Wasser gedrückt hat. So ist er erstickt." Jetzt wischte Junkel sich die Hände aneinander ab, als habe er soeben eine Riesenschweinerei beseitigt. „Alles mitgeschnitten?", fragte er Alfred.

Alfred schüttelte fassungslos den Kopf. „Und die anderen beiden Leichen ...?"

„Das finden wir auch noch heraus. Die werden heute untersucht. Sie waren jedenfalls in mehrere Teile zerlegt und die Torsos waren mit einer Eisenkette verbunden. Fast wie Strafgefangene."

Junkel widmete sich wieder seinem Cognac-Kaffee und ließ Alfred über das Gehörte nachdenken. Wenn die Erkenntnisse der Gerichtsmedizin zutrafen, und Alfred hatte keinen Anlass, daran zu zweifeln, dann war hier ein Täter am Werk gewesen, der unbedingt den Tod des Opfers gewollt hatte. Der erste Schlag von hinten sollte das Opfer außer Gefecht setzen. Der Mord war das eigentliche Ziel.

„Weiß man, mit was das Opfer bewusstlos geschlagen wurde?", fragte er schließlich.

„Jedenfalls nicht mit einem historischen Gewehrkolben, falls dies deine nächste Frage gewesen wäre", antwortete Junkel. Der Alte hatte den siebten Sinn. Genau das wäre Alfreds nächste Frage gewesen. Jetzt wartete er ab, ob Junkel noch etwas hinzufügen würde. Es dauerte zwei Zigarettenzüge: „Ehrlich gesagt, wir wissen es nicht. Unsere Spurensicherung rätselt noch, welches Schlagwerkzeug zu der vorgefundenen Kopfwunde passt. Nichts Herkömmliches ...?"

„Was wäre denn etwas Herkömmliches?", fragte Alfred interessiert.

„Spaten, Axt, Metallstange, Wagenheber, Hammer", zählte Junkel auf. „Nichts dergleichen war es."

Die naheliegendste Frage kam Alfred erst jetzt: „Identität?"

Junkel zuckte mit den mageren Schultern: „Kriegen wir raus. Gebiss ist gut erhalten. Vollständige Bekleidung. Auch ein paar Utensilien in den Taschen." Er grinste schräg: „Wenn ich mehr weiß, überlege ich, ob ich es dir sagen darf."

„Wieso reden Sie überhaupt mit mir? Wieso erzählen Sie mir das alles?"

Junkel und Alfred sahen sich an. Es war ein Moment der nonverbalen Kommunikation. Junkels blutunterlaufene Augen schielten unter müden, runzligen Lidern hervor und hielten Alfreds treuem Dackelblick stand. Die spröden Lippen des Oberkommissars blieben zusammengepresst. Dann stützte er den Ellbogen auf die Tischplatte und deutete mit ausgestrecktem Zeigefinger direkt auf Alfreds Brust: „Deshalb!", sagte er trocken.

Alfred nickte zögernd. Wirklich verstanden hatte er nicht.

Junkel erhob sich. „Muss zurück ins Büro", meinte er lakonisch. „Halt mich auf dem Laufenden, wenn du was herausfindest. Du schnüffelst ja sowieso in dem Fall herum."

„Könnten Sie mir 20 Euro leihen?", rief Alfred ihm nach.

Junkel ignorierte die Frage und fädelte sich in den Strom der Passanten ein, die hier auf der Universitätsstraße an der Buchhandlung Rombach vorbei Richtung Bertoldstraße strebten. Schon war er verschwunden. Ein kleiner, müder alter Mann mit schlechter Haltung und wenig Haaren. Alfred mochte ihn.

PRIVATINSOLVENZ (2)

„Jetzt sind wir gezwungen, noch einen Schrank oder eine Uhr zu verkaufen." Hugo grinste mit der ganzen Front seiner gelben Schaufelzähne. Alfred hatte ihm soeben von Jochen Schillers Auftrag berichtet und davon, dass der alte Rechtsanwalt Schiller den Diebstahl seiner Antiquitäten bereits entdeckt hatte. Sie saßen am Stühlinger Kirchplatz auf einer ehemaligen Parkbank, die aus nur noch einer Sitzplanke bestand, welche auf der einen Seite angekohlt war, in ihren übrigen Teilen vollgeschmiert und mit zahlreichen stümperhaften Schnitzereien versehen. Man musste jeweils dort sitzen, wo die Planke auf dem Betonpoller aufsaß, sonst wäre alles zusammengebrochen. Ein Nordafrikaner in schwarzer Lederjacke tänzelte vorbei und näselte in schönem Singsang: „Wollt ihr schöne Pollen? Frisches Gras?" Hugo stand auf und unterhielt sich ein paar Minuten mit dem Mann. Alfred bekam nicht mit, was gesprochen wurde. Geduldig wartete er, bis Hugo sich wieder setzte. Der Dealer verschwand.

„Ich dreh dir eine", kündigte Hugo an und bastelte schon an einem Joint. Alfred nahm das Gespräch wieder auf: „Der Diebstahl ist aufgeflogen. Wie kommst du auf die Idee, dass wir jetzt weitermachen müssen?"

Hugo reichte Alfred die fertig gedrehte Kippe. „Ist doch klar, Mann! Wenn die Diebstähle jetzt aufhören, dann schöpft der Schiller Verdacht. Dann weiß er sofort, dass du was damit zu tun hast. Sein Sohn informiert dich, und wenig später: Diebstahl hört auf! Ist doch verdächtig, oder?"

Alfred fand diesen Zusammenhang nicht so plausibel, wie Hugo ihn darstellte. Aber er widersprach nicht ernsthaft: „Können wir nicht zuerst den anderen Deal zu Ende bringen? Hast du mit dem Antiquitätenhändler in Hinterzarten telefoniert?“

„Er behält die Sachen. Wie erwartet. Alles ist echt.“

„Dann kriegen wir das Geld?“ Alfred fiel ein Stein vom Herzen. Vielleicht blieb ihm der Weg in die Privatinsolvenz doch erspart, wenn er zusammen mit Hugo vielleicht doch noch ein oder zwei wertvolle Antiquitäten … Er brachte den Gedanken nicht zu Ende, weil Hugo dazwischen kam: „Mit dem Geld müssen wir noch warten. Leider. Der Benz ist nicht flüssig. Er hat gesagt, er muss erst einen Käufer finden. Ist aber angeblich kein Problem. Ein paar Tage …“

„Ich hab da kein gutes Gefühl.“ Alfred kaute auf seiner Unterlippe und stierte versonnen auf die grünen Ziegel der beiden Turmdächer an der Stühlinger Kirche.

„Schlechtes Gewissen?“ Hugo fragte es flapsig. Aber so gut kannte Alfred seinen Kumpel, dass er wusste, die Gewissensfrage wäre Hugo eine Erörterung wert. Er ließ sich darauf ein: „Erstens ist es Diebstahl. Zweitens drehen wir dem armen Antiquitätenhändler in Hinterzarten Hehlerware an. Drittens ist es Jochens Vater, den wir bestehlen. Viertens hat der mich soeben beauftragt, die Diebe zu ermitteln, und er zahlt mir ein gutes Honorar dafür.“

Hugo überlegte kurz: „Auf jeden Fall musst du so tun, als würdest du recherchieren. Am besten, du startest Befragungen aller Hausbewohner. Oben unterm Dach der alte Musikant, der ist doch verdächtig, nicht wahr? Oder unter uns die türkische Großfamilie. Wenn die mal nicht Antiquitäten gebrauchen können.“

„Hugo, rede keinen Blödsinn. Du weißt genau, dass wir beide die Diebe waren.“

„So funktioniert Kapitalismus“, behauptet Hugo ernst. „Jeder betrügt jeden. Also könnte theoretisch auch jeder ein Dieb sein. Wer am besten betrügen kann, der gewinnt am Ende.“

„Das ist mir zu pauschal!“, widersprach Alfred.
Jetzt grinste Hugo: „Da gebe ich dir Recht. Jeder gute Kapitalist hat ein eigenes Betrugsmodell. Ein Ju-Es-Pi! Verstehst du? Alleinstellungsmerkmal!“ Er räusperte sich auf seinem unbequemen Sitz: „Wer das nicht hat, der ist am Ende mehr Opfer als Täter. Aber im Prinzip geht es immer ums Betrügen.“
„Marxistischer Quark!“, wehrte Alfred ab. Er wusste, dass er Hugo niemals überzeugen oder in dessen Argumentation würde erschüttern können. Hugo proklamierte die bevorstehende sozialistische Weltrevolution und er hatte ein illusionsloses Bild von der westlichen Zivilgesellschaft. Am Ende hatte er auch immer die stärkeren Argumente: „Affenerbe!“, sagte er jetzt. „Beobachte die Affen im Zoo, und dann weißt du, wieso der Mensch so ist, wie er ist.“
Zwei Typen schlurften heran. Jeans und T-Shirt. Beide dünn und groß. „Das sind Schorsch und Dinky“, klärte Hugo flüsternd auf, während er sich erhob. „Mit denen muss ich was klären. Kannst du mich mal alleine lassen?“
„Wollte sowieso gerade gehen“, behauptete Alfred. Im Weggehen rief er Hugo noch nach: „Und ruf den Antiquitätenhändler noch mal an. Er soll das Geld beschaffen.“
Mit dem Fahrrad erreichte Alfred gerade noch pünktlich zum vorvereinbarten Termin die Kanzlei Schiller&Partner in Herdern, wo es nun ernst werden sollte mit seiner Privatinsolvenz. Am Empfang saß wieder die Kastanienbraune und lächelte Alfred mit makellos gebleichten Zahnreihen an. Sie war wieder angemalt wie eine Schaufensterpuppe. Die schmetterlingsgroßen Wimpern klimperten einladend.
„Wann haben Sie Feierabend, Doris?“, fragte Alfred frech. Dass sie Doris hieß, wusste er von dem goldimprägnierten Namensschildchen, das sie auf der Brust trug. Überhaupt war ihre Brust einen zweiten Blick wert. Sie brachte ihre Trümpfe mit Hilfe eines Wonderbra vorteilhaft unter einem

anthrazitfarbenen Stretch-Pullover zur Geltung. Und sie genoss es, dass Alfred ungeniert auf diese Eyecatcher stierte. Sie säuselte überfreundlich: „Ich gehe erst um 18 Uhr nach Hause. Ist das interessant für Sie, Alfred?“
Hoppla. War das eine Einladung. Alfred machte sein Lausbubengesicht, von dem er wusste, dass es beim anderen Geschlecht jedes Macho-Gehabe schlug. Mit treudoofem Augenaufschlag testete er: „Ich könnte ja auf Sie warten. Wir gehen zusammen einen Kaffee trinken, oder wir essen ein Eis. Unten in der Habsburgerstraße gibt es eine gute Eisdiele.“ Er versuchte, die Worte beiläufig klingen zu lassen. Noch war er sich gar nicht sicher, ob er überhaupt mit dieser Doris flirten wollte. Sie war sicher mindestens zehn Jahre älter als er. Aber sie war herausgeputzt wie ein leckeres Abenteuer. Und unter ihrer Verpackung zeichneten sich Formen ab, deren Anblick bei Alfred sofort die Säfte steigen ließ. Doris lächelte geschmeichelt und es war ihr anzusehen, dass sie ähnlich abwog: Der Bursche ist doch mindestens zehn Jahre jünger. Er ist ein Habenichts. Aber er hat einen unglaublichen Charme und einen unwiderstehlichen Blick. Und dann dieses fröhliche Lausbubengesicht. Bestimmt ein guter Liebhaber. Solche Gedanken konnte Doris hegen, weil sie alleinstehend war. Es umschwärmten sie genug Männer mit Geld und Titel. Schließlich gingen solche Gockel in der Kanzlei Schiller ein und aus. Aber so ein Lebenskünstler von der Uni, der fehlte noch in Doris’ Sammlung.
Jedenfalls waren die Weichen gestellt. Zunächst jedoch hatte Alfred seine Sitzung mit dem Kanzleigehilfen Bernd Boysen, dem Alfreds Fall übertragen worden war. Für einen Rechtsanwalt war Alfreds Privatinsolvenz eine Lappalie, erst recht für den Herrn und Meister Schiller, der sich mit solchen Marginalien schon lange nicht mehr abgab. Boysen war ein verkorkster Aktenfrosch mit schlechter Haltung und

schmalen Schultern. Aber er wusste, was zu tun war. „Können Sie aus irgendwelchen Quellen Geld besorgen, damit wir Ihren Gläubigern ein Vergleichsangebot machen können? Könnte jemand für Sie bürgen?"

Alfred ging in Gedanken durch, wer von den Leuten, die er kannte, erstens Geld besaß und zweitens bereit gewesen wäre, für ihn zu bürgen. Linus vielleicht. Aber der war gerade mächtig sauer, weil er Alfred die Schuld an seinem geschrotteten Porsche und seinem Klinikaufenthalt gab. Anna? Nein, die hätte er sich niemals zu fragen oder gar anzubetteln gewagt. Jochen Schiller? Der hatte ganz sicher Geld im Überfluss. Vielleicht eine Option. Tim Joy? Der Kumpel saß im Knast. Aber Alfred wusste, dass er auf dubiosen Konten bei dubiosen Banken in noch dubioseren Ländern verstreut über die ganze Welt Devisen deponiert hatte, so dass die Konten vor Dollars überquollen. Tim Joy war die letzte Option. Obwohl der ehemalige WG-Mitbewohner im Knast saß, schaffte er es mühelos, Alfred über Tablet, Smartphone oder sonstige digitale Kanäle zu erreichen und mit ihm zu kommunizieren. Tim Joy war ein begnadeter Hacker und Bastler. Wie das alles ging war Alfred ein Rätsel, aber so viel war klar, Tim Joy würde Alfreds Konto wieder in die schwarzen Zahlen programmieren können. Genau wegen dieser Künste saß er ja im Knast und Alfred selbst war als Mitwisser und Komplize nur Dank Dr. Schillers Hilfe knapp an einer Verurteilung vorbeigeschrammt. Deshalb war es wahrscheinlich klug, in nächster Zeit nicht zu sehr auf Tim Joys Hilfe zu setzen.

Mehr Personen fielen Alfred nicht ein, so dass er schließlich bedächtig den Kopf schüttelte. Als habe er sich das schon gedacht, machte Boysen einen Haken auf seiner Liste und fuhr fort: „Ihr Auto müssen Sie verkaufen. Das Geld an die Gläubiger verteilen. Was ist es noch wert?"

Alfreds roter Flitzer stand in Linus' Garage. Im Grunde war er unverkäuflich. Alfred wäre mit 10.000 Euro einverstanden gewesen, aber das Ding war keine 5.000 mehr wert. Bei einem Notverkauf waren nicht mehr als 3.000 zu erwarten.
„Zehn- bis fünfzehntausend!", sagte Alfred. Boysen machte sich Notizen. „Aber ich kann es nicht mehr verkaufen, ich habe das Auto schon verschenkt."
„Sie haben … was?"
„Ich habe es verschenkt!" Die Idee war Alfred erst in dieser Minute gekommen. Er könnte das Auto doch Linus schenken, bis das ganze Insolvenztheater vorüber war, und es sich danach von Linus wieder zurückschenken lassen. Oder, falls Linus nicht mitmachte, der Freundin Vanessa. Mit der konnte er solche Deals jederzeit machen. Vanessa war treu und unerschütterlich in Alfred verknallt und würde ihm jeden Wunsch erfüllen. Alfred nahm sich vor, die Sache schnellstmöglich einzufädeln. Am besten noch heute Abend. Ach nein, das ging ja nicht. Am Abend wollte er sich von Doris verführen lassen. Dann eben morgen. Oder übermorgen.
„Gibt es ein pfändbares Einkommen? Von was leben Sie?"
„Pfändbares Einkommen?" Alfred stand auf dem Schlauch. Was meinte Boysen?
„Ich kriege jeden Monat 39,80 Euro Bafög. Ist das pfändbares Einkommen? Außerdem verdiene ich ab und zu was bei der Badischen Zeitung. Für die arbeite ich als freier Mitarbeiter. Zwei- bis dreihundert Euro im Monat, wenn's gut läuft auch mal fünfhundert."
„Das ist alles?"
„Ab und zu noch Gelegenheitsjobs. Zeitungsaufträge. Textaufträge von Firmen!"
„Ihr Freibetrag liegt bei 1.234 Euro, sofern es keine unterhaltspflichtigen Personen gibt", sagte Boysen. „Haben Sie Kinder?"

„Nein, um Gottes Willen", winkte Alfred ab. Ich bin nur mir selbst gegenüber unterhaltspflichtig. Leider kann ich derzeit dieser Pflicht nicht nachkommen." Er grinste. Boysen verzog keine Miene. Den Scherz hatte der Kanzleigehilfe sowieso nicht verstanden. In seinem Leben gab es keine Scherze.
„Wenn Sie 1.140 Euro monatlich verdienen, dürften Ihnen 434 Euro davon gepfändet werden. Aber ich glaube, die Pfändungstabelle brauchen wir bei Ihnen nicht. Sie müssen Sozialhilfe beantragen!"
„Kommt gar nicht in Frage", wehrte sich Alfred sofort.
Boysen blickte kurz auf: „Wenn weder Sachwerte noch Einkommen vorhanden sind, dann ist auch nichts pfändbar. Dann geht die Chance für eine außergerichtliche Lösung gegen Null. Ist Ihnen das klar?"
Alfred nickte. Deswegen saß er ja hier. Er knotete nervös die Finger ineinander.
„Wir müssen also das Amtsgericht einschalten!" Als Alfred darauf nichts sagte, fasste der Kanzleigehilfe nach: „Haben Sie das verstanden?"
„Ja, habe ich", sagte Alfred mürrisch. Wann ging es endlich voran?
Boysen setzte sich gerade auf, soweit das bei seinen hängenden Buchhalterschultern ging: „Also", so hob er zu einer längeren Erklärung an, „das Amtsgericht wird versuchen, mit Ihnen und den Gläubigern einen Plan zum Schuldenabbau zu vereinbaren. Wenn die Gläubiger dem aber nicht zustimmen, weil für sie zu wenig dabei herausspringt", er sah kurz auf, um sich zu vergewissern, dass Alfred den Ernst der Lage begriff, „dann werden wir oder vielleicht auch eine andere Kanzlei vom Amtsgericht als Treuhänder bestellt, um ihre gesamten Vermögensverhältnisse transparent zu machen. Wenn gar nichts da ist, dann ordnet das Gericht eine Restschuldbefreiung an. Es sei denn, man findet her-

aus, dass Sie gelogen oder Vermögen verschwiegen haben. Dann können Sie wegen Konkursbetrug belangt werden."
„Diese Rest Befreiung .... Restschuldbefreiung. Was bedeutet das?"
„Sie müssen sechs Jahre lang mit heruntergelassenen Hosen leben. Jeder Cent, den Sie einnehmen kommt dann unter die Lupe. Nach sechs Jahren sind Sie schuldenfrei." Boysen machte sich wieder Notizen. „Aber da sind wir noch nicht. Erst einmal gehen wir zum Amtsgericht. Ich werde das vorbereiten ..."
Alfred atmete tief ein und schwer aus. Wollte er sich das wirklich alles antun? War Hugo mit seinem Antiquitätenbusiness nicht die bessere Alternative? Bald kamen 15.000 Euro vom Antiquitätenhändler Benz aus Hinterzarten. Es musste doch irgendwie möglich sein, die knapp 80.000 Euro Schulden, die ihn drückten, auf anderem Wege wieder loszuwerden.
„Unterschreiben Sie hier", sagte Boysen und hielt Alfred ein Formular unter die Nase. Mit dem Finger zeigte er auf die Spalte, wo nur noch Alfreds Unterschrift fehlte.
Alfred hatte den Kugelschreiber schon in der Hand. Dann überlegte er es sich anders: „Kann ich das mit nach Hause nehmen? Ich muss nochmal drüber schlafen. Ich kann das jetzt nicht entscheiden."
Es folgte ein sehr entspannter Plauderabend mit der kastanienbraunen Doris in der Eisdiele Gelatogioia in der Habsburgerstraße. Sie redeten über Beziehungen, Lieblingsfilme und Partnersuchportale im Internet. Doris gab unbefangen Manches preis. Alfred erfuhr sogar, in welcher Wäsche sie bevorzugt schlief, nämlich in seidenen kurzen Höschen, eine Information, die ihn sehr erregte. Insgesamt investierte Alfred seinen ganzen Charme, um erstens als unvergleichlich interessanter Lebenskünstler zu erscheinen, zweitens sich zum Eisbecher, Espresso und abschließenden Amaretto

einladen zu lassen, drittens, das Schäferstündchen einzufädeln, zu dem es ihn mehr und mehr hinzog. Doris konnte nett plaudern. Sie griff dabei auf einen überschaubaren Baukasten an Lebensweisheiten und modischen Ansichten zurück, aber bald hatte Alfred herausgefunden, dass sie keine gravierenden Macken hatte, sondern einfach nur eine lebenslustige, aber einsame Frau mittleren Alters war. Sie sah sehr achtbar aus, reif und gepflegt. Sie beherrschte die Kunst, Alfred flüchtig zu berühren, beiläufig die Hand auf seinen Unterarm oder auch mal auf seinen Oberschenkel zu legen. Außerdem konnte sie auf unnachahmliche Art und Weise die Beine übereinander schlagen, so dass dabei jedes Mal das Mysterium ihrer geheimnisvollsten Zonen magische Lockrufe aussandte. Alle drei Ziele gingen in Erfüllung: Alfred machte Eindruck als Philosoph, seine Zeche wurde übernommen und er landete am Ende in Doris' schickem Appartement in Zähringen, wo sie beide ohne viel Federlesens miteinander ins Bett stiegen. Doris erwies sich dabei als ausgehungerte Akrobatin, die infolge größeren Nachholbedarfs auf eine Art und Weise praktizierte, die Alfred an den Rand seiner Kräfte und Möglichkeiten trieb. Dennoch war sie es, die sich am Ende besorgt erkundigte, ob auch alles gut und in Alfreds Sinne gewesen sei. Anschließend warf sie ihn hinaus, denn sie schlafe immer alleine. „Mit einem Kerl am nächsten Morgen aufwachen, das geht gar nicht!" Sie hatten nicht über eine Wiederholung gesprochen, aber als Alfred im beginnenden Morgengrauen beschwingt die Heimfahrt Richtung Wiehre antrat war ihm klar, er würde die Privatinsolvenz noch ein Weilchen hinausziehen.

INSEKTENFORSCHER

Alfred hatte unterwegs aus einem günstig am Weg liegenden Briefkasten eine Badische Zeitung mitgenommen und auf diese Weise erfuhr er, dass es einen Fortschritt im Falle der „Hinterzartener Moorleichen“, wie die Angelegenheit inzwischen genannt wurde, gegeben habe. Den Gerichtsmedizinern sei es nämlich gelungen, eine der drei aufgefundenen Leichen zu identifizieren. Demnach handelt es sich um den Doktoranden Günther Hesslin (31), einen angehenden Insektenforscher und Botaniker aus Hinterzarten. Es folgten Informationen, die Alfred schon kannte: Der Tote sei an einem Forschungs- und Kartierungsprojekt im Hinterzartener Hochmoor beteiligt gewesen, welches das Institut für Zoologie und Entomologie der Universität Freiburg derzeit mit mehreren Wissenschaftlern durchführe. Sogar der Todeszeitpunkt wurde ermittelt. Das war vor über einer Woche, an jenem Tag, an dem das Opfer zur nächtlichen Insektenbeobachtung im Hochmoor eingeteilt gewesen war. Projektleiter Dr. Utz Klinger kam in dem Zeitungsartikel zu Wort: „Das ist entsetzlich. Ich kann es gar nicht glauben. Wir haben gemeinsam viele Nächte im Moor verbracht, um das Aufkommen seltener Nachtfalter zu erfassen. Und ausgerechnet in jener Nacht, als er ermordet wurde, war er alleine. Ich konnte wegen eines Verkehrsunfalls meine Schicht nicht antreten. Wenn ich bedenke, was ich vielleicht hätte verhindern können. Daran mag ich gar nicht denken. Mein Mitgefühl gilt seinen Angehörigen, seiner ganzen Familie.“
Von diesen Angehörigen war in dem Artikel ebenfalls die Rede. Demnach hatte der getötete Günther Hesslin noch einen jüngeren Bruder, Rudi, der ebenfalls in Hinterzarten lebte und arbeitete, und der im gemeinsamen Hause der Ge-

schwister wohnte, zu denen auch noch eine ältere Schwester gehörte. Alfred merkte sich all diese Einzelheiten. Das war sein Fall! Er würde weiter recherchieren und Anna Artikel anbieten. Es ärgerte ihn schon, dass dieser Artikel nicht von ihm war. Der BZ-Lokalchef persönlich hatte ihn geschrieben. Wahrscheinlich hatte die Polizei eine Pressekonferenz gegeben. Ein paar Fotos, die Peter Sterzer vom Moor und von Hinterzarten gemacht hatte, illustrierten den Artikel. Alfred telefonierte mit Anna, um sich Bilder von dem Lieferwagen eines Paketservices zu besorgen, der wenige Tage vor dem Mord beim Bohlenweg im Hinterzartener Moor stecken geblieben war. Diesen Vorfall wollte er nochmal näher untersuchen. Er leitete die Bilder per Smartphone an den Knastbruder Tim Joy weiter, mit der Bitte, doch mal über das Kennzeichen des Fahrzeuges nach dem Fahrer oder Fahrzeughalter zu recherchieren. Alfred wusste, dass dies Tim Joy keine Mühe bereiten würde, selbst aus dem Gefängnis heraus nicht.

Anschließend gelang es ihm, Vanessa zu überreden, mit ihm eine Stippvisite im Institut für Forstzoologie und Entomologie zu unternehmen. Vanessa sagte niemals nein, wenn Alfred sie um etwas bat. Die Kommilitonin studierte mit Alfred Geschichte und Politik, sie büffelte mit ihm, schrieb mit ihm Referate, hing mit ihm in Szenekneipen und an Baggerseen ab und besaß den gescheiten Verstand einer unangepassten und etwas linkischen Intellektuellen. Sie war Alfreds beste Freundin. Mit ihr konnte er saufen, kiffen, diskutieren, Pferde stehlen. Inzwischen war Alfred auch klar, dass Vanessa in ihn verliebt war, sie machte auch keinen Hehl daraus. Es gab nur ein Problem: Sie war nicht Alfreds Typ. Als Frau. Alfred bevorzugte ein gut geformtes Schneewittchen wie Anna. Vanessa hingegen war dünn wie eine Bohnenstange, nahezu ohne Hüften und demgemäß auch flach wie ein Brett. Sie hatte ein freches Bubengesicht und Haare von undefinierbarem Braun, die immer irgendwie geknotet, gewickelt, zusammengeklammert als knotiges Bauwerk auf ihrem Hinterkopf saßen. Sie sah diesmal müde aus und begründete das mit dem Job bei Karstadt: „Zehn Stunden an dieser blöden Kasse stehen und den Schweizer Einkaufstouristen ihre Ausfuhrkassenzettel ausstellen. Das schafft dich …“

Sie stellte keine Fragen, aber Alfred setzte sie in knappen Worten ins Bild, was den Fall der Hinterzartener Moorleichen betraf.

Dr. Utz Klinger und sein Institut für Forstzoologie und Entomologie residierten im sogenannten „Herder-Bau“ an der Tennenbacher Straße im Institutsviertel. Direkt gegenüber befand sich das Freiburger Gefängnis, im Volksmund „Café Fünfeck“ genannt, dessen Anblick Alfred sofort ein schlechtes Gewissen machte. Er musste unbedingt mal wieder den alten Kumpel Tim Joy besuchen, der hier einsaß.

Beim „Herder-Bau“ handelt sich um einen großen, mehrgeschossigen roten Block, der vollgestopft war mit einer ganzen Reihe von Instituten mit so klangvollen Namen wie „Biometrie und Umweltsystemanalyse“ oder „Fernerkundung und Landschaftsinformationssysteme“, „Forstliche Biomaterialien“, „Ökosystemphysiologie“, „Umweltmeteorologie“. Sie studierten sich durch den Gebäude-Lageplan bis sie endlich auch das Institut für Forstzoologie und Entomologie fanden, kurz FZE, immerhin ausgestattet mit einem Direktor, zwei Lehrbeauftragten, mehreren Doktoranden und technischen Assistenten sowie einigen Gastwissenschaftlern, zu denen auch Dr. Utz Klinger gehörte. Auf dem Gang huschte eine mittelalte Assistentin mit bizarr karottenfarben gefärbtem Kurzhaar vorbei und warf ihnen zu: „Fest klopfen! Manchmal hält er ein Nickerchen!“

Als sie dreimal an seiner Bürotür geklopft und vergeblich auf ein „Herein“ gewartet hatten, öffneten sie einfach die Tür. Da saß Dr. Klinger an seinem Schreibtisch und schlief. An den Wänden hingen seitenhoch Bestimmungskarten voller Käfer- und Schmetterlingszeichnungen. Eine Wand war mit einem Regal zugebaut, das unter der Last kiloschwerer Standardwerke ächzte. Der Raum strahlte Wissenschaft aus. Der schlafende Dr. Klinger brummte leise vor sich hin. Es war kein Schnarchen im eigentlichen Sinne, eher eine Art Ventilatorgeräusch, das tief aus seinem Innern zu kommen schien. Er hatte den Kopf auf seinen Unterarmen gebettet, die auf der Schreibtischplatte auflagen. Sein struppiger Kauzbart quoll auf beiden Seiten hervor. Kein Wunder, dass der Mann müde war, wenn er seine Nächte im Hinterzartener Hochmooor verbrachte. Vanessa schloss vorsichtig die Tür hinter sich. Alfred tippte den schlafenden Wissenschaftler an. Erschrocken fuhr dieser auf: „Was …. Wie …? Er zauste sich das Haar und rückte die runde Brille zurecht. Noch immer wirkte er desorientiert. „Was wollen Sie? Es ist keine Sprechstunde. Kommen Sie morgen Nachmittag wieder.“

„Erkennen Sie mich nicht?“, fragte Alfred vorsichtig. „Erinnern Sie sich an mich?“

Jetzt erst ließ sich Dr. Klinger dazu herab, seine Besucher genauer unter die Lupe zu nehmen. Er hatte sie wohl für Studenten gehalten, die sich in der Sprechstunde geirrt haben.

„Wir haben uns im Hinterzartener Hochmoor kennengelernt. Kürzlich in der Nacht“, half Alfred nach.

Jetzt klingelte es bei Dr. Klinger. Über sein Gesicht huschte eine Welle des Wiedererkennens: „Sie und Ihr betrunkener Freund, also hören Sie. Wie sollte ich mich nicht erinnern. Solche Begegnungen hat man nicht jede Nacht.“

„Ich bin Journalist“, klärte Alfred auf. „Ich recherchiere den Fall Ihres ermordeten Kollegen Günther Hesslin.“ Er hatte sich zuvor keine Taktik zurechtgelegt. Jetzt war er mitten ins Thema hineingesprungen. Vielleicht konnte er Dr. Klinger überrumpeln. Aber dieser versank erst einmal in nachdenkliche Trauer. Er zuckte, als müsste er ein in ihm wohnendes Weinen unterdrücken.
„Haben Sie eine Theorie?“, fragte Alfred, nachdem Klinger keine Anstalten machte, etwas zu sagen.
Der Insektenforscher schüttelte den Kopf. „Wer kann so etwas tun?“, fragte er sich selbst. „Günther hatte doch nur Freunde. Warum bloß? Warum?“
Dr. Utz Klinger kam nicht auf die Idee, Alfred und Vanessa des Raumes zu verweisen. Offenbar fand er ihren Besuch keineswegs ungebührend. Oder er dachte einfach nicht darüber nach. Jedenfalls ließ er sie an seiner Verzweiflung teilhaben. Alfred hatte nicht das Empfinden, dass der Mann ihm etwas vorspielte. Vanessa studierte betont interessiert die Käferbilder an der Wand.
„Es heißt, in der Mordnacht war Ihr Doktorand Hesslin alleine im Moor, obwohl Sie eigentlich gemeinsam mit ihm die Schicht hätten machen sollen …?“ fragte Alfred lauernd. Er wischte nach einer Mücke, die ihn umkreiste.
„Nicht!“, rief Dr. Klinger.
„Eine Schnake!“, widersprach Alfred und klatschte das Insekt. Ein feuchter schwarzer Fleck blieb an seinem Handteller kleben. Er wischte ihn an der Hose ab. Utz Klinger verfolgte das Ganze mit höchster Missbilligung.
„Haben Sie eine Vorstellung, wer die anderen beiden Leichen sein könnten, die im Moor gefunden wurden?“, fragte Alfred lauernd. Er wollte im Gesicht des Insektenforschers etwas lesen, eine Reaktion, einen Reflex, der vielleicht auf ein schlechtes oder ein reines Gewissen hätte deuten kön-

nen. Aber Klingers Gesicht war zusammen mit allen denkbaren Regungen hinter dem zauseligen Vollbart verborgen, der ungebändigt nach allen Seiten sprießte. Klinger zeigte sich ahnungslos: „Ich habe beim besten Willen keine Idee. Das Ganze ist so unvorstellbar … so ein Alptraum. Dass Günther …, dass er …“

„ … tot ist“, ergänzte Alfred.

„Ermordet wurde“, korrigierte Klinger.

Vanessa mischte sich ein, um bei dieser Gelegenheit etwas näher an den Schreibtisch zu rücken, so, als hätte sie dort etwas Interessantes entdeckt: „Und Ihr Projekt, dieses Forschungsprojekt“, so fragte sie mit gespieltem Interesse, „war das irgendwie geheim? Könnte das vielleicht ein Motiv sein?“

Dr. Klinger machte hinter seinen trüben Brillengläsern große Augen: „I wo!“, winkte er ab. „Das ist Routine und alle Ergebnisse sind öffentlich. Wir kriegen ein paar Fördermittel vom europäischen Artenschutzprogramm. Darüber hinaus interessiert sich kein Mensch für unsere Arbeit. Für Günther sollte es die Dissertation werden.“

Alfred lenkte das Gespräch in eine andere Richtung. Es war sowieso erstaunlich, wie freimütig Dr. Klinger Auskunft gab: „Angeblich haben Sie die Schicht wegen eines Unfalls im Höllental verpasst. Was ist da passiert?“

Klinger arbeitete die offenen Fragen der Reihe nach ab: „Ich habe keine Theorie. Das Ganze ist mir ein Rätsel. Ich weiß nicht, ob Günther in der Mordnacht alleine war. Ich war nicht dabei, das stimmt. Aber manchmal, wenn ich nicht konnte, dann hat Günther auch seinen Bruder mitgenommen, den Rudi. Dem hat das Spaß gemacht. Der ging gerne mit ins Moor. Und das mit dem Unfall, das stimmt. Mir ist da so ein Idiot seitlich reingefahren. Die ganze B31 musste gesperrt werden. Da hatte ich keine Schuld, aber das hat halt gedauert, bis die Polizei da war und dann der Abschleppwagen."

Das waren jede Menge Informationen auf einmal. Alfred machte sich ein paar Notizen. „Haben Sie einen Namen? Von Ihrem Unfallgegner? Wie ist das genau passiert?"

Klinger dachte kurz nach: „Es war ja dunkel. Und da kam dieser Typ auf der Ausfahrt vom Hofgut Sternen her und ist einfach in mich reingefahren. Von rechts, von der Seite. Ich könnte schwören, er hat sein Licht überhaupt nicht angehabt. Ich habe nichts gesehen. Gar nichts. Plötzlich war er da und hat mich gerammt." Bei allem, was er schilderte, wirkte Klinger immer noch empört. „Er wollte nicht einsehen, dass er einen Fehler gemacht hat. Als die Polizei da war hat er behauptet, ich sei absichtlich in ihn hinein gefahren. Können Sie sich sowas vorstellen?" Alfred konnte sich vor allem gut vorstellen, welche Szenen sich in der Unfallnacht bei der Aufnahme des Polizeiprotokolls abgespielt hatten. Klinger schimpfte vor sich hin. Dann zog er seine Schreibtischschublade auf und kramte zwischen Papieren und Klebestiften nach einer Visitenkarte, die er Alfred hinschob: „Hier, das ist er!"

Alfred schrieb sich Namen, Telefonnummer und Adresse auf: „Jakub Wozniak aus Oberbränd." Er gab Klinger die Visitenkarte zurück: „Vielleicht kann ich dem Kerl mal auf den Zahn fühlen." Ein Gedanke kam ihm: „Wäre es möglich, dass der Unfall gezielt herbeigeführt wurde, damit Sie Ihre Schicht in Hinterzarten im Moor nicht antreten konnten? Damit dort Günther Hesslin alleine seinem Mörder ausgeliefert war?"

Klinger machte hinter seinen Brillengläsern große Augen. „So habe ich das noch gar nicht … Das ist ja unfassbar", stöhnte er.

Vanessa, die seitlich neben Klingers Schreibtisch stand, machte komische Handzeichen, die Alfred nicht zu deuten wusste. Irritiert blickte er hin und her. Wollte sie ihm etwas zeigen? Er wurde nicht schlau aus ihren Bewegungen. Es schien, als deutete sie unter den Schreibtisch. Aber Alfred konnte ja schlecht auf die Knie gehen, um nachzusehen.
„Kennen Sie die Geschwister von Günther Hesslin?“, fragte er, nur um das Gespräch in Gang zu halten.
„Nur den Rudi“, sagte Klinger. „Das ist der jüngere Bruder.“ Er legte eine kurze Pause ein, als müsse er überlegen, was er preiszugeben bereit war: „Der Rudi ist ein netter Kerl. Einfach gestrickt. Er hatte Spaß, manchmal mit uns am Insektenzelt die Nacht im Moor zu verbringen. Das hat ihm gefallen. Günther hat ihn immer mitgenommen, wenn ich selbst nicht konnte. Die beiden vertrugen sich gut.“
„Aber er ist kein Insektenforscher, Botaniker oder sowas?“, vergewisserte Alfred sich.
„Nein, nein, nein! Der Rudi, der ist Zimmermann. Geselle! Der arbeitet in Hinterzarten bei der Zimmerei Ganter.“
„Und verbrachte seine Nächte mit dem Bruder im Moor …?“, fragte Alfred zweifelnd.
„Ja! Das Moor hat ihn fasziniert. Er hatte auch furchtbar Angst vor dem Moor. Er ging nie alleine mehr als drei Meter vom Zelt weg. Er fürchtete sich vor Werwölfen und anderen Hirngespinsten.“
„Wie bitte?“, mischte Vanessa sich ein, nachdem sie es aufgegeben hatte, Alfred mit Handzeichen auf irgendetwas Beachtenswertes unter dem Schreibtisch aufmerksam zu machen.
„Ja!“, bestätigte Dr. Klinger. „Der Rudi hat eine panische Angst vor Werwölfen. Er behauptete immer, im Hochmoor gebe es Werwölfe. Das wisse er von seiner Großmutter. Und

in Wirklichkeit seien das brave Hinterzartener, die sich aber nachts in Werwölfe verwandeln."

„Das haben Sie ihm nicht ausgeredet?", fragte Alfred ungläubig. Er bedauerte, dass er nur zerfetzte Espadrilles trug – seine letzten Schuhe –, so dass er nicht einmal so tun konnte, als müsse er die Schuhbändel schnüren. Es fiel ihm nichts ein, wie er unauffällig hätte einen Blick unter Klingers Schreibtisch werfen können.

Klinger lachte trocken: „Den Werwolf können Sie dem Rudi nicht ausreden. Von dem ist er überzeugt. Er ist ein sehr abergläubischer Mensch. Ich glaube, seine Oma hat ihm all die Gruselgeschichten schon als Kind eingebläut. Er glaubt auch, dass es im Hochmoor Hakenmolche gibt."

„Was für Dinger?"

„Hakenmolche! Das sind Moorungeheuer in Reptiliengestalt, die Wanderern auflauern, um sie mit einem Haken in die Tiefe zu ziehen."

„Ach du meine Güte", amüsierte sich Vanessa.

„So ein Unsinn!", sagte Alfred.

Dr. Klinger zuckte mit den Schultern: „Sie haben mich gefragt, was der Rudi für einer ist. Sie können ja selbst mit ihm reden. Ein lieber Kerl, wie gesagt. Und bestimmt ein guter Zimmermann. Aber mit diesem einen Spleen eben ..."

Sie plauderten noch eine Weile belanglos weiter, bis Dr. Klinger merklich ungeduldig wurde und Alfred auch keine Fragen mehr einfielen. „Vielleicht begleite ich Sie mal eine Nacht lang", kündigte Alfred zum Abschied an. „Nichts dagegen!", entgegnete Dr. Klinger. „Sie sind jederzeit willkommen."

Beim Verlassen des Instituts trafen sie wieder auf die karottengefärbte Assistentin. „Und, Erfolg gehabt?", fragte sie beiläufig.

„Sie hatten recht“, bestätigte Vanessa im Vorübergehen. „Er hat geschlafen!“
„Kein Wunder“, lästerte die Karotte spitz: „Die ganze Nacht in der Sonderbar. Der ist einfach ausgelutscht!“ Sie kicherte meckernd zu ihrem anzüglichen Scherz. Alfred und Vanessa blieben verdattert zurück.
„Die Sonderbar ist eine Schwulenbar in der Innenstadt“, klärte Vanessa Alfred auf, als sie alleine auf dem Gang standen. „Ich zeig sie dir mal, wenn du willst. Cooler Laden.“
„Schwule stehen auf mich“, behauptete Alfred und grinste. „Ich bin voll ihr Typ!“
„Meiner auch“, lächelte Vanessa und drückte Alfred einen schwesterlichen Kuss auf die Wange.
„Was gab es so zu zappeln vorhin im Büro von Klinger?“, fragte Alfred. „Die ganze Zeit hast du so komische Handzeichen gemacht.“
„Hast du es nicht bemerkt?“
„Was?“
„Klinger hatte immer eine Hand unter dem Schreibtisch. Er hat dort irgendetwas festgehalten, nachdem er aus seiner Schublade die Visitenkarte herausgeholt hatte. Einen Briefumschlag oder ein Blatt Papier oder so was Ähnliches.“
„Bist du sicher?“
„Ja, ganz sicher“, beteuerte Vanessa. „Er holte die Visitenkarte heraus und gleichzeitig hatte er noch dieses Blatt oder den Umschlag in der Hand. Das hat er dann ganz schnell unter dem Schreibtisch verborgen. Und während des ganzen restlichen Gesprächs hat er es mit einer Hand unter dem Schreibtisch festgehalten, so als wollte er auf keinen Fall, dass wir es zu sehen kriegen.“
„Interessant!“, hielt Alfred fest. „Das merken wir uns mal.“

DER RÜCKZUG DES GENERALS JEAN VICTOR MOREAU

Der französische General Jean Victor Moreau kam im Juni 1796 in den sogenannten „Franzosenkriegen“ über den Rhein, um die Schwarzwaldhöhen zu überschreiten und sich Richtung Schwaben und Württemberg gegen die Truppen Habsburgs zu stellen. Wenn im Hinterzartener Hochmoor die Überreste einer rund 220 Jahre alten französischen Charleville Muskete auftauchen, so kombinierte Alfred, dann müsste es auch irgendeinen Franzosen geben, der sie damals dort verloren hat. Also fing er an nachzuforschen, ob und wann französische Soldaten sich im fraglichen Zeitraum im Hochschwarzwald und speziell in Hinterzarten aufgehalten haben. Zu seiner Überraschung hatte Anna eingewilligt, dass er dazu eine Hintergrundreportage für die BZ-Lokalredaktion machen konnte. „Das rätselhafte Gewehr bei den Hinterzartener Moorleichen“, so lautete die marktschreierische Schlagzeile dazu.

Alfred brauchte zwei Tage, bis er alles zusammen hatte. Mit der Übergabe Freiburgs im Juli 1796 begann der Vormarsch der Franzosen über den Schwarzwald. Im Herbst wendete sich das Kriegsglück und ab Oktober 1796 begann der Rückzug des General Moreau aus Schwaben über die Baar Richtung Hochschwarzwald. Dort wurde es dann für den Franzosengeneral und sein noch fast 40.000 Mann starkes Heer richtig brenzlig.

„Erzähl mal“, hatte Vanessa Alfred aufgefordert, als sie zusammen in der „Sonderbar“ saßen, jener Schwulenbar, die angeblich für die Übernächtigung von Dr. Klinger verantwortlich war. Alfred fand tatsächlich, dass es ein cooler Laden war. In bläuliches Licht getaucht saßen Alfred und

Vanessa an einer stylischen Theke auf quadratischen Barhockern und freuten sich vor allem, dass man hier nach Herzenslust qualmen durfte. Die Preise waren für ein Altstadtlokal mehr als zivil. Die Halbe Fürstenberg, vor der Alfred saß, kostete 3,60 Euro. Davon konnte er zur Not den ganzen Abend leben. Außerdem hatte Vanessa ihn eingeladen. „Karstadt hat heute überwiesen", begründete sie. Alfred wusste, dass sie ihn nicht kränken wollte und immer nach Begründungen suchte, wenn sie ihn einlud. Er fühlte sich nie gekränkt, wenn andere für ihn bezahlten, nur erleichtert.
„Stell dir mal vor, 40.000 Mann kommen über den Hochschwarzwald gezogen. Von Löffingen über Rötenbach nach Neustadt. Die haben gerade mehrere Schlachten verloren. Die sind hungrig, teilweise verwundet, der Feind sitzt ihnen im Nacken. Wie sind die wohl drauf?", fragte Alfred.
Vanessa rührte nachdenklich mit einem Plastikstäbchen in ihrem Red Bull-Longdrink, den sie bestellt hatte, weil er ihr absolut nicht schmeckt. „Dann trink ich nur kleine Schlucke und er hält mir den ganzen Abend", so lautete ihre Begründung. Alfred fand diese Strategie nicht überzeugend. „Ich trinke nur, was mir schmeckt", hielt er dagegen.
„ Nichts wie weg? Nichts wie heim?", sagte Vanessa zögernd. „So würde ich die Stimmungslage der Franzosen einschätzen."
„Genau so war es", bestätigte Alfred. „Die hatten die Hosen gestrichen voll. Und alle wollten nur so schnell wie möglich wieder runter ins Rheintal und über den Rhein zurück in ihre Heimat. Was würdest du machen, wenn du auf der Seite der Gegner wärst? Die kaiserlichen Truppen waren den Franzosen auf den Fersen. Teilweise waren sie sogar schon auf den Höhen rings um Neustadt und Hinterzarten."
Vanessa nahm einen tiefen Zug aus ihrer selbstgedrehten Zigarette und ließ den Kneipenlärm auf sich wirken. Um

sie herum herrschte Männerüberschuss und die Gespräche und Stimmen waren laut und überdreht. Es herrschte Flirtatmosphäre, aber da Alfred und Vanessa wie ein Paar wirkten, blieben sie unter sich. Niemand sprach sie an. Vanessa dachte nicht militärisch, sondern emotional. Deshalb lautete ihre Antwort: „Ich würde mich freuen, dass sie endlich abhauen, dahin, wo sie hergekommen sind."

„Falsch!", korrigierte Alfred. „Als guter kaiserlicher General würdest du überlegen, wie du dem fliehenden und in Auflösung befindlichen Feind den Rückweg verstellen kannst."

„Wozu soll das gut sein? Dann verschwinden sie ja nie über den Rhein."

„Es herrscht Krieg. Du willst die Feinde doch nicht entkommen lassen. Du willst sie umzingeln, einkreisen, abmurksen." Alfred nahm einen Schluck aus seinem Bierglas. Im Weiteren erklärte er: „Damals gab es für ein französisches Heer drei Möglichkeiten, vom Schwarzwald zurück in den Breisgau oder ins Rheintal zu fliehen. Die nördlichen Routen über das Kinzigtal oder das Elztal waren dauerhaft von habsburgischen Truppen besetzt und schieden damit aus. Es blieb nur der Weg über den Thurner und den Hohlengraben, seit Jahrhunderten der traditionelle Aufmarsch- und Rückzugsweg französischer Heere. Und weil die österreichischen Truppen das wussten, hatten sie die Thurnerhöhe besetzt, um hier den fliehenden Feind zu stellen und endgültig zu erledigen."

„Und was ist mit dem Höllental?", wollte Vanessa wissen. „Das ist doch der kürzeste Weg."

„Wir befinden uns im Jahre 1796", klärte Alfred auf. „Da gab es noch keine B31 durch das Höllental. Das Tal war wild und eng. Unten am Hirschsprung kam mit Mühe vielleicht ein Fuhrwerk hindurch. Der Bach trat oft über die Ufer. Umgestürzte Bäume versperrten den Weg. Der Aufstieg vom

Hofgut Sternen nach Hinterzarten führte über die Steig. Das war ein steiler und schmaler Fuhrweg, bei dem man rauf und runter mehrere Pferde oder Ochsen vor die Fuhrwerke spannen musste, damit sie nicht abstürzten oder stecken blieben.“ Alfred hob mahnend den Zeigefinger: „Die französischen Offiziere hatten einen Heidenrespekt vor dem Höllental. Noch nie zuvor hatten sie es gewagt, mit einem Heer dort abzusteigen. Deshalb nannten sie es ja das Val d'enfer, das Höllental. Weil sie es so furchterregend fanden.“
Vanessa wehrte eine graumelierte Kurzhaartigerin ab, die sich ihr genähert hatte und um Aufmerksamkeit buhlte, sich aber achselzuckend wegdrehte, als sie das Desinteresse realisierte. „Schöne Weicheier, diese Franzosen“, so lautete Vanessas Kommentar.
„Ja, aber jetzt kommt's“, freute sich Alfred: „General Moreau wagte es. Er wählte den Weg durch das für unpassierbar gehaltene Höllental. In einer Schnelligkeit, auf welche die österreichische Heeresleitung nicht vorbereitet war, dirigierte Moreau seine Armee von rund 40.000 Mann von Neustadt über Hinterzarten die alte Steig hinunter und dann durch die Sohle des Höllentals westwärts Richtung Breisgau.“ Während er das so erzählte, fiel ihm etwas ein: „Kürzlich habe ich bei einem Hinterzartener Antiquitätenhändler sogar so einen eisernen Bremsschuh gesehen, wie man sie damals verwendete, um die Fuhrwerke an der Steig abzubremsen.“ Er erklärte kurz Funktion und Aussehen eines solchen Bremsschuhs. „Das ist so etwa wie eine moderne Reifenkralle, die sie dir ans Rad hängen, damit du mit dem falsch geparkten Auto nicht mehr abhauen kannst.“ Alfred wusste, wovon er sprach.
Eigentlich wäre es keine schlechte Idee, den geplanten Artikel über General Moreaus Rückzug durch das Höllental mit dem Bild eines solchen historischen Bremsschuhs zu il-

lustrieren. Alfred nahm sich vor, dem Antiquitätenhändler nochmals einen Besuch abzustatten, um das Teil zu fotografieren. Bei dieser Gelegenheit konnte er ja auch nochmals Druck in Sachen Bezahlung machen.

Alfred und Vanessas kleines historisches Kolloquium an der Theke der Sonderbar wurde abrupt unterbrochen, weil jemand Alfred von hinten kumpelhaft auf den Rücken klopfte. „Hey, was macht ihr denn hier?“

Es war Jochen. Alfred erwiderte scherzhaft: „Ich recherchiere den Verbleib eurer gestohlenen Möbel. Also hier sind sie schon mal nicht.“

„Noch nichts rausgefunden?“, so ließ Jochen sich auf das Thema ein. Er zog einen freien Barhocker zu sich heran und setzte sich unaufgefordert zwischen Alfred und Vanessa. Ringsum schienen die Gespräche zu verstummen und aller Anwesenden Aufmerksamkeit sich auf Jochen zu richten. Er sah wie immer blendend aus und entsprach ganz sicher dem Geschmack all jener kontaktbereiten Gäste, die diese Schwulenbar nicht nur wegen der günstigen Getränke besuchten. Jochen tat, als bemerkte er die vielen Blicke nicht, die ihn taxierten. Alfred berichtete von seinen bisherigen Bemühungen, dem Diebstahl der antiquarischen Möbel aus der Wiehre-Villa auf die Spur zu kommen: „Ich habe zuerst mal alle Leute bei uns im Haus befragt. Also Hugo nehme ich mal aus, obwohl ich ihm auch auf den Zahn gefühlt habe. Aber für den lege ich die Hand ins Feuer.“ Er log so ungeniert und im harmlosesten Tonfall, wie es ihm möglich war. „Der alte Zupf, der arbeitslose Geiger, der über uns im Dachgeschoss wohnt, der scheidet auch aus.“

„Warum?“, wollte Jochen wissen, während er großzügig eine Runde spendierte, die Alfred ein weiteres Bier, Vanessa zu ihrem noch halb vollen „Absolute Red Bull“ einen weiteren ungenießbaren Longdrink bescherte.

„Der Zupf ist so tatterig, ich wüsste nicht, wie der ein altes Sofa oder eine Standuhr aus der Wohnung bringen wollte. Außerdem kann der keiner Fliege etwas zuleide tun. Er wusste gar nicht, dass sich unten in der Wohnung Antiquitäten befinden. Wirklich, ich habe ihm auf den Zahn gefühlt. Der hat mit dem Diebstahl nichts zu tun."

„Stattdessen hat er dir einen weiteren Privatdetektiv-Auftrag erteilt", mischte sich Vanessa ein, der Alfred diese Geschichte schon erzählt hatte. Als er nämlich mit dem alten Zupf im Treppenhaus über den Diebstahl der Antiquitäten diskutiert hatte, da hatte der Geiger empört davon erzählt, dass ihm immer häufiger frühmorgens die Badische Zeitung aus dem Briefkasten gestohlen wird. Das habe überhandgenommen und sei eine Sauerei, wo doch das BZ-Abonnement der letzte Luxus sei, den er sich noch leiste und er ohne morgendliche Zeitungslektüre gleich den ganzen Tag abschreiben könne. Alfred versprach, er werde Ausschau halten. Und so war er zu seinem nächsten Auftrag als Privatdetektiv Alf R.E.D gekommen. Er musste den Zeitungsdieb finden. Kein Problem, er kannte ihn ja. Das war er selbst. Jetzt ging es nur noch darum, wie er es anstellen konnte, dass er gegenüber Zupf ein plötzliches Ende der Diebstahlserie als Ergebnis seiner Ermittlungen darstellen konnte. Er grübelte noch darüber nach.

Dass er im weiteren Verlauf auch mit dem Oberpatriarchen der türkischen Großfamilie gesprochen hatte, die unter der WG im ersten Obergeschoss der Wiehre-Villa wohnte, erwähnte Alfred nur mit der Randbemerkung: „Die wissen von nichts!", weil er den wahren Verlauf des Gesprächs gegenüber Jochen Schiller nicht wiedergeben konnte. Der majestätische Chef dieser Familie, deren unaussprechlicher Nachnahme aus zahlreichen Konsonanten und etlichen Os und Üs bestand, hatte Alfred nämlich unmissverständlich angeraunzt: „Wenn du wisse wolle, habbe ich Foto gemacht.“ Er klopfte auf sein Handy. „Da isse gespeichert.“ Und mit vielsagend warnendem Blick: „Ich nix verrate. Aber ich wisse: hasch du mit dem Hugo rausgeholt: Uhr und Kanepe! Hab isch gesehen, ey Mann. Also, mach mich nit an!“

Ganz kleinlaut hatte Alfred daraufhin das Feld geräumt. Bislang hatte er es noch nicht über sich gebracht, Hugo davon zu berichten. Und er konnte nur hoffen, dass Jochen nie auf die Idee kam, den Türken selbst zu fragen.

Jochen Schiller grüßte so manchen Bekannten in der Sonderbar, so dass Alfred nach und nach dämmerte, dass sein WG-Kumpel hier Stammgast war. Ihm fiel das Gespräch mit Vanessa wieder ein, bei dem diese behauptet hatte, Jochen sei schwul und in Alfred verknallt. War vielleicht doch etwas dran? Obwohl Jochen Schiller immer die tollsten jungen Frauen um sich herum hatte?

Zum Glück nahm das Thekengespräch in dieser Nacht eine andere Richtung. Alfred ließ sich von Jochen beraten, wie er es anstellen müsste, um seinen roten Flitzer gerichtsfest an Vanessa zu verschenken, auch wenn Vanessa nicht müde wurde zu beharren: „Ich will deinen roten Flitzer nicht!“

Da inzwischen auch schon mehrere jeweils von Jochen bezahlte Runden ins Land gegangen waren, blieb das finale Ergebnis möglicherweise unter den juristisch gebotenen Standards. Es endete nämlich damit, dass Alfred auf einem Bierdeckel der Marke Fürstenberg seine Schenkung formulierte und von dem Zeugen Jochen Schiller beglaubigen ließ, und dass er noch von der Sonderbar aus eine nächtliche Mail an den Kumpel Linus abschickte, mit der er ihn als seinen Versicherungsmakler aufforderte, anderntags die hieb- und stichfeste Umschreibung auf die neue Besitzerin vorzunehmen. Dass Linus derzeit noch dabei war, sich als Rippen- und Milzpatient in der Helios-Klinik über sein

horrendes Krankenhaustagegeld zu generalsanieren, spielte keine Rolle. Linus würde eben vom Krankenbett aus operieren müssen.
Alfreds Reportage war am nächsten Tag fast fertig: Eine Vorhut des General Moreau unter General Jean-Baptiste Girard schlug bei Hinterzarten die Österreicher, die mit drei Bataillonen bereits den Eingang zum Höllental besetzt hatten. Moreau war entschlossen, als erster französischer General die Flucht durch das Höllental zu wagen. Es blieb ihm ja auch keine andere Möglichkeit mehr. Das Gros der französischen Soldaten nahm nun diesen Weg. Kleinere Einheiten deckten die Flügel, indem sie über den Hohlengraben Richtung St. Märgen und St. Peter, beziehungsweise auf der anderen Talseite über Alpersbach und Weilersbach den Weg Richtung Kirchzarten zogen. Zwei Namen im oberen Höllental erinnern an den spektakulären Rückzug. Es handelt sich um die Namen zweier markanter Felsen, die damals von österreichischen Soldaten besetzt waren, welche aber dem Rückzug ohnmächtig zuschauen mussten: Der Pikettfelsen (Pikett = Feldwache) und die Kaiserwacht. Alfred fügte diesen Anekdoten in seinem Artikel noch eine weitere hinzu, und zwar die Geschichte der Namensgebung des Gasthauses „Lafette", die ihm erst kürzlich über den Weg gelaufen war. Alfred fand seinen Artikel bis dahin bestens gelungen. Jetzt brauchte er nur noch die Aufnahme vom Bremsschuh des Antiquitätenhändlers und eine Erklärung, wie das 220 Jahre alte Franzosengewehr ins Hinterzartener Hochmoor gelangt war.

ANTIQUITÄTENHANDEL

Hugo vertrat allen Ernstes die Überzeugung, es sei noch nie die Gelegenheit so günstig gewesen, noch ein weiteres teures, altes Möbelstück zu stehlen und zu verkaufen. Als er hörte, dass Alfred wegen des geplanten Fotos vom historischen Wagen-Bremsschuh sowieso noch einmal zu Meinrad Benz nach Hinterzarten fahren wollte, begann er sofort, einen Plan zu unterbreiten: „Ich bringe wieder den Lieferwagen. Wir stellen ihn diesmal in der Nachbarstraße ab. Aus der Wohnung unten holen wir den Sekretär und den Spiegel. Sobald es dunkel ist. Mit dem Handkarren bringen wir die Sachen dann über die Straße. Du weißt schon, die Sachen, die wir letztes Mal schon auf der Liste hatten."

Alfred wusste das noch genau: Ein Biedermeier-Sekretär aus Nussbaum und ein Rokoko-Spiegel mit golden bemalten Rahmenschnitzereien. Ihm wurde schwindelig, wenn er nur daran dachte. Von den Beweisfotos des Türken wollte er Hugo aber nichts erzählen. Also druckste er herum und brachte fadenscheinige Argumente vor, die Hugo allesamt nicht im Geringsten beeindruckten.

„Bedenke", sagte Hugo mit blitzenden Augen, „diese Möbel sind sowieso höchstwahrscheinlich bereits gestohlen. Das hat der Jochen selber zugegeben. Oder wenn nicht gestohlen, dann an der Steuer und am Zoll vorbeigeschmuggelt oder einem alten Mütterchen abgeschwindelt." Er hob belehrend einen Finger: „Reichtum erlangt man niemals durch Arbeit. Nur mit seinen Händen reich zu werden, das hat noch niemand geschafft! Lass die anderen für dich arbeiten, oder das Geld, oder die Gesetze. Und wenn das alles nichts fruchtet, dann nimm dir, was andere sich auch genommen haben." Jetzt grinste er mit seiner gelben Zahnbastion und sein Aztekengesicht glänzte voller Eifer: „Man sagt auch freie Marktwirtschaft dazu!"

Am nächsten Morgen fuhren sie oben in Hinterzarten in der Alpirsbacher-Straße beim Antiquitätenhändler Meinrad Benz vor, wo sie sich zuvor telefonisch angekündigt hatten. Im Lieferwagen, den wiederum Hugo besorgt hatte, ohne Alfred zu verraten, wo und von wem, lagen wohlverwahrt die beiden gestohlenen Antiquitäten. Am Telefon hatte Benz diesen Besuch zwar abzuwehren versucht, aber Hugo war hartnäckig geblieben. Er habe sowieso zurzeit kein Geld und könne auf keinen Fall bar bezahlen, hatte der Antiquitätenhändler ins Feld geführt. Man werde sich schon einigen, hatte Hugo entgegnet. Und dann war er zusammen mit Alfred und mit Hilfe des Schlüssels, den einst Jochen an Alfred verliehen hatte und der sich nunmehr in Hugos Besitz befand, erneut in die mit Antiquitäten vollgestellte Wohnung der Schillers eingedrungen. Dort klappte alles nach Plan und Alfred konnte auch weder hinter dem Fenster noch im Treppenhaus oder draußen hinter einem der Bäume einen fotografierenden Türken ausmachen. Das beruhigte ihn zwar keineswegs, aber es war sowieso zu spät, um noch umzukehren.

Benz erwartete sie bereits mit banger Miene. Das Werkstatttor hatte er bereits geöffnet, so dass sie den Lieferwagen rücklings bis zum Tor einparken und dann unbeobachtet ausladen konnten.

„Ich weiß, dass diese Ware nicht sauber ist", knurrte Benz, der diesmal nicht halb so freundlich und begeistert wirkte, wie bei ihrem ersten Besuch. Alfred kam er vor wie ein zorniger Meister Eder, und es hätte nur noch gefehlt, dass irgendwo zwischen den Brettern und Möbeln ein Pumuckl-Kobold hervorgekommen wäre.

Hugo winkte auf den Einwand von Benz ab: „Alles ist sauber. Rufen Sie einfach in Freiburg beim alten Schiller an."
Alfred stockte der Atem. Wie konnte Hugo solch einen selbstmörderischen Vorschlag machen? Was, wenn Benz tatsächlich bei Schiller anrief?
Benz trug diesmal einen leimverschmierten Werkstattkittel, an dem er sich jetzt die Hände abwischte, ehe er die beiden neuen Stücke in Augenschein nahm. Alfred ließ unterdessen seine Blicke durch die dämmerige Werkstatt schweifen. Die Standuhr und die Chaiselongue, die sie vor ein paar Tagen geliefert hatten, waren verschwunden. Benz hatte die Stücke hoffentlich schon weiterverkauft. Dann würde ja bald Geld fließen. Auf der abgearbeiteten Werkbank, wo er ihn zurückgelassen hatte, lag immer noch der eiserne Radschuh aus der Zeit der Franzosenkriege. Während Hugo und Meister Benz um einen Preis für die beiden neuen Angebote feilschten, zückte Alfred seine Kamera, um den Radschuh zu fotografieren.
„Was machen Sie da?", fragte die überraschend kalte Stimme von Meinrad Benz, der aus den Augenwinkeln Alfred beobachtet hatte.
„Ich will das Ding hier fotografieren." Benz stellte sich vor die Werkbank und verdeckte so mit seinem Körper das historische Stück. „Das kommt überhaupt nicht in Frage", sagte er ernst. „Hier wird gar nichts fotografiert. Außer sie wollen was kaufen."
„Der Eisenklumpen ist mir zu teuer", lästerte Alfred, der sich diesen Widerstand von Benz nicht erklären konnte. „Ist doch nur ein Foto." Ihm kam ein Verdacht: „Oder ist das vielleicht ein geklautes Stück? Hä? Ist das Hehlerware? Dürfen Sie das Ding vielleicht gar nicht haben? Darf niemand erkennen, dass wir es hier in dieser Werkstatt fotografiert haben."

Daraufhin lief Benz rot an und seine Augen hinter den Brillengläsern glühten zornig: „Unterstehen Sie sich, diese Behauptung zu wiederholen! Noch nie ...! Niemals ....!“ Er bebte vor echtem Zorn und musste sich zur Beruhigung erst einmal einen Zigarillo anzünden. „Das ist mir in über fünfzehn Jahren noch nie passiert“, schnaufte er. „Ich und Hehlerware! Soweit kommt’s noch. Das ist die Höhe!“ Er war aufgebracht, wie ein Vegetarier, den man der Fleischfresserei bezichtigt hat. Alfred hob abwehrend beide Hände: „Ich habe es doch nicht so gemeint. Entschuldigung, Entschuldigung!“ Er überlegte, wie er seinen Fauxpas wieder reparieren konnte. Es fiel ihm nur die Flucht nach vorne ein. „Also gut, ich kaufe Ihnen das gottverdammte Ding halt ab. Was soll’s!“ Er griff seitlich an Meinrad Benz vorbei, um sich den eisernen Radschuh zu angeln. Da das Ding ziemlich rostig und verdreckt war, packte er es in einen öligen Lumpen, der über der Lehne eines antiken Stuhls hing. Benz beobachtete ihn misstrauisch und machte nur zögernd Platz: „Hundertfuffzig Euro“, sagte er. Es klang unentschlossen, als ob er nun doch nicht mehr zum Verkauf bereit wäre. „Weiß ich. Das ziehen wir an Ihren Außenständen ab. Sie schulden mir jetzt nur noch vierzehntausend und sechshundert Euro. Zuzüglich das, was wir heute für die beiden neuen Sachen vereinbaren.“

Man sah Meinrad Benz an, dass dieser den Gang der Dinge nicht gut fand. Was auch immer ihn störte, er sprach es nicht aus. Widerwillig überließ er Alfred den im öligen Lumpen gewickelten eisernen Radschuh. Man musste das Stück beinahe mit beiden Händen fassen, so schwer war es. „Aber sagen Sie auf keinen Fall, von wem Sie das Teil haben“, forderte Benz. „Das müssen Sie mir versprechen.“

Alfred zuckte mit den Schultern. „Wen sollte das interessieren?“

Anschließend ging das Gefeilsche zwischen Hugo und Meinrad Benz weiter. Alfred verfrachtete unterdessen den Radschuh in den Lieferwagen. Er würde ihn eben erst in Freiburg fotografieren.

Obwohl Alfred es angesichts der etwas kritischen Stimmungslage zwischen ihnen und Benz nicht für möglich gehalten hätte, gelang es Hugo, den Verkauf von Spiegel und Biedermeier-Sekretär abzuschließen. Beide zusammen 10.000 Euro. Mehr war Benz nicht bereit, dafür zu zahlen. Hugo führte sich auf wie ein tödlich verwundeter Sioux-Indianer, als er diesen Preis schlucken musste. Aber Benz blieb unbeeindruckt: „So viel und keinen Cent mehr. Sonst könnt ihr die Sachen wieder mitnehmen."

„Wie ist es mit dem Bezahlen?", fragte Hugo lauernd. „Wir können auch nicht ewig warten."

„Ja, ja, ich weiß!" Benz machte jetzt wieder eine freundlichere Miene. Jetzt war er wieder der nette Werkstattonkel, als den Alfred ihn beim ersten Besuch wahrgenommen hatte. Aber Geld hatte er keines: „Ich bin blank. Das habe ich euch gesagt. Ich habe Interessenten für die Uhr und für die Chaiselongue. Aber noch nicht abgeschlossen. Die wollen auch erst die Echtheit prüfen." Er seufzte. „Ein oder zwei Wochen kann das schon noch dauern."

Einige Minuten lang versuchte Hugo dennoch, eine Anzahlung auf die beiden neuen Stücke heraus zu handeln. Aber der bedauernswerte Benz schien wirklich vollkommen bargeldlos zu sein. Am Ende einigten sie sich auf einen gemeinsamen Schnaps, den Benz mit einem lauten Ruf in den Wohnungsflur orderte: „Mareike, kannst du mal den Willi bringen?"

Der Willi erwies sich als Schwarzwälder Williams-Christ Birnenschnaps, und Mareike als die Ehefrau von Meinrad Benz. Es war jene Frau mit dem sympathischen runden Ge-

sicht, die sie schon kurz bei ihrem ersten Besuch kennengelernt hatten. Nur dass sie diesmal nicht mehr so fröhlich und unbefangen aussah wie vor einigen Tagen. Sie hatte verweinte Augen und machte keine Anstalten, ihnen Gesellschaft zu leisten. Schnell stellte sie die Schnapsflasche mit den Gläsern ab, dann verschwand sie wieder durch die Tür. Alfred und Hugo sahen sich an. Diese Veränderung an der Frau war beiden sofort aufgefallen. Insgeheim hegte Alfred den Verdacht, dass der Antiquar seine Frau verprügelte. Oft hatten es die unscheinbarsten Kerle ganz faustdick mit ihren Macho-Allüren. Wenn erst einmal die Türen geschlossen und die Ehefrauen ausgeliefert waren … Aber Meinrad Benz überspielte die Situation, indem er einschenkte und die Gläser verteilte: „Auf das Geschäft!“
„Auf das Geschäft“, bestätigte Alfred. „Auf die Geschäfte!“, korrigierte Hugo und fügte listig noch hinzu: „Und auch auf die künftigen.“
Meinrad Benz verzog säuerlich das Gesicht. Aber sie stießen an und schütteten nach alter Schwarzwälder Art ihren Schnaps in einem Guss hinunter. Danach zerrieben sie die letzten im Glas verbliebenen Tropfen in ihren Handflächen. Auch dies alte Schwarzwälder Sitte. Der Williams schmeckte vorzüglich. Alfred hätte noch einen vertragen, aber er wagte nicht zu fragen.
Wenig später saßen sie wieder in ihrem Lieferwagen und zuckelten das kurvenreiche Sträßchen hinunter, Richtung Ortsmitte. Alfred saß am Steuer. Plötzlich trat er unvermittelt auf die Bremse. Der Lieferwagen gurgelte und soff ab. Hugo, selbstverständlich nicht angeschnallt und schon wieder rauchend, knallte nach vorne und donnerte mit seinem quadratischen Schädel gegen die Windschutzscheibe.
„Hast du den Arsch …?“, setzte er zu einem Fluch an. Die Zigarettenkippe hing ihm noch zwischen den Lippen.

Alfred deutete nach rechts durch Hugos Beifahrerfenster hindurch. „Da!“, sagte er.
„Was, da?“, fluchte Hugo, während er sich wieder zurecht setzte.
„Schau raus. Das da meine ich!“
Hugo studierte die Gebäude am Straßenrand. Sie standen vor einem großen Lagerplatz, auf dem Balken, Bretter, Baumstämme, Hölzer in allen Größen aufgestapelt waren. Ein flinker Gabelstapler wieselte zwischen den unterschiedlichen Stapeln umher. Dahinter erhob sich eine große Halle, die zu großen Teilen den Blick auf ein holzverschindeltes mehrstöckiges Haus verstellte, das offensichtlich auch noch zu diesem Betriebsgelände gehörte. Über der Montagehalle hing groß das Firmenschild. Hugo las vor: „Zimmerei Ganter! Was ist damit?“
Alfred winkte ab: „Das kannst du nicht wissen. Hat was mit meiner Story zu tun. Ich muss da mal kurz rein. Du kannst ja im Auto warten.“
„Wieso musst du da rein?“ Hugo war nicht begeistert. Er hätte es vorgezogen, den seiner Meinung nach heißen Boden Hinterzarten schnell zu verlassen.
„Warte hier im Auto!“, forderte Alfred noch einmal, während er bereits auf der Fahrerseite ausstieg. „Da drin arbeitet Rudi!“
Immer noch grollte Hugo. „Wer soll das sein, Rudi? Kannst du das nicht ein anderes Mal machen?“
Bevor er die Fahrertür wieder zuwarf und Hugo alleine zurückließ, hielt Alfred kurz inne. „Rudi“, so rief er Hugo zu, „das ist der Bruder der Moorleiche. Mein Hauptverdächtiger!“

DER HAUPTVERDÄCHTIGE

Einiges sprach dafür, dass Rudi Hesslin seinen Bruder Günther erschlagen und im Moor versenkt hatte. Er war in jener Nacht zusammen mit dem Bruder beim Insektenzelt im Moor gewesen. Das vermutete jedenfalls der Kollege Dr. Klinger, der ausgerechnet in der Mordnacht durch einen seltsamen Unfall im Höllental davon abgehalten worden war, seine Schicht anzutreten. Wenn Rudi aber tatsächlich mit seinem Bruder im Moor gewesen war, warum hatte er am nächsten Morgen nicht Alarm geschlagen? Warum hatte er den Bruder nicht vermisst gemeldet? Warum hatte er sich selbst nach den Presseartikeln über den Fund der Leichen im Moor nicht gerührt? Sich nicht bei der Polizei gemeldet?

All diese Überlegungen gingen Alfred durch den Kopf, als er zögernd über den großen Holzlagerplatz vor der Zimmerei Ganter schritt. Es handelte sich um einen stattlichen Betrieb. Die große Lagerhalle, dahinter Werkstattgebäude, das Wohnhaus, der zentrale Platz mitten im Ort, all dies sprach für einen etablierten und gut geführten Familienbetrieb. Alfred wurde von einem Arbeiter angesprochen: „Kann ich helfen? Suchen Sie etwas?"

„Kann ich den Rudi Hesslin sprechen?", fragte Alfred zurück.

„Oh", stutzte der Arbeiter. „Schon wieder? Sind Sie auch von der Polizei?"

Bei Alfred klingelten die Alarmglocken. Die Polizei war also auch schon hier gewesen. Vermutlich Junkel. Da wurde es Zeit, dass er seine Geschichte unter Dach und Fach brachte. Er hatte bereits mit Anna telefoniert und weitere Exklusivgeschichten angekündigt. Wenn aber Polizei und

Staatsanwaltschaft mit einer Presseinformation herausgingen, war es um Alfreds Informationsvorsprung geschehen.
„Nein, nicht von der Polizei. Presse!“, sagte er wahrheitsgemäß.
Der Arbeiter schielte ihn schräg von oben herunter an. „Aha“, kommentierte er und grübelte dann. In seinem wetterbraunen Gesicht arbeitete es sichtbar. Dann schien er zu einem Ergebnis gekommen zu sein: „Gehen Sie ins Büro zum Chef“, sagte er. „Den müssen Sie wegen dem Rudi fragen. Ich kann da nicht helfen.“
Alfred ließ sich den Weg zum Chefbüro zeigen. Es befand sich im benachbarten Wohnhaus. Der „Chef“ hieß Oswald Ganter. Offenbar das Firmen- und Familienoberhaupt. Alfred hätte einen gesetzten älteren Herrn mit Bauch und Schnurrbart erwartet, doch es trat ihm ein quirliger und drahtiger Mitfünfziger entgegen, lässig in Jeans und kariertem Hemd, ausweislich der Papiere, die auf dem Schreibtisch herum lagen, und des Telefonats, das er soeben führte, als Alfred das Büro betrat, gerade mit dem Hinterzartener Sommerskispringen beschäftigt.
„Ja Robert, geht in Ordnung, machen wir. Die Tanja soll sich keine Gedanken machen, ist alles vorbereitet. Beim Springen ist die Überdachung fertig. Ja, ja, alles geregelt … Keine Aufregung!“
Der Zimmereichef klang genervt. Energisch beendete er das Gespräch. Zu sich selbst und halbwegs auch zu Alfred, den er herein gewunken und nebenbei mit geübten Blicken taxiert hatte – speziell an den Espadrilles war der Blick länger hängen geblieben –, sagte er wie zu einem alten Vertrauten: „Skispringen, Skispringen, Skispringen. Alles dreht sich ums Sommerskispringen. Ganz Hinterzarten dreht durch.“
Er wühlte kurz in den Flyern auf seinem Schreibtisch, die das Springen farbig anpriesen und seufzte dazu: „Als ob ich

nichts anderes zu tun hätte. Die Auftragsbücher sind voll. Wir können uns vor Arbeit nicht retten. Und dann wollen die dieses blöde Dach über der Ehrentribüne. Hätten sie auch früher drauf kommen können …"

Alfred hörte sich geduldig das Selbstgespräch des Zimmereichefs an, ehe er sich vorstellte und darum bat, mit dem Zimmermann Rudi Hesslin sprechen zu dürfen.

„Der ist in Breitnau, in Ödenbach, im Abbundzentrum!"

Nochmals ließ Zimmereichef Oswald Ganter einen abschätzigen Blick an Alfred auf und ab wandern, dann ergänzte er: „Feierabend um 17 Uhr. Dann können Sie es versuchen."

„Dürfte ich Ihnen ein paar Fragen zu Rudi Hesslin stellen?", versuchte Alfred sein Glück.

„Ja, aber fix. Ich muss weiter. Wir haben zu tun." Der Zimmereichef packte ein Bündel Papiere. Ein Arbeiter kam herein, verschwitzt und in Eile. Durch die Tür rief er nur: „Ossi, die Hängebahn hat einen Macken. Irgendwas hat sich verklemmt."

„So ein Mist. Das war gestern schon", antwortete der mit „Ossi" bezeichnete Firmenchef. Offenbar war das eine unter den Mitarbeitern gebräuchliche Kurzform seines Vornamens Oswald. Was Alfred sofort kombinieren ließ, dass die Mitarbeiter der Zimmerei ihren Chef duzten. Ins Telefon rief Ossi Richtung unbekannt: „Wo ist der Hofmeier? – Ah! Ich komme gleich rüber." Und zu Alfred gewandt: „Kommen Sie mit. Ich muss zu meinem Geschäftsführer, der ist drüben in der Halle."

Ohne Alfreds Antwort abzuwarten, verließ Ossi das Büro. Er hatte eine Taktung, die Alfred zwang, hinterher zu hecheln.

„Der Rudi ist ein guter Mann", erklärte Oswald Ganter, während er, Alfred im Schlepptau, über den Lagerplatz eilte. „Zuverlässig. Schon lange im Betrieb. Der hat schon bei mir gelernt.“

„Ich recherchiere im Fall seines ermordeten Bruders“, erklärte Alfred atemlos. „Mit dem soll Rudi Hesslin oft die Nächte im Moor verbracht haben.“

Oswald Ganter blieb abrupt stehen und hielt Alfred den Finger unter die Nase: „Dazu sage ich nichts. Das hat auch die Polizei schon gefragt. Nur eins weiß ich: Der Rudi hat nichts mit dem Mord zu tun. Der und sein Bruder, die waren wie die besten Kumpels.“

„Aber das Moor, das hat es dem Rudi angetan, oder? Ich habe gehört, er hat einen gehörigen Schrecken davor?“

Oswald Ganter nahm sein Eiltempo wieder auf. Unterwegs rief er den Arbeitern auf dem Platz Kommandos zu. Dem Gabelstaplerfahrer verpasste er einen Anschiss, weil er den Weg versperrte. Nebenbei bemerkte er: „Rudi glaubt, dass es im Moor spuckt. Er glaubt an Geister und Werwölfe.“ Oswald Ganter lachte kurz abwertend: „Albernes Zeug! Aber jeder hat halt so seine Macken!“

„Das ist doch ungewöhnlich“, beharrte Alfred, während sie die große Halle betraten. „Wer glaubt denn heutzutage an Werwölfe?“

„Was weiß ich?“ Der Zimmereichef sah sich um, raunzte einen Arbeiter an: „Wo ist der Flori?“ Die Antwort lautete: „Hinten bei den Treppen!“ Ganter schlug die Richtung ein: „Wir gehen in die Lackiererei. Da ist Florian Hofmeier, mein Geschäftsführer. Irgendwas stimmt nicht mit der Hängebahn.“

Alfred hatte keine Ahnung, was eine Hängebahn sein könnte. Er hetzte hinter dem Firmenchef her: „Und diese Manie, diese Werwolfgeschichten, warum …?“

Ganter unterbrach ihn: „Woher er das hat? Das kann ich Ihnen sagen. Das hat ihm alles seine Oma eingeflüstert, von Kind an."
„Seine Oma?"
„Die alte Witerre!", bestätigte Ganter. „Die ist bald hundert und glaubt an Gespenster. Jeder Hinterzartener kennt sie. Sie lebt im Seniorenheim in Neustadt." Er machte eine Scheibenwischerbewegung vor der Nase, so als wolle er sagen: Die ist plemplem. Aber er sprach es nicht aus. Sein Handy klingelte. Im Gehen nahm er das Gespräch an: „Nein, jetzt nicht. Heute Abend nicht. Nein Susi, du musst alleine los." Erklärend zu Alfred: „Meine Frau. Sie will, dass wir mit dem Mountainbike zum Mathisleweiher fahren."
Und schon war er wieder beim nächsten Thema: „Die alte Witerre hat immer steif und fest behauptet, in ihrer Familie habe es einst einen Werwolf gegeben. Das weiß ich von meiner Mutter." Er blieb stehen, überlegte kurz und legte dabei den Finger an die Nase, um ihn dann Alfred entgegen zu recken: „Halt! Jetzt weiß ich es wieder. Dazu gibt's was in den Hinterzartener Schriften. Das steht in irgendeinem Buch." Er winkte ab, als wolle er den Gedanken wieder verwerfen. „Weiß nicht genau. Hab's selber nicht gelesen."
Alfred kam gar nicht schnell genug mit. Jetzt war Zimmereichef Ossi bereits im nächsten Abschnitt der Halle, in dem von der Decke fertige Treppenelemente herunterhingen. Alfred ahnte: Das war wohl die Hängebahn.
Ein drahtiger Mann mittleren Alters in Jeans und einem kurzärmeligen Sweatshirt mit Firmenlogo kam ihnen entgegen. „Flori, was ist los?", wollte Oswald Ganter wissen.
„Das Ding hängt schon wieder", verkündete Flori. Es gab einen kurzen Austausch mit dem Firmenchef. Beide fachsimpelten über die Hydraulik der Hängebahn. Dann beugten der Geschäftsführer und sein Chef sich über einen Compu-

terbildschirm. Alfred stand daneben und war vergessen. Ab sofort war er wie Luft für den Firmenchef. Der hatte Wichtigeres zu tun, als sich mit einem neugierigen Journalisten abzugeben.

Für Alfred war klar, hier würde er im Moment nichts mehr erfahren. Aber jetzt hatte der Detektiv und Schnüffeljournalist in ihm Blut geleckt. Er musste unbedingt Rudi kennenlernen. Das bedeutete: Abstecher nach Breitnau.

Mit der Rückfahrt nach Freiburg musste Hugo also noch warten. Der Kumpel fluchte zwar wie ein geprellter Bürstenbinder, aber Alfred setzte sich durch. Sie fuhren den Abstecher auf der B500 nach Breitnau und bogen nach wenigen Kilometern beim Hotel Faller in den Ödenbachweg ab, wo das Abbundzentrum der Zimmerei Ganter stand. Sie parkten den Lieferwagen vor dem Betriebsgelände in einem Brennnesselfeld am Straßenrand. Hugo war nicht bereit, auszusteigen. „Dein Thema, Kumpel“, schmollte er. „Ich bleib hier und gönn mir nen Joint!“

So machte Alfred sich in der großen Halle alleine auf die Suche nach Rudi Hesslin. Bald hatte er ihn an einer monströsen Baumsäge aufgetrieben. Ein Baumstamm wurde dort gerade in saubere Bretterscheiben zerschnitten, gerade so, wie ein Brotlaib beim Bäcker. Rudi Hesslin war ein strammer Bursche in schwarzen Zimmermannshosen. Sein strohfarbenes Haar war gespickt mit Sägespänen und stand in verschwitzen Borsten in alle Richtungen ab. Alfred musste minutenlang warten, bis die kreischende Baumsäge ihre Brotscheiben sauber zerlegt hatte, ehe der Zimmermann die Maschine abstellte und sich ihm zuwandte.

Er hatte ein offenes, redliches Gesicht, allerdings einen etwas wirren Blick, der vor dem Augenkontakt mit Alfred floh. „Ich sag dazu nichts“, erklärte er, nachdem Alfred sich als Journalist vorgestellt und all sein Wissen über die Nacht im Hochmoor ausgebreitet hatte.

„Aber Sie waren doch dabei, in jener Nacht, als Ihr Bruder ermo … äh … ums Leben kam. Sie haben doch die Schicht mit ihm …"

Rudi Hesslin hob eine rostige eiserne Bauklammer auf und wog sie spielerisch in einer Hand. „Ich hab gesagt, ich sag nichts dazu!", wiederholte er, diesmal im Ton etwas drohender. Alfred beobachtete, wie der Eisenhaken bei Rudi von einer schwieligen Hand in die andere wechselte. Es sah beiläufig aus, aber Alfred verstand sehr wohl die unterschwellige Drohung. Er beschloss, aufs Ganze zu gehen: „Die Polizei sagt, dass Ihr Bruder mit einem schweren, eisernen Gegenstand bewusstlos geschlagen wurde. Vielleicht mit so etwas …?" Er deutete auf die Eisenklammer in Rudis Händen. Das Ding war ungefähr 20 Zentimeter lang, mit zwei spitzen Enden, die um 90 Grad gebogen waren. Man verwendete solche Klammern, um hölzerne Bauteile zusammenzuhalten. Gerüstbalken zum Beispiel.

„Was Sie nicht sagen?", erwiderte Rudi sanft. Mit einer Hand strich er sich durch das verschwitzte Haar. „Dann weiß die Polizei ja schon alles. Mir hat sie davon nichts gesagt." Rudis gelassene Stimme und seine entspannte Körperhaltung standen in seltsamem Gegensatz zu seinem planlos herumtanzenden Blick. Er brachte es nicht fertig, Alfred in die Augen zu schauen. Man hätte generell nicht sagen können, dass er seinen Blick auf etwas Bestimmtes richtete. Er geisterte mal in die Ferne, mal in die Höhe, mal auf seine Schuhspitzen zu. Hesslin trug schwere, klobige Zimmermannsschuhe. Vermutlich hätte man Kokosnussschalen damit knacken können.

„Die Polizei hat Ihnen bestimmt nicht alles gesagt", unternahm Alfred einen letzten Versuch. „Das machen die nie.

Auch wenn sie schon manche Sachen wissen, dann tun sie so, als wüssten sie es noch nicht." Er versuchte verschwörerisch zu klingen: „Um den Täter in Sicherheit zu wiegen. Vielleicht verrät er sich ja."

„Halten Sie mich für blöd?", fragte Rudi Hesslin schroff. Die Hand mit der eisernen Bauklammer hob sich bedrohlich. Dann konnte er seine Neugier aber doch nicht ganz verbergen: „Was glauben Sie denn, was die Polizei mir noch nicht gesagt hat?"

Vor einer Sekunde hätte Alfred noch nicht gewusst, was er auf diese Frage antworten sollte. Jetzt aber kam ihm ein Gedankenblitz: „Zum Beispiel die Sache mit dem Wolf", sagte er. „Das mit dem Werwolf."

Das saß.

Durch Rudi Hesslin ging eine Veränderung. Sein Blick wurde plötzlich starr. Der Eisenhaken fiel zu Boden. Seine gesunde, sonnenbraune Gesichtsfarbe wich einem wächsernen Grau.

„Der Werwolf! Also doch …", entfuhr es ihm. „Ich habe mich nicht geirrt. Es war der Werwolf." Er wandte sich um und eilte im Laufschritt davon. Für Alfred zu überraschend und zu schnell, um zu folgen. Rudi Hesslin verschwand zwischen Bretter- und Balkenstapeln in der Abbundhalle. Nachdenklich bückte Alfred sich nach dem Eisenhaken. Er hob ihn auf und nahm ihn mit. Vielleicht war das ein guter Tipp für Oberkommissar Junkel. Bestimmt konnten die Gerichtsmediziner herausfinden, ob der Tote Günther Hesslin mit solch einem Haken bewusstlos geschlagen worden war. Als Alfred zum Lieferwagen zurückkam, war Hugo ausgestiegen und stand etwas abseits an einem großen Haufen gelber Sägespäne, die er inspizierte, als wollte er prüfen, ob sie sich vielleicht zum Rauchen eigneten.

„Auf geht's Hugo! Einsteigen! Wir fahren nach Freiburg", rief Alfred seinem Kumpel zu.

VIER HALBE TOTE

Die Leichen Nummer zwei und Nummer drei aus dem Hinterzartener Hochmoor waren für die Ermittler in mehrfacher Hinsicht ein Rätsel. Die erste Frage lautete natürlich: Was hatten diese beiden Leichen mit dem getöteten Günther Hesslin zu tun? Hatten sie überhaupt etwas mit ihm zu tun? Wenn nicht, warum tauchten sie an der gleichen Stelle im Moor auf, wie der Insektenforscher. Warum waren sie zerstückelt, im Unterschied zu Hesslin? Warum waren ihre zersägten Torsos mit einer Kette verbunden, nicht aber die Füße des toten Insektenforschers? Warum gaben weder ihre Zähne noch ihre verweste Kleidung Aufschluss über ihre Identität? Und da niemand vermisst wurde: Wer waren sie überhaupt? Wie alt waren diese Leichen?

Darauf sollte Alfred bald Antworten erhalten. Von den drei Nachrichten, die er auf seinem Smartphone vorfand, als er mit Hugo wieder im Lieferwagen saß und Richtung Freiburg unterwegs war, war jene von Oberkommissar Junkel die Spannendste: „Glückwunsch zum Franzosenartikel! Hast uns auf die Spur gebracht. Ruf mich an!“

Das ließ Alfred natürlich während der ganzen Fahrt keine Ruhe, aber er wollte das Gespräch mit Junkel nicht in Hugos Gegenwart führen. Hugo hätte gar nicht gestattet, dass Alfred nebenher telefonierte, denn er bestand darauf, mit Alfred die lebenswichtige Frage zu diskutieren, ob der Marxismus in Deutschland noch eine Chance habe. „Zwölf Prozent“, sagte Hugo, nachdem er zuvor in einem Monolog, der vom Kreuzfelsen bis zum Hofgut Sternen dauerte, den Unterschied zwischen Marxisten, Kommunisten, Bolschewiken und Trotzkisten dargelegt hatte.

„Was ist mit zwölf Prozent?“, fragte Alfred oberflächlich, da er nur mit einem Ohr zugehört hatte. Seine Konzentration galt der zweiten Nachricht auf dem Smartphone. Die stammte von Tim Joy, dem Knastbruder, der auf geheimen Wegen folgende Botschaft auf Alfreds Display gefunkt hatte: „Paketwagen gehört Jakub Wozniak aus Oberbränd“ Es folgten Adresse und Telefonnummer. Der Name kam Alfred sofort bekannt vor. Aber im Augenblick fiel ihm nicht ein, woher. Das lag auch daran, dass Hugo ihn vollschwafelte: „Die Linken haben zwölf Prozent nach der letzten Umfrage. Zwölf Prozent marxistisch-bolschewistisches Potenzial!“
„Ich dachte, du glaubst keinen Umfragen?“
„Genau! Vielleicht stimmen die gar nicht. Wahrscheinlich sind es zwanzig Prozent. Oder mehr.“ Hugo meinte es ernst: „Die meisten Menschen wissen gar nicht, dass sie insgeheim Linke sind. Aber links sein, das ist automatisch Mensch sein. Jedenfalls, wenn man an das Gute im Menschen glaubt.“
Alfred schielte skeptisch zu Hugo auf dem Beifahrersitz: „Wenn das Gute im Menschen links ist, dann bist du ein Rechter!“
Hugo brummte dazu. „Lenk nicht ab“, forderte er. „Ich bin ja durch die Umstände gezwungen. Wären wir eine linke, marxistische Gesellschaft, dann wäre ich ein Musterstaatsbürger. Das ist ja das Schlimme: Der Kapitalismus korrumpiert die Menschen, weil er sie gegeneinander aufstachelt und die Rücksichtslosen belohnt. Ich führe hier einen Überlebenskampf.“
Die dritte Nachricht auf Alfreds Handy stammte von Doris. Sie lautete schlicht: „Heute Abend!“, und sie ließ Alfred sofort unruhig auf dem Fahrersitz herumrutschen. Er musste mit einer Hand steuern und mit der anderen die Dinge in der Hose wieder zurechtrücken.

„Kein Krieg! Nirgendwo! Nie! Das ist links!“, machte Hugo ein neues Schlachtfeld auf.
„Aha! Und deshalb sparst du auf einen Raketenwerfer?“, gab Alfred zurück, während er den Lieferwagen auf der sich zur Einspurigkeit verengenden Fahrbahn oberhalb des Hirschsprungfelsens einfädelte. Es war anstrengend, mit Hugo Auto zu fahren. Entweder er qualmte einen mit toxischem Kraut zu, so dass man genauso gut die Dieselabgase hätte ins Führerhaus umleiten können, oder er überschüttete einen mit vergifteten Theorien, die ebenso lebensgefährlich waren. „Wir zwei würden genügen, um einen Raketenwerfer zu bedienen. Ich habe bald alle wichtigen Bauteile zusammen. Wir könnten mal vom Schlossberg herunter einen Probeschuss abfeuern.“ Er kicherte bösartig, weil ihm der Gedanke gefiel: „Richtung Herrenstraße zum Beispiel!“
In der Herrenstraße befand sich das erzbischöfliche Ordinariat der Erzdiözese Freiburg. Für Revolutionäre möglicherweise ein denkbares Ziel. Alfred machte den Fehler, dagegen zu argumentieren: „Der Erzbischof hat dir doch nichts getan. Du musst weiter runter zielen bis zur Kajo. Dort steht das Regierungspräsidium.“
„Der Erzbischof steht für die vergiftende Wirkung von Religion. Religion ist das Betäubungsmittel der Herrschenden“, dozierte Hugo. „Nimm es ihnen weg und die Bürger wachen auf. Plötzlich sehen sie dann klar. Darum geht es.“
„Das ist doch wirres Zeug aus dem Mittelalter“, widersprach Alfred. „Wir sind im 21.Jahrhundert!“
„Ah ja?“ Hugo wurde laut. „Kruzifixe in jeder bayrischen Amtsstube. Ist das Mittelalter?“
„Ja!“, antwortete Alfred unwillig. Die Diskussion war ihm lästig, und er war froh, als sie endlich durch den Ganter-Tunnel waren und Richtung Wiehre abbogen. Er wollte

Hugo loswerden. Drei spannende Nachrichten auf seinem Smartphone harrten ihrer Verfolgung.
Nachricht eins zuerst. Genau genommen waren es vier halbe Tote, die der Revierförster Eugen Winterhalder zusammen mit dem Leichnam von Günther Hesslin im Hinterzartener Hochmoor gefunden hatte. Oberkommissar Junkel betonte diesen Sachverhalt, als Alfred ihn endlich zurückrufen konnte. Hugo war glücklich entsorgt, der Lieferwagen am alten Wiehrebahnhof abgestellt, wo ihn sein rechtmäßiger Besitzer hoffentlich bald wieder auffinden würde, und Alfred war zu Fuß auf dem Weg Richtung Innenstadt.
„Heißt das, ihr wisst immer noch nicht, ob die einzelnen Leichenteile zusammengehören?“, fragte Alfred, während er durch die Menschenschwärme hindurch über die Kajo eilte.
„Doch, das wissen wir“, schnarrte Junkels krächzende Stimme aus dem Smartphone. „Aber genau das ist das Rätsel. Wir wissen, dass es sich bei den Toten um zwei Männer handelt, wir wissen, wie alt sie ungefähr waren, wir wissen auch, wie lange sie schon tot im Moor lagen, aber wir wissen nicht, warum sie jeweils in zwei Hälften zerlegt waren und warum ihnen auch noch die Füße abgehackt oder abgeschnitten wurden.“
Das waren Neuigkeiten. „Dürfen Sie mir das erzählen?“, fragte Alfred vorsichtig, der schon die nächste Exklusiv-Story für Anna witterte.
„Was?“
„Na diese ganzen Erkenntnisse! Wie alt die Männer waren, wie lange sie im Moor lagen, und so weiter?“
„Deswegen habe ich dich doch angerufen“, raunzte Junkel ungeduldig. „Du hast mit deinem Franzosenartikel die fehlende Schlüsselinformation geliefert.“

„Ich? Wieso?" Jetzt stand Alfred wirklich auf dem Schlauch. Er blieb ungefähr in Höhe des Bertoldsbrunnen stehen. Ein hinter ihm im Fußgängerstrom mitschwimmender Büromensch im Anzug wäre fasst auf ihn aufgelaufen. „Hey, du Idiot!" – „Selber Idiot!" – „Werd bloß nicht frech!" – „Verpiss dich!" – „Sei froh, dass ich es eilig habe." Es flogen verbal die Fetzen. Junkel fragte besorgt durchs Telefon: „Hast du Ärger?"

„Nein, alles gut. Was ist jetzt mit den Leichen?"

Junkel gab endlich Auskunft. Es war tatsächlich Stoff für eine neue Exklusivgeschichte, denn die Medien waren über diese Einzelheiten noch nicht informiert: „Beide Männer waren bei ihrem Tod zwischen zwanzig und dreißig Jahre alt. Beide lagen seit über 200 Jahren im Moor. Den Fasern und Geweberesten zufolge, die noch identifiziert werden konnten, waren es französische Soldaten. Zumindest trugen sie Teile französischer Infanterieuniformen, wie sie zwischen 1790 und 1800 in Gebrauch waren."

„Sie gehörten also zum Gewehr", schlussfolgerte Alfred.

„Exakt!", bestätigte Junkel. „Höchstwahrscheinlich gehörten sie mitsamt dem Gewehr zum Heer des General Moreau, über den du den schönen Artikel in der BZ geschrieben hast."

„Sie sind also bei Moreaus Rückzug im Hochmoor stecken geblieben", flachste Alfred.

Junkel überhörte den scherzhaften Ton. „So einfach ist es nicht. Selbst wenn man im Moor stecken bleibt, fällt man deswegen nicht automatisch in mehrere Teile auseinander, die zudem auch noch mit einer Kette aneinander gefesselt sind."

„Das ist in der Tat eine etwas ungewöhnliche Art, im Moor zu versinken", versuchte Alfred seinen Ton beizubehalten. „Was haben Sie für eine Erklärung?"

„Eben keine!“ Junkel klang ernsthaft bedrückt.
Alfred setzte sich wieder in Bewegung. Es zog ihn Richtung Habsburgerstraße, wo Doris auf ihn wartete. Er würde sich dort zuerst satt essen und dann auch jeden anderen Appetit stillen können. „Ist doch alles längst verjährt. Was kümmert Sie das?“
„Die beiden Soldaten sind ermordet worden und ich bin Kommissar“, lieferte Junkel eine Erklärung.
„Hey, Sie Kommissar“, gab Alfred zurück. „Es war Krieg! Da sterben Soldaten nun mal. Lassen Sie's doch gut sein.“
Junkel, jetzt ärgerlich: „Soldaten sterben an einer Kugel oder weil ihnen jemand den Schädel spaltet. Dann liegen sie auf einem Schlachtfeld und verrotten. Diese beiden Soldaten wurden im Moor versenkt. Das kann kein Zufall gewesen sein. Und sie wurden zuvor in mehrere Teile zerlegt, das kann erst recht kein Zufall gewesen sein. Es war also eindeutig Mord, und zwar so rätselhaft, dass ich gerne herausfinden würde, was da genau geschehen ist.“
„Und wie?“
Jetzt lachte Junkel trocken: „Keine Ahnung. Deshalb erzähle ich dir doch das Ganze. Du bist angehender Historiker. Du hast diesen General Moreau ausgegraben. Nun finde mal heraus, wie und warum die beiden französischen Soldaten ermordet wurden. Du bist doch sonst so findig. Ist erst 220 Jahre her.“
„Ja klar“, seufzte Alfred ins Smartphone hinein. „Ich fange gleich Morgen mit der Zeugenbefragung an.“
Alfred passierte jetzt den Eingangsbereich zum Karstadt-Kaufhaus. Ihm fiel ein, dass jetzt wahrscheinlich Vanessa dort drin an der Kasse saß. Er hatte ihr bei ihrem letzten Treffen eigentlich einen gemeinsamen Ausflug in den Hochschwarzwald versprochen. Bestimmt wartete sie, dass er sich meldete. Er beschleunigte seine Schritte mit schlech-

tem Gewissen. Morgen vielleicht! Heute Abend lockte die ausgehungerte Doris. Sie hatte unverhohlen kokettiert: „Einen Jüngling unter Dreißig kriege ich nicht mehr so oft. Das muss ich ausnutzen.“ Und dann hatte sie Alfred schmerzhaft erinnert: „Mit dir kann ich ja nur noch drei Wochen lang Sex haben, dann wirst du Dreißig und scheidest aus.“ Nun gut, an ihm sollte es nicht liegen. Zumindest in den ausstehenden drei Wochen wollte er sein Bestes geben.

„Hast du verstanden?“, fragte Junkels Stimme.

Nein, Alfred hatte nicht verstanden. Er hatte gar nicht zugehört. Er hatte an Doris und ihre heißen Schenkel gedacht.

„Wie? Was? Nein!“

„Ich habe gesagt, dass ich nicht an Zufälle glaube“, wiederholte Junkel seine letzten Bemerkungen. „Und auch nicht daran, dass es ein Zufall ist, dass man alle drei Leichen genau an der gleichen Stelle gefunden hat. Ich glaube, da gibt es einen Zusammenhang. Ich komme nur nicht dahinter, wo ich suchen muss. Vielleicht fällt dir etwas ein.“

„Ich recherchiere für Sie“, versprach Alfred, der sowieso aus eigenem Antrieb wie ein Trüffelschwein hinter der Geschichte her geschnüffelt hätte, „aber nur, wenn Sie mir im Gegenzug dafür Ihre Informationen exklusiv zukommen lassen. Natürlich nur, soweit Sie es mit Ihren Beamtenspielregeln vereinbaren können“, schränkte er ein.

Junkel grunzte ins Telefon. Alfred interpretierte dies als Zustimmung. Über die letzten Jahre hatte sich zwischen ihm und dem Oberkommissar stillschweigend ein Verhältnis entwickelt, das unausgesprochene Übereinkommen beinhaltete. Nicht immer war ganz klar, ob sie sich beide auf derselben Seite des Gesetzes befanden und meistens war es so, dass Alfred eigentlich nicht wissen durfte, was Junkel wusste, und Junkel nicht wissen sollte, was Alfred wusste, dass sie aber doch auf eine Art und Weise ihr Wissen unter-

einander austauschten, die es ihnen ermöglichte, im Nachhinein und gegenüber Dritten so zu tun, als hätten sie es nicht ausgetauscht.
Nachdem sie das Gespräch beendet hatten und Alfred bereits die Fußgängerzone verlassen hatte und auf der Habsburgerstraße schlenderte, grübelte er weiter über die vier halben Toten und über Junkels Vermutung, es könne kein Zufall sein, dass sie zur gleichen Zeit und an derselben Stelle aufgetaucht waren, wie der tote Günther Hesslin. Lag es am Moor? Gab es Jahreszeiten, oder bestimmte Wetterlagen, in denen Leichen aus dem Moor auftauchten? Das hätte zwar den Zeitpunkt, nicht aber den gemeinsamen Fundort erklärt. Dennoch hielt Alfred den Gedanken für vielversprechend. Er würde mehr über das Moor erfahren müssen. Er musste sich mit jemandem über das Moor unterhalten, der all seine Geheimnisse kannte. Vielleicht war der Revierförster Eugen Winterhalder dafür der Richtige.

HINTERZARTENER DORF- UND FAMILIENGESCHICHTEN

Es war gar nicht so leicht, in Hinterzarten Literatur über Hinterzarten aufzutreiben. Die Tourist-Information hatte viele farbige Prospekte im Angebot, einige Wanderführer und ein Kochbuch des Naturparks Südschwarzwald – aber nichts zur Geschichte des Ortes. Man verwies Alfred an die Buchhandlung Baeuchle im Adlerweg. Dort gab es zwar neben Schreibwaren und Touristenkram jede Menge Bücher, aber weder eine „Geschichte Hinterzartens", noch eine qualifizierte Abhandlung über den Rückzug des General Moreau. „Das ist nicht so nachgefragt", klärt die authentisch weißblonde Verkäuferin auf, die sich im späteren Gespräch als Ladeninhaberin Inge Baeuchle herausstellte. Sie versuchte Alfred einen Riesenschinken „Die Geschichte des Hochschwarzwaldes – Von der Eiszeit bis heute" aufzuschwatzen, von Harald Riester und noch einem, aber Alfred hatte aus dem Vorschuss von Jochen Schiller lediglich noch 25 Euro in der Tasche. Das Buch hätte 39,90 Euro gekostet. „Kann ich mal ein bisschen drin lesen?", bettelte Alfred, und Inge Baeuchle machte den Fehler, ihm einen Stuhl anzubieten.

So kam es, dass Alfred ungefähr zweieinhalb Stunden in der Buchhandlung Baeuchle in Hinterzarten zubrachte. Draußen schien milde und lockend die Sommersonne, Alfred saß im Schatten eines Bücherregals und schmökerte. Nach und nach rückte Inge Baeuchle begleitet von ihrem sphinxhaften Lächeln auch noch antiquarische Kostbarkeiten heraus, nachdem sie erst einmal herausgefunden hatte, nach was Alfred eigentlich fahndete. Ekkehard Liehl „Die Geschichte der Hinterzartener Hofgüter", Rüdiger Hitz „Familie,

Arbeit und Alltag in Hinterzarten 1600 bis 1900“, diverse naturkundliche Bücher über das Hinterzartener Hochmoor, und schließlich tauchte ganz zum Schluss noch ein abgegriffenes hellblau kartoniertes Exemplar von Vincenz Zahn „Hinterzarten und der Hochschwarzwald vor zweihundert Jahren“ auf. Vorne auf dem Buchumschlag klebte rechts unten ein dunkelblauer Aufkleber: „Stadtbibliothek Freiburg“, inklusive Strichcode. „Antiquarisch erworben“, klärte Inge Baeuchle auf, nachdem sie Alfreds skeptischen Blick bemerkt hatte. Diese Chronik des Pfarrers Vincenz Zahn war vor 210 Jahren geschrieben worden, zwischen 1803 und 1811. Zahn war also ein Zeitzeuge. Er lebte und amtierte nur wenige Jahre nach dem Durchmarsch der Franzosen in Hinterzarten. Wenn Alfred hoffen durfte, ein Buch zu finden, das ihn in jene Zeit zurückbrachte, dann konnte es nur dieses Buch sein.

„Unverkäuflich!“, belehrte Inge Baeuchle. „Du kannst aber gerne mal drin blättern!“ Alfred erwog kurz, das Buch einfach mitgehen zu lassen, aber er hatte keine Idee, wie er sich hätte unauffällig aus dem Laden schleichen sollen.

Nach über zwei Stunden, die Alfred als stumm lesender und blätternder Kunde im Laden verbracht hatte, war Inge Baeuchle längst zum „Du“ übergegangen. Sie trieb während Alfreds Anwesenheit ihren Laden um, sortierte Bücher in Regale, bediente Kunden, nahm telefonische Bestellungen entgegen, verkaufte Postkarten und gab am laufenden Band Auskünfte an Touristen, als wäre ihr Buchladen eine Außenstelle der Tourist-Information. Ja, das Sommerskispringen finde statt, ganz bestimmt, aber erst in drei Wochen und nein, Georg Thoma springe nicht mit. Wie? Das sei schade, weil Sie dann schon abgereist sind? Ja, aber daran könne sie nichts ändern, nein, man könne das Skispringen auch nicht verlegen. Aber sie empfehle stattdessen am nächsten Wochenende den Hinterzartener Nachtbummel. Ja, das sei eine Veranstaltung, ja, auch mit Musik, vor allem aber mit offenen Ladengeschäften bis in die Nacht, Einkaufen bis Mitternacht, tolle Veranstaltung, und nein, Georg Thoma habe kein eigenes Skigeschäft, aber sie könne das Skimuseum im Hugenhof empfehlen, nein, es gehöre nicht Georg Thoma, es gehöre der Gemeinde, und nein, der Titisee beginne nicht gleich hinter der Adlerschanze, der befinde sich einige Kilometer entfernt im Nachbartal … so ging es unaufhörlich in einem fort.

Alfred hörte dem Klagelied interessiert zu: „Jeder Zweite fragt nach Georg Thoma?“, fasste er zusammen.

„Ja! Der Name zieht immer.“

„Ich dachte, der ist längst tot, oder mindestens hundert Jahre alt.“

Inge Baeuchle lachte. „Nein, der ist putzmunter. Für die Gemeinde und für den Tourismus ist er Gold wert.“

„Wie meinen Sie das?“

„Na ja, den kennt halt jeder. Wenn Sie mal eines Tages einen Roman schreiben, einen Krimi zum Beispiel, dann lassen Sie einfach Georg Thoma darin vorkommen und rühren dann mit dem Namen die Werbetrommel. Das funktioniert …“

„Ich werd’s mir merken“, versprach Alfred. Dann widmete er sich wieder seiner Lektüre und verfolgte nur mit einem Ohr, wie die Buchhändlerin mit Touristen sprach. Er bewunderte ihre stetige Freundlichkeit und die ruhige Gelassenheit, auch wenn die Leute nichts kauften, sondern nur den Laden blockierten. Und immerzu lächelte sie wie eine weißhaarige Fee. Zwischendurch fragte sie Alfred sogar, ob er auch einen Tee wolle. Hagebutten. Was er verneinte. Er war doch nicht krank.

Während dieses Lesenachmittags füllte sich Alfreds Wissensfundus rund um den Rückzug des General Moreau mit weiteren hochinteressanten Einzelheiten, jedenfalls genug, um Anna einen weiteren geschichtlichen Hintergrundbericht anzubieten. Er erfuhr, dass Moreaus Rückzug durch das Höllental nicht weit entfernt von einer kopflosen Flucht gewesen war. Das Hochschwarzwald-Buch zitierte einen Zeitzeugen wie folgt: „Lächerlich war der Aufzug der retirierenden Franzosen. Der größte Teil hatte keine Schuhe; bedeckt waren sie mit Betttüchern oder Teppichen, einige trugen Bauernkittel, andere Mäntel von allerlei Farben, man sah einige in Weiberkleidern, einige in Chorröcken, auch in Messgewänder gekleidet. Das Ganze glich einer Maskerade."

Ein Trupp von fast 500 Franzosen verlor bei Moreaus hektischer Flucht den Anschluss und verirrte sich über viele Umwege bis nach Todtnau. Die Einwohner rotteten sich zusammen, um die Franzosen zu vertreiben. Im Wissen um die bevorstehende Ankunft österreichischer Truppen ergaben sich daraufhin die 500 Franzosen den Todtnauern. Diese versäumten es aber, ihre Gefangenen sofort zu entwaffnen. Als sie die Gefangenen am nächsten Tag über den Pass ins Albtal gegen Bernau bringen wollten, erkannten die Franzosen auf der „Wacht" ihren Vorteil. Sie luden ihre Gewehre und stellten sich zur Gegenwehr, feuerten auf ihre Begleiter und hinterließen einige Tote und Verwundete. Anschließend gelang ihnen die Flucht Richtung Rhein.

Jene Franzosen, die bei Moreaus Rückzug die Flanke über den Hohlengraben abzusichern hatten, lieferten sich bei den Schweighöfen in St. Peter ein stundenlanges Gefecht mit den nachrückenden Kaiserlichen. Abt Speckle vom Kloster St. Peter soll geklagt haben: „Keine Weibsperson war sicher, ob jung oder alt, ledig oder verehelicht."

Eine französische Nachhut legte beim Marsch durch Löffingen das dortige Scharfrichterhaus und das Spital in Schutt und Asche. Plündernde Franzosenhorden überfielen auch das Kloster Friedenweiler und misshandelten die Bewohner des Ortes. Die Klosterfrauen fanden sie nicht, diese hatten sich in einem Kellergewölbe versteckt. Aber alle Türen und Schlösser, alle Böden und Schränke wurden zertrümmert, beide Tabernakel zerschlagen und alles Tragbare fortgeschleppt. Als die Plündertruppe am nächsten Morgen in aller Frühe durch Neustadt zog, trugen einige der Kerle sogar Klosterfrauenkleider. In diesen Tagen steckten französische Plünderer auch die alte Neustädter Pfarrkirche in Brand, ebenso ein daneben stehendes Wohnhaus. Der französische Rückzug dauerte bis zum 15. Oktober 1796, dann endlich waren die letzten feindlichen Soldaten verschwunden.

Alfred nahm einen zaghaften Schluck von dem inzwischen kalten Hagebuttentee, den ihm Inge Baeuchle trotz seiner Ablehnung neben seinen Leseplatz auf das Bücherregal gestellt hatte. Der Tee schmeckte überraschend gut. Die Zeit war im Fluge verronnen. Alfred stellte erschrocken fest, dass es bereits auf Ladenschluss zuging. Bald 18 Uhr. Draußen strahlte immer noch die Sonne in ihren hellsten Farben. Laue Sommerhitze quoll durch die geöffnete Ladentür ins Innere der Buchhandlung. Alfred schwitzte. Lesen war anstrengend. Ihm schwirrte der Kopf. Im Hinblick auf die Ermordung der französischen Soldaten aus dem Hochmoor war er allerdings noch nicht viel weiter gekommen. Er fragte Inge Bauechle: „Wer hat die Franzosen umgebracht?“

Die Buchhändlerin verstand natürlich nur Bahnhof. Sie bezog die Frage auf die Gegenwart und auf ihr Metier: „Manchmal könnte ich sie umbringen, wenn sie hier in Schwärmen einfallen, alles anfassen, nichts kaufen, tausend Fragen haben und mir den Laden verstopfen. Ja, französische Touristen sind eine Plage. Schlimmer sind eigentlich nur noch die Schweizer, und die Amerikaner, und die Asiaten, und die Israelis … und die Holländer natürlich.“ Wahrscheinlich hätte sie noch weitere Nationalitäten aufgezählt, wenn Alfred sie nicht unterbrochen hätte: „Sie haben’s! Sie haben’s voll getroffen! Danke! Jetzt ist bei mir der Groschen gefallen.“

Inge Baeuchle wusste gar nicht wie ihr geschah. Sie sah immer noch aus wie eine freundliche Märchenerzählerin, dabei hatte sie Alfred gerade auf die Spur eines Mordes gebracht, der sich vor über zweihundert Jahren ereignet hatte. „Von was reden Sie überhaupt?“, fragte sie irritiert. „Interessieren Sie sich für Krimis?“ Schon zog sie die ersten lesenswerten Titel aus einem Regal: „Hier, Original-Schwarzwaldkrimis aus dem Rombach Verlag. Das müssen Sie unbedingt mal lesen …“

Alfred winkte ab: „Ich bin selbst gerade mittendrin in einem Krimi. Haben Sie von dem Mord an Günther Hesslin gehört?“ Zur Erläuterung fügte er an: „Der Hinterzartener Insektenforscher. Man hat seine Leiche im Hochmoor gefunden.“

„Selbstverständlich habe ich ihn gekannt“, erwiderte Inge Bauechle. „Sehr gut sogar. Er wollte hier im Buchladen einen Vortrag halten. Wir hatten das vereinbart für unseren Hinterzartener Nachtbummel.“

„Das ist die verkaufsoffene Nacht, jetzt am Wochenende?“, vergewisserte Alfred sich. Er hatte von der Veranstaltung schon gehört.

„Ja!“ Die Buchhändlerin seufzte. „Günther Hesslin wollte einen Vortrag über die Nachtfalter im Hochmoor halten. In Form einer Lesung. Ein Auszug aus seiner Doktorarbeit. Das ist ja so tragisch.“

Alfred glaubte nicht, dass eine solche Lesung der Renner geworden wäre. Ihm fielen die pelzigen Nachtfalter ein, die in jener Nacht, als er mit Linus im Hochmoor gewesen war, auf der Leinwand des Entomologen Dr. Klinger herumgekrabbelt waren. Wie konnte man darüber eine Doktorarbeit schreiben?

Er kehrte zu seinem eigentlichen Anliegen zurück: „Kannten Sie ihn genauer? Und seine Familie?"

„Glauben Sie mir: Hier in Hinterzarten kennt jeder jeden. Klar kenne ich die ganze Familie Hesslin."

„Der Bruder Rudi arbeitet bei der Zimmerei Ganter", fügte Alfred ein, um damit zu demonstrieren, dass auch er sich auskannte. Inge Baeuchle zog kurz eine Augenbraue hoch, subtiles Zeichen ihrer Überraschung. „Der Rudi, ja, das ist sein Bruder. Netter Kerl. Sehr hilfsbereit."

„Der Ermordete hat noch eine Schwester!", versuchte Alfred weitere Informationen herauszulocken.

„Ja, die Mareike", bestätigte die Buchhändlerin. „Ich habe versucht, sie für unseren Handel- und Gewerbeverein zu gewinnen. Da habe ich mir den Mund fusselig geredet. Sie will einfach nicht."

„Was hat sie für ein Gewerbe?", fragte Alfred interessiert. Inzwischen machte er sich Notizen.

Inge Baeuchle winkte ab. „Sie nicht. Sie selber hat kein Gewerbe. Aber ihr Mann. Der ist Antiquitätenhändler und Restaurator."

„Ach!" Jetzt war Alfred hellwach. „Ist das vielleicht der Antiquitätenhändler Benz? Oben an der Straße Richtung Alpersbach?"

„Genau der. Dann weist du ja schon alles. Was fragst du dann überhaupt?"

Alfred musste kurz nachdenken. Bedeutete dieser Zusammenhang irgendetwas? Während er die Buchhändlerin dabei beobachtete, wie sie ihren Laden klar für den Feierabend machte, die Kartenständer von der Straße nach drinnen holte, herumliegende Bücher aufräumte und die Kasse sicherte, sortierte er kurz sein Wissen: Günther Hesslin war ermordet worden. Sein jüngerer Bruder hieß Rudi und arbeitete in der Zimmerei Ganter. Er war vermutlich in der Mordnacht mit im Moor gewesen, wollte darüber aber nicht reden. Außerdem besaß er einen rätselhaften Werwolf-Spleen. Die Schwester Mareike war die Frau des Antiquitätenhändlers Benz, der Alfred und Hugo zwielichtige Hehlerware abkaufte, aber nicht bezahlte. Hatte diese Frau Mareike bei ihrem letzten Besuch nicht verweint und abgehärmt ausgesehen? Dann trauerte sie vielleicht um ihren ermordeten Bruder und war keineswegs ein Opfer häuslicher Gewalt geworden, wie es sich Alfred insgeheim zusammengereimt hatte. Fehlalarm! Noch konnte Alfred aus dieser Verwandtschaft nichts ableiten, aber es war für einen wie Alfred, der nicht an Zufälle glaubte, ein bemerkenswerter Zufall.

„Haben die alle zusammen im Haus des Antiquitätenhändlers gewohnt?", fragte er weiter, während Inge Bauechle einladend an der Ladentür stand: „Ich würde jetzt gerne den Laden abschließen", sagte sie freundlich. Alfred stopfte seine Notizen in die Jeanstasche.

„Das Haus gehört nicht dem Benz", sagte die Buchhändlerin beim Abschließen. „Das Haus gehört den Hesslins. Sie haben es von ihren Eltern und dort hat schon die alte Witerre gewohnt, die jetzt im Altersheim in Neustadt lebt. Die Hesslins leben schon seit ewig in Hinterzarten. Der Benz ist zugezogen. Ich glaube, er kommt aus Eisenbach."

„Sie haben mir sehr geholfen", bedankte sich Alfred. „Darf ich noch eine letzte Frage stellen?"

„Aber bitte!"

„Diese Oma, diese Witerre – was bedeutet überhaupt der Name – ist die noch ansprechbar? Noch klar im Kopf?"

„Keine Ahnung, was der Name bedeutet. So sagen alle zu ihr. Sie ist ein Dorforiginal. Bis vor zwei Jahren war sie noch jeden Tag unterwegs. Die ist voll klar im Kopf, obwohl sie bald mal hundert Jahre alt sein müsste. Dann hat sie sich aber ein Bein gebrochen und deshalb sitzt sie jetzt im Rollstuhl. Die Hesslins haben sie in Neustadt in der AWO-Seniorenanlage untergebracht."

Alfred versprach, beim Hinterzartener Nachtbummel auf jeden Fall vorbeizuschauen und dann auch ein Buch zu kaufen. „Ich bin Ihnen was schuldig", verabschiedete er sich. Dann fuhr er mit dem Zug nach Neustadt.

In Neustadt spazierte Alfred durch Unter- und Oberstadt, widerstand der Versuchung, in der Spritz einzukehren, und schlug den Weg in die Josef-Sorg-Straße im Neubaugebiet Hinterer Dennenberg ein. Dort besaß Linus sein mehrgeschossiges Luxusappartement und dazu gehörig eine Front von drei Garagen. In einer davon hatte Alfred seinen roten Flitzer abgestellt und seit mehr als zwei Wochen nicht mehr bewegt. Das lag daran, dass der Tank leer war bis auf den letzten Tropfen. Er würde es vermutlich mit Ach und Krach noch bis zur Aral-Tankstelle beim McDonald's schaffen. Wenn Alfred in Neustadt übernachtete, dann durfte er das seit einiger Zeit nicht mehr in der Wohnung von Linus, denn dort hatte er es einmal mit einer orgienhaften Party dermaßen übertrieben, dass Teppiche, Möbel, Hausbar, Teile der Küchenzeile und die sündhaft teure HiFi-Anlage es nicht überstanden hatten. Seither ließ Linus Alfred nur noch unter Aufsicht in seine Wohnung und eben überhaupt nicht mehr dort übernachten. In den warmen Sommermonaten übernachtete Alfred daher in der Garage, und zwar auf dem Rücksitz seines roten Flitzers. Das hatte er auch an diesem Tag wieder vor. Linus lag noch immer im Krankenhaus, und die schöne Cindy hatte einen solchen Groll auf Alfred, dass er gut daran tat, ihr aus dem Weg zu gehen. So schlich er

sich in die Garage, schloss das Tor hinter sich und staunte, als er das Licht anknipste.
Anders als Linus, der noch zur Reparatur in der Klinik ausharrte, stand der Porsche bereits vollkommen wiederhergestellt neben Alfreds rotem Flitzer in der Doppelgarage. Das war aber flott gegangen. Kotflügel und Seitentür waren ausgetauscht, Spiegel erneuert. Das Schiebedach stand offen. Dass er dort in jener Hochmoor-Nacht hindurch gepasst hatte? Jetzt, wo er den schmalen Schlitz nochmal nüchtern in Augenschein nehmen konnte, erschien es ihm unwahrscheinlich. Ein Mensch konnte sich da hindurch zwängen? Er probierte es aus. Es gelang. Schon saß er auf dem Fahrersitz neben dem Steuer. Das fühle sich gut an. Sein Blick fiel auf ein rotes Plastikkärtchen, das in der schwarzledernen Mittelkonsole unter der Gangschaltung lag. Die Tankkarte! Linus' Tankkarte. Was für ein Glück! Linus war im Krankenhaus. Er würde nichts vermissen. Und Cindy? Die hatte ihr eigenes Auto. Das war die Gelegenheit, auf Kosten von Linus den roten Flitzer aufzutanken. Alfred ballte die Fäuste. Dann konnte er sogar an diesem Abend noch etwas unternehmen.

STERNENKLARE NACHT AUF DER RUINE NEU-FÜRSTENBERG

Jakub Wozniak der Paketdienstfahrer war identisch mit Jakub Wozniak dem Unfallgegner, der in der Mordnacht den Verkehrsunfall mit Dr. Utz Klinger verursacht hatte. Das dämmerte Alfred aber erst, als er mit dem frisch aufgetankten roten Flitzer bereits auf der Landstraße unterwegs war, hinauf nach Eisenbach. Dank der Online-Recherchen von Tim Joy hatte Alfred die Adresse. Die angegebene Hausnummer in der Oberbränderstraße fand er leicht. Es handelte sich um ein flachgeducktes einstiges Tagelöhnerhaus, dessen eine Hälfte gerade einem Neubau weichen musste. Die eingerüsteten frischen Backsteinmauern standen noch ohne Putz direkt an die ältere Hälfte des Hauses angelehnt, der Dachstuhl war aufgerichtet aber es fehlten noch die Ziegel. Zum Haus gehörten ein Hinterhof und ein großer Garten, in dem – wohl als Gartenhaus – ein großes, abgewracktes Wohnmobil stand, mit einer Satellitenschüssel auf dem Dach.

Vor dem Haus parkte der Lieferwagen eines Paketdienstes. Also war Alfred hier richtig. Er verglich das Fahrzeug mit dem Bild, das er von Anna bekommen hatte, und das den havarierten Lieferwagen am Bohlenweg im Hochmoor von Hinterzarten zeigte. Obwohl es ein verwackeltes und in der Dämmerung geschossenes Bild war, bestand kein Zweifel: Es handelte sich um dasselbe Fahrzeug. Auch das Nummernschild stimmte überein.

Alfred stellte den roten Flitzer neben dem Paketdienstwagen ab. Er aß das Salami-Schinken-Brötchen, das er sich an der Tankstelle auf Kosten von Linus' Tankkarte geleistet hatte, zu Ende und überlegte, wie er vorgehen wollte. Für

ihn war es mehr als eine Ungereimtheit, dass dieser Jakub Wozniak für beide Vorfälle verantwortlich war: Mit dem Paketdienstwagen war er ungefähr eine Woche vor dem Mord im Hinterzartener Hochmoor stecken geblieben, direkt am Bohlenweg unweit der Fundstelle der Leichen. Ungewöhnlich genug, dass jemand versuchte, das Hochmoor an dieser Stelle mit einem Lieferwagen zu durchqueren. Und eine Woche später, ausgerechnet in der Mordnacht, dann dieser dubiose Unfall im Höllental. Alfred hatte Oberkommissar Junkel am Telefon gefragt, ob dieser Vorgang von der Kripo untersucht werde. Junkel hatte patzig geantwortet: „Was ein arbeitsloser Journalist verdächtig findet, das muss nicht automatisch auch die Polizei verdächtig finden, oder?"
„Ihre Ansicht!", hatte Alfred zurückgepflaumt. „Aber beschweren Sie sich nicht, wenn ich etwas rausfinde, was Sie dann wieder wie ein Depp dastehen lässt."
Nur wusste er nicht, was er eigentlich rausfinden wollte. Zusammenhänge mit dem Mord? Irgendein Hinweis? Vielleicht verplapperte sich Wozniak.
Entschlossen stieg Alfred aus dem Wagen und klingelte an der Wohnungstür, obwohl er dort kein Namensschild finden konnte. Ein grandioser Sonnenuntergang spielte sich über dem Feldbergmassiv im Westen ab. Rot und gelb lieferten sich eine Schlacht der Farben. Alfred betrachtete das Schauspiel und wartete geduldig, ob sich im Haus etwas rührte.
Er musste ein zweites und ein drittes Mal klingeln, bis endlich eine junge Frau mit Kleinkind auf dem Arm an der Tür erschien. Sie hatte notdürftig ihre Bluse zugeknöpft. Eine Babywindel lag ihr wie ein Lätzchen auf der Brust. Offenbar hatte Alfred sie beim Stillen gestört. Aus der Wohnung strömte ein säuerlicher Geruch.
„Ja bitte?", fragte die Frau misstrauisch. Sie hatte einen südländischen Teint, grob nach hinten zu einem Knoten zusam-

mengewühltes Haar von pechschwarzer Farbe, einen übernächtigten Blick, schlechte Zähne.
„Kann ich bitte Herrn Jakub Wozniak sprechen?“ Alfred mühte sich krampfhaft, nicht auf den halb entblößten Busen der jungen Mutter zu schauen. Er ließ den Blick nervös über den Türrahmen schweifen.
„Hinten im Hof“, sagte die Frau. „Gehen Sie einfach ums Haus herum. Mein Mann ist hinten in der Werkstatt.“ Ohne weitere Höflichkeiten schob die junge Frau vor Alfreds Nase die Tür wieder zu.
Alfred fand Jakub Wozniak in einem Schuppen im Hinterhof, der als „Werkstatt“ nur unzureichend beschrieben war. Zwar stand dort an einer Wandseite auch eine überladene Werkbank, auf der ausweislich der dort vorhandenen Maschinen und Apparate gebohrt, gefräst, geschweißt, geflexst und gedrechselt wurde, aber ansonsten handelte es sich bei dem Schuppen eher um ein Wertstofflager. Es stapelten sich in einer Ecke ausrangierte Elektrogeräte, Computer, Flachbildschirme, Spielekonsolen, Drucker, Fernseher. Daneben barg ein Container Autobleche aller Art, Kotflügel, Dächer, Seitentüren, Kofferraumdeckel und Schutzbleche. Aufgebockt auf einer Galerie von acht oder noch mehr Wagenhebern schwebte ein alter VW Bulli ohne Räder, dahinter versteckten sich zwei ausgeschlachtete, alte BMW-Motorräder, die wie dunkle Skelette im Schatten lauerten. An der Wand hingen angegilbte Pirelli Poster und ein mit anzüglichen Filzstiftkritzeleien garniertes Nacktporträt des längst verstorbenen Busenwunders Anna-Nicole Smith. Darunter stand ein Ölofen mit rußgeschwärztem Ofenrohr, das sich seinen Weg durch die Decke ins Freie bahnte.
Soweit Alfred dies alles überblicken konnte, hatte das Ganze den Charakter einer illegalen Schwarzarbeiter-Klitsche. Es roch nach Öl und Eisenspänen. Zwei Männer standen

im grellen Licht einer Werkstattlampe über eine Zahnradkonstruktion gebeugt und fügten konzentriert Schrauben, Muttern, Pleuel und andere eiserne Bauteile zusammen. Erschrocken blickten beide auf, als Alfred sich bemerkbar machte: „Jakub Wozniak? Ist einer von Ihnen Jakub Wozniak?“

Beide Männer waren groß und breit. Als sie sich aufrichteten überragten sie Alfred nahezu um Haupteslänge. Beide trugen zur Jeans jeweils nur ein ölverschmiertes T-Shirt, so dass Alfred ihren imponierenden Bizeps besichtigen konnte. Die Arme des einen Mannes waren von unten bis oben tätowiert. Die Motivwelt bewegte sich zwischen Schlangen und Drachenungeheuern, dazwischen Slogans und Parolen, die Alfred alle nicht verstand, bis auf die Inschrift „szatan“ über einer gehörnten Figur. Der so Tätowierte besaß einen runden, roten Glatzkopf, der auf einem stämmigen Hals aufsaß wie eine Kanonenkugel.

Der zweite Mann sah nicht ganz so martialisch aus. Auf seinem muskelbepackten rechten Oberarm prangte das Tattoo einer Kompassrose. Ansonsten war er frei von Imprägnierungen. Er hatte ein etwas weniger furchteinflößendes Gesicht als sein Partner, was vielleicht an dem wilden, hellbraunen Haar lag, vielleicht an dem angedeuteten Backenbart, vielleicht aber auch an den freundlichen hellgrauen Augen. „Das bin ich!“, sagte dieser Mann. „Ich bin Jakub Wozniak.“

Alfred stellte sich als Journalist vor und streckte die Hand zum Gruß aus, was aber sowohl von Jakub Wozniak, als auch von seinem tätowierten Partner ignoriert wurde, den Alfred in Ermangelung eines Namens als „szatan“ abspeicherte. Wozniak war keineswegs abweisend. „Lass uns rausgehen“, sagte er und fingerte dabei nach einer Zigarette. Alfred folgte ihm ins Freie und bekam zu seiner Überraschung auch

eine Zigarette angeboten. Gemeinsam nahmen sie ein paar Züge. Szatan blieb in der Werkstatt.
„Also“, eröffnete Wozniak das Gespräch, „was will ein Journalist von mir wissen?“ Er sprach ein klares und akzentfreies Deutsch. Alfred hatte eigentlich mit polnischem Zungenschlag gerechnet. Er war so angenehm überrascht, auch vom freundlichen Wesen Wozniaks, dass er beschloss, sofort zur Sache zu kommen.
„Ich recherchiere in dem Mordfall der Moorleichen von Hinterzarten“, sagte er ganz unverblümt. „Dort ist ein Insektenforscher ermordet worden.“
„Ich kenne den Fall.“ Täuschte sich Alfred, oder hörte er aus Wozniaks Antwort einen lauernden Unterton heraus? Er paffte entschlossen Rauch Richtung Sonnenuntergang und fuhr fort: „In der Mordnacht hatten Sie im Höllental einen Unfall. Erinnern Sie sich.“
„Ja, das stimmt“, gab Wozniak höflich zu. Auch er nahm zwischen Alfreds Fragen und seinen eigenen Antworten jedes Mal zuerst einen tiefen Zug aus seiner Zigarette. „Die Polizei war da. Ist alles geregelt.“ Noch immer klang er sehr höflich und unaufgeregt.
„Wissen Sie, dass Ihr Unfallgegner im Höllental ein Kollege des Insektenforschers war? Dr. Utz Klinger. Er sollte eigentlich in jener Nacht mit ihm im Hochmoor sein?“
Wozniak zeigte keine verdächtige Regung. „Nein, das wusste ich nicht. So ein Zufall“, sagte er. Er lächelte Alfred an: „Wollen Sie von mir hören, ob mir an dem Mann etwas aufgefallen ist?“
Diese Frage stand zwar nicht auf Alfreds Liste, aber er nickte: „Ist Ihnen denn etwas aufgefallen?“
„Ja Mann! Der Kerl war nervös wie eine hungrige Katze. Das ist mir aufgefallen. Zuerst wollte er nicht einmal auf die Polizei warten. Ich musste ihn fast zwingen.“

„Aber Sie waren an dem Unfall schuld?“, vergewisserte sich Alfred. Auf der Landstraße rumpelte ein knatternder Traktor mit vollbeladenem Heuwagen vorbei. Wozniak musste laut werden, damit Alfred ihn verstand: „Sieht wohl so aus, ja. Ich war schuld.“ Bedauernd hob Wozniak die Schultern. „War blöd von mir.“

Alfred dachte aus seiner eigenen Warte, deshalb kam ihm die Frage: „Aber wieso haben Sie dann Dr. Klinger gezwungen, auf die Polizei zu warten? Hätten Sie ihn weiterfahren lassen, dann wäre Ihnen doch sicher viel Ärger erspart geblieben.“

Wozniaks graue Augen hefteten sich mit ganz neuem Interesse auf Alfred. Es schien, als müsse er erst überlegen, ob diese Frage eine Antwort verdient hatte. Schließlich lächelte er: „Was denken Sie, ich begehe doch keine Fahrerflucht.“ Und dann, als ahnte er, um welche Frage Alfred herumschlich: „Und schließlich hatte ich ja nichts zu verbergen. Ich habe den armen Mann ja nicht absichtlich angefahren.“ Er grinste so entwaffnend, dass Alfred beschloss, das Gespräch in eine andere Richtung zu lenken. In einer weiteren Rauchwolke verpackt fragte er: „Eine Woche zuvor hatten Sie einen Unfall im Hochmoor. Fast an der gleichen Stelle, an der später der ermordete Insektenforscher gefunden wurde.“

Etwas wortkarg erwiderte Wozniak: „Ja, stimmt!“

Als Alfred darauf nicht gleich reagierte, ermunterte Wozniak ihn mit einem Lächeln: „Fragen Sie ruhig weiter. Wollen Sie wissen, ob mir auch hier etwas aufgefallen ist?“ Er beantwortete seine Frage gleich selbst: „Eigentlich nicht. Außer, dass die Polizei und der Abschleppwagen unglaublich schnell vor Ort waren. Ich hatte nicht einmal eine Chance, abzuhauen.“ Er lachte fröhlich. Seine schwielige rechte Pranke schlug dabei Beifall heischend auf Alfreds rechte Schulter und blieb dort liegen. Alfred empfand das als unangenehm, obwohl

die Hand sanft auf seiner Schulter ruhte. Aber irgendwie war sie zu nahe an seinem Hals. Er traute sich aber auch nicht, die Hand wieder wegzuschieben. Vorsichtig fragte er weiter: „Warum sind Sie überhaupt durchs Moor gefahren? Das ist doch verboten?"
Wozniak lachte wieder: „Das fragen mich alle. Und ich bin der Depp vom Hochschwarzwald, weil ich mich vom Navi dorthin habe locken lassen. Blöd, nicht wahr?" Er blickte bekümmert drein. Seine Hand ruhte weich und schwer auf Alfreds Schulter: „So macht man sich zum Gespött."
Aus der Werkstatt drang lautes Klappern und Fluchen. Szatans Stimme. Irgendetwas schien ihm schief zu laufen. Wozniak schenkte Alfred einen entschuldigenden Blick. „Bin gleich wieder da", seufzte er. „Muss kurz nach dem Rechten sehen."
Während der Paketfahrer, der eher aussah wie ein Hafenarbeiter, in seiner Werkstatt verschwand, beschlich Alfred das mulmige Gefühl, dass es vielleicht besser wäre, wenn er sich nun aus dem Staub machte. Aber er verpasste den Moment. Und wie hätte er wissen können, was ihm alles noch bevorstand? Jakub Wozniak war doch die Höflichkeit in Person. Freundlich, unbekümmert, auskunftswillig. Wie hätte Alfred da einen Verdacht schöpfen sollen?
Wozniak kam zurück aus der Werkstatt. Szatan im Schlepptau. Während Wozniak lächelte wie ein Staubsaugervertreter, zeigte Szatan das Gesicht eines Türstehers. Hier kommst du nicht vorbei!
„Hey, Journalist", sagte Wozniak leutselig. „Willst du wirklich mal was sehen, was zu deinem geheimnisvollen Mordfall passt? Ich kenne da noch ein Geheimnis."
Alfred nichtsahnend: „Hä, wie? Was meinst du?"

„Du musst mitkommen!“ Wozniak winkte und ging an Alfred vorbei zu seinem Paketdienst-Wagen. „Hier! Komm mit!“ Jetzt befand sich Alfred zwischen Wozniak und Szatan. Zögernd setzte Alfred sich in Bewegung. Wozniak hatte die Beifahrertür seines Lieferwagens geöffnet: „Steig ein!“, forderte er Alfred auf.

Der Sonnenuntergang im Westen beleuchtete ganz Oberbränd. Alfred fühlte sich wie auf einer Bühne. Die Sonne blendete ihn. Er wollte eigentlich nicht in den fremden Lieferwagen einsteigen. Schon spürte er zwei kräftige Hände, die ihn wie Zangen packten und auf der Beifahrerseite ins Führerhaus des Lieferwagens hievten. Szatan schob ihn ins Innere und rückte selbst auf den Außensitz. Beim Einsteigen erwischte Alfred einen Blick durch die gläserne Sichtluke, durch die man vom Führerhaus nach hinten in den Laderaum schauen konnte. Er erschrak. Sah er wirklich, was er da sah? Im Pritschenraum standen, mit Spanngurten fest verzurrt, eine antike Standuhr und eine Chaiselongue. Beide Antiquitäten kamen Alfred bekannt vor. Eine Verwechslung war doch nicht möglich. Aber wie kamen die beiden Stücke hierher in den Lieferwagen? Er wagte nicht, zu lange nach hinten zu starren, sondern ließ sich in den Sitz fallen. Wozniak saß schon auf dem Fahrersitz. Er startete den Motor.

„He, halt! Wo wollt ihr hin? Was habt ihr vor?“

„Spannende Geschichte, dieser Mord im Moor“, sagte Wozniak ungerührt, während er auf die Landstraße hinaus rangierte und die Fahrt Richtung Höchst aufnahm. Alfred sah den geparkten roten Flitzer im Rückspiegel verschwinden. Szatan quetschte sich gegen ihn. Er roch nach Schweiß und Motoröl und irgendwie auch nach Unheil.

Wozniak steuerte einhändig und zündete sich mit der anderen Hand eine weitere Zigarette an. Er reichte Alfred die Pa-

ckung: „Bedien' dich!“ Szatan gab Feuer. Alfred rauchte seine Zigarette ohne Genuss. Er nahm kurze, atemlose Züge. Sie passierten die Höchstkreuzung und Wozniak schlug die Richtung ins Eisenbachtal ein.
„Wohin fahren wir?“, fragte Alfred misstrauisch. Wozniak drehte den Lautstärkeregler am Radio hoch. Es dröhnte und brummte wie beim Warm-up des Wacken Festivals.
„Wohin ...?“
„Geht dich nichts an, Schnüffler“, grunzte neben ihm Szatan, der bisher so gut wie kein Wort gesprochen hatte. Und im gleichen Moment, in dem Alfred sich überrascht über den Ton und die Wortmeldung zu Szatan wenden wollte, stülpte dieser ihm einen sackartigen Stoff über den Kopf. Plötzlich herrschte Dunkelheit. Alfred griff den Stoff, um ihn vom Kopf zu reißen, aber da machte es metallisch „klack“ und eine stählerne Handschelle schloss sich um sein rechtes Handgelenk. Ehe er wusste, wie ihm geschah, packte Szatan auch Alfreds linke Hand und schloss sie ebenfalls in die Handschelle. Alfred fuchtelte und schlug um sich. Die mächtigen Pranken Szatans fingen ihn ein und drückten ihn gegen die Rückenlehne: „Halte still, oder ich verpass dir eine!“, warnte Szatan. Weil Alfred nicht daran dachte, still zu halten, sondern weiter um sich schlug und versuchte, mit den Füßen gegen Szatan und Wozniak gleichzeitig zu treten, machte Szatan seine Drohung war. Ein Dampfhammer sauste herab und landete mit voller Wucht in Alfreds Magen. Das nahm ihm die Luft und jede Lust an weiterer Gegenwehr. Er schnappte und würgte. Das Salami-Schinken Brötchen aus der Tankstelle machte sich auf den Rückweg und kehrte durch Alfreds Schlund an die Öffentlichkeit zurück. Er spuckte in seine Zwangskapuze hinein und erstickte fast. Szatans Pranken hielten ihn weiter gegen die Rücklehne gedrückt. Es dämmerte Alfred: Dies war blutiger Ernst.

Sie fuhren durch das kurvenreiche Eisenbacher Tal. Alfred versuchte die Kurven zu zählen, um ungefähr die Orientierung zu behalten. Zwischendrin folgte ein längerer Halt. Nach Alfreds Schätzung befanden sie sich mitten in Eisenbach. Das musste also die ewige Baustelle an der Ortsdurchfahrt sein, bei der der Verkehr per Ampel geregelt wurde. Brav wartete der Lieferwagen. Das Bordradio wummerte dabei in einer Lautstärke, die jedes gesprochene Wort verschlang. Alfred war auch nicht zum Reden zumute. Er bangte um sein ärmliches Leben. Fuhr denn niemand vorbei, der sein Elend sah? Wunderte sich niemand über einen Menschen, der mit einer Kapuze über dem Kopf in einem Lieferwagen saß? Was hatten die beiden Kerle mit ihm vor? Dann endlich war der lange Halt vorbei. Die Fahrt ging weiter. Neue Kurven. Dann ein längeres gerades Stück. Nach etwa einer Viertelstunde Fahrt bog der Lieferwagen nach links ab. Plötzlich ging es steil bergan. Der Wagen ruckelte und keuchte. Wozniak schaltete runter bis in den ersten Gang. Alfred konnte sich keinen Reim drauf machen. Nach seiner Schätzung befanden sie sich in Hammereisenbach. Aber wieso ging es jetzt so steil bergauf?

Der Wagen rangierte. Vorwärts, rückwärts, vorwärts. Immer noch wummerte das Radio in maximaler Lautstärke. Es lief irgendein Oldie-Programm. Vollkommen übersteuert beklagte Abba: „The winner takes it all!“

Was geschah mit dem Loser? Alfred wurde aus dem Wagen gezerrt. Endlich hörte das Wummern auf. Er wehrte sich. Die zwei Männer keuchten. Sie packten Alfred an Schultern und Beinen und trugen ihn bergauf. Irgendwann wurde er abgestellt. Er schwitzte und hatte Mühe beim Atmen. Das ausgespukte Salamibrötchen klebte ihm um Mund und Kinn. Der Stoff, den sie ihm über den Kopf gestülpt hatten, war vollkommen dicht. Kein Lichtstrahl drang hindurch, kein Schatten, keine Bewegung. Alfred vermutete, nachdem er vorsichtig mit der Zunge geprüft hatte, dass es sich um schwarzen Filzstoff handelte. Jemand tastete Alfred von oben nach unten ab. Er spürte, wie geübte Finger ihm zuerst den Autoschlüssel aus der Jeanstasche zogen, dann das Smartphone. Dann landete unversehens ein neuerlicher Faustschlag in seiner Magengrube. Er knickte ein und fiel in sich zusammen wie ein Klappfahrrad. Stiefeltritte malträtierten seinen Hintern und seine Brust. Er rollte sich zusammen, versuchte, den Kopf durch die Arme zu schützen und den Unterleib durch die angezogenen Knie. Aber anscheinend hatten es seine Entführer gar nicht darauf abgesehen, ihm den Schädel zu zertrümmern oder ihn zeugungsunfähig zu prügeln. Sie begnügten sich mit Schlägen und Tritten gegen die Schenkel und gegen den Oberkörper. Das war schmerzhaft genug. Alfred wurde durchgebläut wie ein Punchingball. Dabei arbeiteten Wozniak und Szatan konzentriert und wortlos. Alfred hörte nur ihr Keuchen und das Knirschen ihrer Stiefel auf Kies oder Sand. Noch ein Schlag. Noch ein Tritt. Und noch ein Schlag … Er hörte auf zu zählen. Er hörte auf zu schreien. Er wollte nur noch überleben. Er wimmerte vor sich hin und pisste sich in die Hose.

Irgendwann war es vorbei. Nun klackte erneut eine metallische Zange und er spürte, dass sie auch seine Füße in Schellen gelegt hatten. Dann öffneten sie die Handschellen, bogen ihm Arme und Hände auf den Rücken und schlossen dort die Handschellen wieder zu. Jetzt war er gänzlich bewegungsunfähig. Dann schob Wozniak die Kapuze ein Stück nach oben, so weit, bis Alfreds Kinn und Mund nicht mehr darunter verborgen waren. Alfred versuchte weinend den Kopf nach links und rechts wegzudrehen, doch Szatans Schraubstockhände fixierten ihn auf der Stelle. Wozniak legte ihm fachmännisch einen Knebel an. Es war ein Stofflappen, der bestialisch nach Öl stank. Alfred würgte. Jetzt konnte er nicht einmal mehr schreien und auch nicht mehr durch den Mund atmen. Sofort wurde ihm die Luft knapp. Gefesselt, geknebelt, geprügelt, gedemütigt und mit einer Kapuze über den Augen, so lag Alfred schließlich im Gras. Wozniak und Szatan sprachen miteinander, aber Alfred spürte, dass sie für ihn sprachen, extra so, dass er es hörte und verstand. Szatan sagte: „Das wird ihm hoffentlich eine Lehre sein, nicht in anderer Leute Angelegenheiten herumzuschnüffeln."

Wozniak erwiderte: „Er wird es zu schätzen wissen, dass wir ihm nicht die Eier zerquetscht haben und ihm nicht das Gehirn aus dem Kopf geprügelt haben."

„Ganz sicher hätten andere das gemacht. Wir nicht", bestätigte Szatan.

„Wie gesagt, es sollte bloß eine Abreibung sein. Er wird wissen, dass es nichts anderes ist."

„Und er wird es niemandem weitererzählen."

„Ganz gewiss nicht", sagte Wozniak so laut und so deutlich, dass selbst der Dümmste hätte merken müssen, wem die Ansprache galt. „Er wird wissen, dass die Abreibung ganz anders aussieht, wenn er den Mund nicht halten kann. Er wird seine Eier behalten wollen und auch sein bisschen Gehirn."

„Das nehme ich auch an", sagte Szatan. Dann entstand eine Pause. Alfred identifizierte darin das Rascheln der Zigarettenpackung. Sie rauchten.

„Also, bringen wir es zu Ende", sagte Wozniaks Stimme schließlich. Wieder hoben ihn die beiden Peiniger auf und trugen ihn durch unwegsames Gelände. Äste schlugen ihm ins Gesicht, er spürte Brennnesseln an den Armen, dann schleifte man ihn über eine spitzzackige Mauer hinweg und schließlich spürte er, wie die beiden Männer ihn durch die Luft schwangen. Nach vorne, nach hinten. Was sollte das nun? Dann ließen sie ihn los und er segelte durch die Luft und fiel und fiel. Steil polterte er in die Tiefe, landete hart auf Fels, kullerte weiter, durchbrach Büsche und Sträucher, überschlug sich, blieb liegen. War es das? Alfred wimmerte jämmerlich. Er fühlte sich, als seien alle seine Knochen gebrochen und von groben Händen willkürlich neu in seinem Leib angeordnet worden. So blieb er minutenlang liegen und lauschte in sich hinein. Sein Herz raste, die Knochen schmerzten. Aber er lebte. Irgendwo in der Ferne startete ein Wagen. Alfred ahnte, dass dies seine Peiniger waren. Sie verließen den Ort.

Dann verlor er das Bewusstsein.

Als Alfred wieder zu sich kam, war es merklich kühler geworden. Die Atemluft schmeckte nach Nacht. Gierig sog er ein, was durch den Kapuzenstoff hindurch drang. Noch immer war er in stockfinstere Dunkelheit gehüllt. Er musste diese Kapuze loswerden. Alfred versuchte, durch Kopfbewegungen so über den grasigen Untergrund zu schaben, dass die Kapuze sich Stück für Stück lockerte. Er stöhnte vor Anstrengung. Minutenlang scharrte und schabte er, rubbelte, scheuerte und kratzte über den Boden. Dabei schob sich die Kapuze immer weiter über seinen Kopf, und schließlich war er sie los. Er lag auf dem Rücken und atmete gierig die laue Nachtluft ein. Endlich! Dann öffnete er die Augen. Er blickte durch Äste und Laubwerk hindurch in den klaren Sternenhimmel. Wäre er je bei den Pfadfindern gewesen, dann hätte er jetzt vielleicht anhand des Sternenstandes die Uhrzeit bestimmen können. So konnte er nur vermuten. Wie lange war er bewusstlos gewesen? Die Nacht war weit fortgeschritten, sonst wären die Sterne nicht in solcher Pracht aufmarschiert. Es zirpten keine Grillen, es gab überhaupt wenig Geräusche. In weiter Ferne vermeinte Alfred, ein Motorengeräusch zu vernehmen. Ein fahrendes Auto.

Um ihn herum wucherten Bäume und Sträucher. Er lag rücklings in Schräglage, den Kopf talwärts. Aber er konnte sich kaum bewegen. Aus den Augenwinkeln nahm er einen mächtigen, haushohen Schatten wahr. Irgendein großes Hindernis baute sich dort in der Nacht auf. Vielleicht eine Felswand? Wozniak und Szatan hatten ihn irgendwo hinunter geschleudert. Er war in die Tiefe gestürzt. Mitten zwischen Büsche, Sträucher und Brennnesseln. Und da, wo er lag, ging es weiter steil bergab. Er durfte also auch nicht allzu sehr zappeln. Sonst stürzte er womöglich noch weiter in die Tiefe. Da aber jede auch noch so vorsichtige Regung sofort stechende Schmerzen verursachte, vermied Alfred jede unnötige Bewegung. Wo befand er sich bloß? Zuerst einmal musste er den Knebel loswerden.

Mit der Zunge und mit den Zähnen begann Alfred zu arbeiten. Er biss sich durch den öligen Lappen hindurch, zerfetzte ihn Millimeter um Millimeter. Etwas anderes blieb ihm nicht. So konzentrierte er sich mit Tränen in den Augen und unterbrochen von immer neu aufwallendem Würgereiz auf diese Aufgabe. Es verstrich eine Stunde, vielleicht zwei. Immer wieder musste Alfred Pausen einlegen, weil er keine Luft mehr bekam. Die Sterne schauten geduldig zu. Eine laue Sommernacht. Doch endlich hatte er es geschafft. Der ölhaltige Knebel zerfiel und rutschte ihm aus dem Mund. Alfred japste nach Luft. Atmen, atmen, atmen. Sauerstoff. Minutenlang machte er nichts anderes als Luft einsaugen.

Dann endlich war er bereit für den nächsten Schritt. Er sammelte all seine Kräfte und brüllte den Nachthimmel an:

„Hilfe! Hilfe! Hilfe!“

Zu seiner eigenen Überraschung hörte er von gar nicht fern eine männliche Stimme zurückrufen: „Hey? Was ist los? Wer schreit da?“

„Hilfe, Hilfe, Hilfe!“, wiederholte Alfred, und vor lauter Aufregung bewegte er sich zu abrupt, so dass er plötzlich rücklings zwei Meter weiter abrutschte. „Hilfe! Hier bin ich, hierher, hier! Im Gebüsch!“

Er hörte, wie sich jemand wenig zimperlich durchs Gebüsch schlug. „Wo sind Sie?“

Alfred meldete sich mehrfach: „Ich bin gefesselt! Ich kann mich nicht bewegen! Ich hänge hier am Abhang!“ Er versuchte, so viele Informationen wie möglich zu liefern. Gleichzeitig fürchtete er, schon alleine das Rufen könne ihn weiter ins Rutschen bringen. Der fremde Retter ließ sich nicht beirren. An den Geräuschen erkannte Alfred, dass der Unbekannte immer näher kam. Er hatte eine laute und kräftige Stimme: „Sagen Sie noch mal was?“

„Hier! Helfen Sie mir. Hier unten!“

Plötzlich stach der Strahl einer Taschenlampe durchs Gebüsch. Geblendet schloss Alfred die Augen. Steinchen und Erdklumpen kullerten an ihm vorbei. Äste knackten, ein Mann fluchte und stöhnte. Dann fasste eine starke Hand Alfred am Hosengürtel und zerrte ihn durch das Unterholz die Böschung hinauf. Alfred versuchte, sich so leicht wie möglich zu machen.

„Du meine Güte“, sagte die fremde Stimme. „Was ist denn mit Ihnen passiert? Wie lange liegen Sie schon da unten?“

„Wo bin ich?“, stammelte Alfred.

„Sie sind in Sicherheit. Hier kann nichts mehr passieren. Wir sind auf Neu-Fürstenberg.“

„Neu …?“ Alfred versuchte, sich in eine sitzende Position zu bringen. Das misslang. Grausige Schmerzen stachen durch seine Innereien.

Die fremde Stimme sagte: „Neu-Fürstenberg! Die Burgruine in Hammereisenbach. Kennen Sie nicht?“ Es lag leicht entrüstetes Staunen in dieser Frage, so als müsse man sich doch sehr wundern, wenn es auf dieser Welt jemanden gab, der die Ruine Neu-Fürstenberg nicht kannte. Der Strahl der Taschenlampe schwenkte von links nach rechts, durch Gebüsch und über knorpelige Kieferstämme hinweg, bis er plötzlich an einem großen, schwarzen Schatten hängen blieb. Das war die dunkle Wand, die Alfred schon bei seinem Sturz in die Tiefe wahrgenommen hatte. Jetzt kletterte der Lichtkegel an dieser Mauer empor, höher und höher. Sie wollte nicht enden. „Das ist Neu-Fürstenberg“, erklärte Alfreds Retter. „Die bekannteste, dickste und höchste Burgmauer des Hochschwarzwaldes.“

Die Mauerkrone verschwand irgendwo jenseits des Lichtstrahls der Taschenlampe. Wie ein schwarzer Zahnstumpf ragte dieser Rest der Ruine den Nachthimmel. Alfred fand, dass es an der Zeit war, sich bei seinem Retter zu bedanken und eine Erklärung abzuliefern. Der Mann stellte sich vor: „Ich bin der Thomas. Thomas Demattio! Sie haben ja schwer Glück, dass ich gerade unterwegs bin. Es ist schon nach Mitternacht.“

Alfred versuchte, an dem großen Schatten, der vor ihm stand, Gesichtszüge oder eine Regung zu erkennen. Der Mann war breitschultrig und groß. Er trug rustikale Stiefel, soviel konnte Alfred erkennen, Jeans und ein Holzfällerhemd, und er trug neben der Taschenlampe eine blecherne Werkzeugkiste mit sich. Außerdem saß ein schlapper Filzhut auf seinem Kopf. Was durfte Alfred ihm erzählen? Wer war dieser Mann überhaupt? „Das nenn ich wirklich Glück“, bestätigte Alfred.

Thomas Demattio war ein Handwerksmeister aus Hammereisenbach. Er betrieb hier eine solide kleine Zimmerei. In seiner Freizeit war er Heimatforscher und rühriger Bewahrer der Hammereisenbacher Vergangenheit. In dieser Nacht war die Beleuchtung der Burgruine ausgefallen. Normalerweise

wurde sie von mehreren Lampen angestrahlt, so dass man ihre bizarren Reste in der Nacht vom Bregtal her und auch von Hammereisenbach aus sehen konnte. Thomas Demattio hatte den Ausfall bemerkt, und so hatte er sich aufgemacht, nach dem „Rechten" zu sehen, wie er sich ausdrückte. „Bevor ich ins Bett gehe, schau ich nämlich immer noch aus dem Fenster, ob unsere Burg auch richtig angeleuchtet wird", erklärte er. „Manchmal ist die Kulisse so toll, dass ich zum Fotografieren herauf komme. Aber heute war alles dunkel."
Es war klar, dass Thomas Demattio nach seinen ausführlichen Erklärungen nun auch von Alfred eine Aufklärung darüber erwartete, wie dieser in seine missliche Lage geraten war. Aber Alfred geisterten Wozniaks Abschiedsworte noch durch den Kopf: „Er wird seine Eier behalten wollen und auch sein bisschen Gehirn." Er konnte also unmöglich die Wahrheit sagen.
So spielte er auf Zeit und fabulierte eine schnell erfundene Räubergeschichte zusammen. In Kurzform: Er habe mit Kumpels in Freiburg den Junggesellenabschied eines Freundes gefeiert, und da sei man auf viele dämliche Ideen gekommen, wovon eine die gewesen sei, einen von ihnen gefesselt an einem unbekannten Ort zurückzulassen, mit der Aufgabe versehen, sich selbstständig zu befreien und den Weg zurückzufinden. Und das Los habe leider ihn, Alfred, getroffen. Nun vermute er, dass die Kumpels fröhlich weiter gefeiert und ihn dabei irgendwie vergessen hätten. Nur so sei zu erklären, dass er jetzt schon seit vielen Stunden hilflos im Gestrüpp gelegen und sich niemand um ihn gekümmert habe. Die Geschichte war hanebüchen und voller Widersprüche. Der nächtliche Retter hörte sie sich geduldig an, stellte ein paar Zwischenfragen und fasste seine Ansicht am Ende trocken zusammen: „Bei uns in Hammereisenbach gibt es sowas nicht."

Alfred lag noch immer auf dem Rücken und starrte die dickste Mauer des Hochschwarzwaldes und den Sternenhimmel an. Noch immer lagen seine Hände in Handschellen, und auch die Füße waren durch Fußschellen aneinander gekettet. Langsam wurden Hände und Arme taub. Sein Magen rumorte. Unauffällig spuckte er ein bisschen Blut. Thomas Demattio bemerkte es, sagte aber nichts. Stattdessen untersuchte er die stählernen Fesseln im Licht der Taschenlampe. „Vielleicht mit der Eisenfeile“, so dachte er laut nach. „Oder ich geh in die Werkstatt und hol die Flex!“

Alfred klapperte mit den Zähnen. Thomas Demattio sagte: „Ich habe eine bessere Idee.“ Er griff nach seinem Handy und tippte eine Nummer. Zu Alfred gewandt, noch ehe dieser protestieren konnte: „Ich rufe die Polizei. Die wissen, wie man solche Handschellen aufmacht.“ Schon war er mit dem Revier in Neustadt verbunden, schilderte die Notlage in knappen Sätzen und beorderte eine Streifenwagenbesatzung nach Hammereisenbach. „Die kommen gleich“, versuchte er Alfred zu beruhigen, den diese Aussicht überhaupt nicht beruhigte. „In einer halben Stunde sind sie da.“

Es dauerte etwas länger, denn die Beamten mussten sich durch das überwachsene, abschüssige und unwegsame Ruinengelände erst noch ihren Weg bahnen, nachdem sie glücklich mit ihrem Streifenwagen auf Wald- und Feldwegen bis zur Ruine gekommen waren. Während der Wartezeit versuchte Thomas Demattio Alfreds Handschellen mit einer Eisenfeile zu öffnen. Nebenbei erzählte er munter von der Geschichte der Ruine Neu-Fürstenberg. Die Dorfgeschichte sei nämlich sein Hobby, so beteuerte er zwischendurch mehrfach. Alfred lag bäuchlings im Gras und schnappte nach Luft. Wenn er sich nicht bewegte, waren die Schmerzen im Magen und Brustkorb erträglich. Aber wehe er rührte sich, dann schossen Blitze durch seinen malträtierten

Leib. Immerhin erfuhr er, dass die einstige Burg, auf die ihn seine Peiniger abgeladen hatten, schon 1525 im Bauernkrieg zur Ruine geworden war. Damals brannten aufständische Bauern die Burg nieder und verjagten den Burgvogt. Der habe sich als Knecht verkleidet, um unerkannt zu entkommen. Doch er wurde aufgegriffen und musste dann durch ein Spalier von Bauern Spießrutenlaufen. Dabei wurde er zu Tode geprügelt. Alfred keuchte in die Erde hinein: „Kann gut nachvollziehen, wie er sich dabei gefühlt hat."
Die Geschichte der Burg war erzählt und Thomas Demattio hob soeben an, von einer weiteren Burg zu erzählen, die es einige hunderte Meter talabwärts auch noch gebe und die Krumpenschloss heiße, da hörten sie den Streifenwagen nahen. Und wenig später näherten sich im grellen Licht schwerer Polizeitaschenlampen schließlich zwei Personen. Thomas Demattio machte durch Rufe ihre Position kenntlich. Alfred schwächelte. Er drohte erneut ohnmächtig zu werden. Die Schmerzen breiteten sich inzwischen vom Magen über die Nieren und die Lunge nach allen Richtungen aus. Er fühlte sich, als habe jemand seine versammelten Innereien durch den Thermomixer gejagt. Und nun auch noch Polizei. Da würde er mit seiner Geschichte niemals durchkommen.
Eine Frauenstimme, die Alfred bekannt vorkam, fragte vorsichtig: „Sind Sie in Ordnung? Brauchen Sie einen Arzt?" Wahrscheinlich war es so. Aber Alfred verneinte gequält: „Nein! Man muss mich nur befreien."
„Oh", sagte die Frauenstimme. „Sie kenne ich doch." Es war die junge Polizistin aus dem Hochmoor. Die schon wieder. „Das ist ja eine schöne Überraschung", sagte sie und leuchtete Alfred einmal von oben nach unten ab. Ihr Streifenkollege Hansi kommentierte: „Ganz schön zugerichtet." Dann machte er sich an Alfreds Handschellen zu schaffen.

Während der Beamte mit verschiedenen Instrumenten am Schließmechanismus herum operierte, fragte die Polizistin Alfred aus. Er gab ungefähr die gleiche Geschichte zum Besten, die er schon Thomas Demattio aufgebunden hatte. Der stand daneben und beteuerte erneut: „Sowas gibt es bei uns in Hammereisenbach nicht."
„Sie haben ein interessantes Nachtleben", sagte die junge Polizistin süffisant.
Alfred wurde bereits wieder übermütig: „Wir können ja mal was zusammen unternehmen, schöne Zuckermaus!"
Ihr Kollege lachte: „So hat sie schon mal ein Ganove genannt!"
Die Polizistin selbst blieb dienstlich. In ernstem Ton fügte sie hinzu: „Wir haben Ihr Smartphone gefunden. Es lag oben am Eingang zur Burgruine." Sie hielt ein Handy ins Licht der Taschenlampe, und tatsächlich, es war Alfreds Gerät. Demnach hatten Wozniak und Szatan es einfach weggeworfen. Vom Autoschlüssel war das eher nicht zu erwarten. Wahrscheinlich hatten sie ihn mitgenommen. Was würden sie mit dem roten Flitzer anstellen?
„Verstehen Sie mich? Geht es Ihnen nicht gut?"
„Oh, wie? Was?" Alfred kehrte von seinen Überlegungen zurück zu den Polizisten. „Was haben Sie gesagt?"
„Ich habe Sie gebeten, Ihre Arme und Hände mal zu bewegen. Versuchen Sie es mal!" Erst jetzt realisierte Alfred, dass er die Handschellen los war. Der Polizist hatte saubere Arbeit geleistet. Er machte sich bereits über die Fußschellen her. Alfred bewegte die Finger, öffnete und schloss die Hand. Sie fühlte sich taub an, als hätte er im Schlaf fünf Stunden darauf gelegen. Aber nach und nach kehrte das Blut zurück. Alles wurde gut. Wenig später war er auch die Fußschelle los. Die Polizisten stellten noch ein paar Fragen und stellten es Alfred frei, sofort mit aufs Revier zu kommen

und ein Protokoll zu unterschreiben, oder dies in ein paar Tagen nachzuholen.
Alfred nahm unter diesen Umständen dankend an, als Thomas Demattio ihm anbot, er könne den Rest der Nacht bei ihm im Gästezimmer verbringen. Am nächsten Morgen würde er ihn dann nach Neustadt zum Polizeirevier bringen. Und nach Freiburg müsse er es dann alleine schaffen.
Alfred hatte andere Pläne: Erst einmal musste er die Polizei loswerden. Und am nächsten Morgen musste er als erstes nach seinem roten Flitzer Ausschau halten. Unter Schmerzen verbrachte er den Rest der Nacht im Gästebett von Thomas Demattio.

DER FALL IST GELÖST

In derselben Nacht, die Alfred gefesselt und verprügelt auf der Burgruine Neu-Fürstenberg lag, wurde in Hinterzarten Rudi Hesslin festgenommen. Der Zimmermann stand unter Mordverdacht. Oberkommissar Junkel persönlich nahm die Verhaftung vor. Es stand nämlich inzwischen zweifelsfrei fest, was schon der Entomologe Utz Klinger behauptet hatte, dass Rudi Hesslin in der Mordnacht seinen Bruder Günther ins Hochmoor begleitet hatte. Dafür gab es die Zeugenaussage seiner eigenen Schwester Mareike, der Frau des Antiquitätenhändlers Meinrad Benz, mit welcher die beiden Brüder unter einem Dach wohnten. Mareike Benz sagte außerdem aus, dass der jüngere Bruder Rudi in den frühen Morgenstunden völlig aufgelöst nach Hause gekommen sei, einen Riesenradau veranstaltet habe und immerzu wie panisch von einem Werwolf fantasiert habe. „Ich konnte ihn gar nicht beruhigen. Er hat immer nur geschrien, ‚der Werwolf, der Werwolf', und er hat geweint und gejammert." Sie habe ihn in den Arm genommen, aber sie habe sich völlig überfordert gefühlt. Und ihr eigener Mann habe ihr auch nicht zur Seite stehen können, da er in jener Nacht in geschäftlicher Angelegenheit auswärts bei einem Flohmarkt in Konstanz unterwegs gewesen sei.

Dies alles wusste Alfred noch nicht, als er am Morgen nach der Burgnacht beim Zimmerermeister Thomas Demattio am Frühstückstisch saß und warmen Haferflockenbrei aß. Etwas anderes akzeptierte sein Magen noch nicht. Thomas Demattio war ein Mann wie ein Bär, nicht nur so groß und breit, sondern auch genauso gutmütig. Er fragte nach Alfreds Wünschen und Befinden und wollte Einzelheiten über den Junggesellenabschied wissen.

„Welcher Junggesellen …?“, fast hätte Alfred sich verplappert. „Der Jung …, ach so, der Junggesellenabschied. Also, der war so …“ Alfred erfand eine neue Geschichte, die nur bedingt mit jener übereinstimmte, die er in der Nacht erzählt hatte, die aber ins gleiche Ergebnis mündete: „ … und dann haben mich die Saukerle einfach dort in der Ruine liegen lassen. Schöne Freunde sind das.“

Thomas Demattio schüttelte nur den Kopf und widmete sich dann der Zeitungslektüre. Er las Alfred aus einem Artikel vor, der beschrieb, dass die Fertigstellung der Ortsdurchfahrt in Eisenbach sich nun doch noch einmal um einige Monate verzögere, weil irgendwelche Baufirmen falschen Asphalt eingebaut hätten, den sie nun wieder zu entfernen hätten. „Ist das nicht eine Sauerei?“, fragte er entrüstet. „Ewig war die Straße komplett gesperrt. Jetzt gibt’s immer diese ewigen Ampelphasen.“

Alfred kam eine Idee: „Wenn Sie mich nachher aufs Polizeirevier nach Neustadt bringen, dann könnten wir doch der Ampel aus dem Weg gehen. Fahren wir einfach über Bubenbach und Oberbränd. Wäre das möglich?“

Für Thomas Demattio war das eine plausible Bitte. Er wusste ja nicht, dass es Alfred darum ging, in Oberbränd nach dem roten Flitzer Ausschau zu halten. Vielleicht war Demattio in Gedanken auch ganz woanders. Er grübelte laut: „Dass die Burgbeleuchtung ausgefallen ist, das lässt mir keine Ruhe. Die Strahler haben bisher immer anstandslos funktioniert. Da muss ich nachher unbedingt noch mal kontrollieren.“

Alfred hatte so seine Vermutung. Da hatten bestimmt Wozniak und Szatan nachgeholfen. Er behielt seinen Verdacht aber für sich.

Während sie in Demattios reichlich ramponierten Mercedes über den unwesentlichen Umweg durch Bubenbach Richtung Oberbränd fuhren, klingelte Alfreds Handy. Oberkommissar Junkel war dran: „Neuigkeiten! Wir haben den Fall der Moorleiche aufgeklärt."

„Was? Wie?"

Junkel berichtete von der Verhaftung Rudi Hesslins: „Er hat keinerlei Widerstand geleistet. Er hat immer nur beteuert, der Werwolf sei schuld. Der Werwolf war's, der Werwolf war's, das hat er wiederholt wie ein Idiot. Ich glaube fast, er ist wirklich ein Idiot."

Alfred widersprach: „Er ist kein Idiot. Ich habe schon mit ihm geredet. Mir kam er ziemlich normal und durchaus klar vor."

Junkel schwieg bedrohlich. Er schien zu überlegen. Alfred räusperte sich: „Sind Sie noch dran?"

„Glaubst du an Werwölfe?", lautete die Frage Junkels, die bewies, dass er durchaus noch dran war.

„Nein, selbstverständlich nicht."

„Siehst du", sagte Junkel. „Du glaubst nicht daran, ich glaube nicht daran. Niemand, der seinen Verstand beisammen hat, glaubt an Werwölfe. Wie würdest du also jemanden bezeichnet, der steif und fest behauptet, ihm sei im Moor ein Werwolf begegnet und der habe seinen Bruder umgebracht."

„Behauptet er das?"

„Mehr oder weniger."

Jetzt blieb Alfred für einen längeren Augenblick sprachlos. Zögernd fragte er: „Also hat er ein Geständnis abgelegt?"

„Mehr oder weniger", wiederholte Junkel. „Wir haben ihn noch nicht offiziell verhört. Das war nur das Zeugs, das er vergangene Nacht von sich gegeben hat."

Sie bogen von der Kreisstraße nach rechts ab in die Landstraße, die ab hier Oberbränder Straße hieß und mitten durch jenen Ortsteil von Eisenbach ging, wo Alfred am Vorabend seinen roten Flitzer abgestellt hatte.

„Können wir uns in Freiburg treffen und den Fall nochmal gemeinsam durchgehen?“, fragte Alfred. Und zu Thomas Demattio gewandt: „Würden Sie ab hier bitte langsam fahren? So langsam wie möglich? Ich muss noch was nachschauen.“

Da Alfred noch telefonierte, fragte Thomas Demattio nicht weiter nach, sondern zuckte mit den Schultern und trödelte im dritten Gang durch Oberbränd. Junkel und Alfred verabredeten ein Treffen für den Abend. Junkel sagte zu, dass er bei Alfred in der WG vorbeischauen würde.

Inzwischen hatten sie die Häuseransammlung erreicht, zu der auch Wozniaks Tagelöhnerhaus mit Hinterhof gehörte. Sie schlichen in Zeitlupe vorbei, doch vom roten Flitzer war weit und breit nichts zu sehen. Auch Wozniaks Lieferwagen stand nicht am Platz. In dunklen Geschäften unterwegs. Alfred musste wieder an die Standuhr und die Chaiselongue denken, die er hinten im Lieferwagen bemerkt hatte. Dass mit Wozniak nicht alles sauber war, das lag auf der Hand.

„Wissen Sie, wer da wohnt?“, fragte Alfred und deutete auf Wozniaks Haus.

Der hilfsbereite Zimmerermeister schüttelte den Kopf. „Da unten“, sagte er, „das war früher das Rössle. Eine Wirtschaft. Sonst kenne ich hier keinen.“

„Schade“, bedauerte Alfred.

Thomas Demattio bezog das „schade“ auf das Aus des Gasthauses Rössle und nutzte die restliche Fahrtzeit nach Neustadt, um aus der Geschichte dieser Wirtschaft Einzelheiten auszubreiten. Er war bei einer Anekdote angelangt, wonach ein Pächter in den 1980er Jahren versucht habe, aus dem Rössle eine alkoholfreie und nikotinfreie Wirtschaft zu machen, was ihr Ende besiegelt habe, als sie auch schon beim Neustädter Münster um die Ecke bogen und Alfred dort vor dem Neustädter Polizeirevier ausgeladen wurde.

Alfred bedankte sich nochmals vielfach und verabschiedete sich mit der Bemerkung: „Wer es im Hochschwarzwald mit einer alkoholfreien Kneipe versucht, dem ist auch nicht zu helfen!“ Dann wartete er, bis Thomas Demattio gewendet hatte und davonfuhr. Als er außer Sichtweite war, hastete Alfred eiligst über die Hauptstraße zum Rathausplatz und von dort den Hirschenbuckel abwärts Richtung Bahnhof. Das hätte noch gefehlt, dass er sich einem Polizeiverhör auslieferte. Womöglich noch bei diesem Zuckermäuschen. Wenn die Polizei etwas von ihm wollte, dann würde sie sich schon melden. Er hatte jetzt Wichtigeres zu erledigen.

Auf der Zugfahrt nach Freiburg unterrichtete er per Handy seinen Kumpel Linus vom Verschwinden des roten Flitzers. „Gestohlen“, erklärte er. „Von einem Parkplatz in Oberbränd“. Er erzählte keine weiteren Einzelheiten. Linus war auch so bereits in seinem Element. Er befand sich auf dem Wege der vollkommenen Genesung und seine Entlassung aus der Helios-Klinik stand bevor. „Hättest mich ruhig mal besuchen können“, lautete sein Vorwurf, ehe er sich sofort mit Elan diesem Versicherungsfall widmete: „Alfred, vielleicht hast du Glück. Die alte Karre war doch überhaupt nichts mehr wert. Ich habe dir das Ding aber so sensationell gegen Diebstahl versichert, dass du jede Menge Kohle bekommst. Voraussetzung ist, dass die Kiste nicht wieder auftaucht. Und du musst natürlich bei der Polizei Anzeige erstatten.“

„Mach ich alles“, versprach Alfred. „Wenn du nur schon mal die Versicherung informierst.“ Er vergaß zu fragen, ob hoffentlich auch Linus’ Tankkarte gut versichert war. Die lag nämlich noch in Alfreds rotem Flitzer. Die Komplikationen stauten sich gerade wieder einmal.

In Freiburg angekommen verpennte Alfred den restlichen Tag in seiner Bude. Irgendwann erschien Vanessa. Als sie realisierte, in welch maladem Zustand Alfred sich befand, legte sie sich einfach wortlos zu ihm unter die Decke auf die Matratze und leistete auf diese Weise schweigend Beistand. Alfred spürte ihren warmen, dürren Körper, der sich an ihn drückte, und das war heilsamer Trost. Mit dem Schlaf ließen auch die Schmerzen endlich nach. Vanessa fragte nicht, was geschehen war. Einen besseren Kumpel konnte man sich nicht wünschen. Am Abend tauchte dann wie versprochen Junkel in der WG auf. Der Zufall wollte es, dass auch Hugo und Jochen anwesend waren. Die ganze WG-Clique inklusive Vanessa war also um den Küchentisch versammelt, als Oberkommissar Junkel sich dazu setzte. Er kannte sie alle. Mehr als einmal schon war er bei Alfred und in der WG zu Besuch gewesen. Er war es auch gewesen, der seinerzeit Tim Joy verhaftet hatte. Ein alter Bekannter also, auch für Vanessa, Hugo und Jochen. Die Küche sah ausnahmsweise manierlich aus. Das lag an Vanessa. Sie hatte den Müll entsorgt und den gröbsten Dreck weggeputzt.

„Ich kann euch die Geschichte erzählen, Morgen stehen sowieso alle Einzelheiten in der Zeitung“, verkündete der Oberkommissar im Hinblick auf die Festnahme im Falle der Moorleichen. Junkels Vorgesetzte, die leitende Kriminaldirektorin Dr. Gerda Leber-Semmlich, hatte nämlich wieder einmal eine ihrer berüchtigten Pressekonferenzen gegeben, und damit war die Festnahme von Rudi Hesslin ihr Erfolg.

„Wir glauben, dass er es war“, bestätigte Junkel.

„Aber warum? Was soll er für ein Motiv haben?“, fragte Alfred. Er nuckelte an einem lauwarmen „Freiburger Pilsner“ von dem Sixpack, das Jochen mitgebracht hatte, aber es schmeckte ihm nicht. Jochen brachte immer irgendwelche Getränke mit, wenn er in der WG auftauchte. Es war für den angehenden Starjuristen so etwas wie die Eintrittskarte in die für ihn ansonsten unzugängliche Welt der von

Hugo und Alfred repräsentierten linksalternativen, angehenden arbeitslosen Akademiker.
„Er braucht kein Motiv", erläuterte Siegfried Junkel. „Er hat eine Macke. Er spinnt. Diese Werwolfnummer, das ist sein Motiv."
„Verminderte Zurechnungsfähigkeit oder gar Schuldunfähigkeit", kommentierte Doktor jur. in spe, Jochen Schiller. „Das läuft auf ein psychiatrisches Gutachten hinaus."
„Du sagst es!" Oberkommissar Junkel duzte jeden aus der Wohngemeinschaft, während er umgekehrt von allen gesiezt wurde, selbst von Hugo.
„Paragraf 20, Strafgesetzbuch", ergänzte Jochen seinen Einwurf. „Es handelt ohne Schuld, wer bei Begehung der Tat wegen einer krankhaften seelischen Störung, wegen einer tiefgreifenden Bewusstseinsstörung oder wegen Schwachsinns oder einer schweren anderen seelischen Abartigkeit unfähig ist, das Unrecht der Tat einzusehen oder nach dieser Einsicht zu handeln."
„Und wer an Werwölfe glaubt, der leidet unter einer seelischen Störung, oder wie?", fragte Vanessa dazwischen. Auch ihr Abendessen bestand aus einem lauwarmen Freiburger Pilsner. Alle zusammen, bis auf Jochen, rauchten sie am Küchentisch, so dass die Unterhaltung in dichtem Nebel stattfand.
„Aus der Distanz würde ich vermuten, dass bei dieser Werwolfphobie der Tatbestand einer schweren seelischen Abartigkeit vorliegt. Darunter versteht die Gerichtswissenschaft Persönlichkeitsstörungen aller Art."
„Er glaubt nicht, dass er selbst der Werwolf sei", wandte Oberkommissar Junkel ein. „Er verwandelt sich nicht selbst in einen Werwolf. Er behauptet nur, dass im Moor von Hinterzarten ein Werwolf umgehe und dass dieser seinen Bruder umgebracht habe. Der Werwolf sei mitten in der Nacht

bei ihrem Insektenzelt aufgetaucht und sei über ihn und seinen Bruder hergefallen, so schilderte es Rudi Hesslin im Verhör."

„Irre!", befand Vanessa.

Alfred wollte Details wissen: „Hat Rudi Hesslin Einzelheiten geschildert? Wie hat der Werwolf seinen Bruder umgebracht?"

Junkel schüttelte den Kopf und blickte versonnen dem Rauch seiner Zigarette nach: „Er sagt, er habe die Flucht ergriffen, als der Werwolf auftauchte. Deshalb wisse er nicht, was weiter mit seinem Bruder geschah. Deswegen macht er sich Vorwürfe. Er habe seinen Bruder im Stich gelassen. Aber er habe sich so entsetzt, dass er kopflos quer durch das Moor geflohen sei."

„Wie kann ein erwachsener und bodenständiger Mann, wie Rudi Hesslin einer ist, so reagieren?", fragte sich Alfred laut. „Ich habe ihn getroffen und mit ihm gesprochen. Da war er ganz normal. Kein wenig ausgetickt."

„Ja, woher kommt seine Werwolfangst?", wollte auch Vanessa wissen.

Junkel überlegte kurz, während er sich die nächste Zigarette drehte: „Wir haben ihn das auch gefragt. Er sagt, das wisse er von seiner Oma. Das sei ein gut gehütetes Familiengeheimnis seit vielen Generationen. Er wisse es einfach. Es gebe daran nichts zu rütteln." Junkel zündete sich seinen neuen Glimmstängel an, dann sprach er weiter: „Und außerdem sehe man ja an dem Mord, dass es stimme. Er habe den Werwolf im Moor schließlich nicht erfunden. Ob das kein Beweis sei. So drehten wir uns im Kreis. – Tja!"

Damit hatte Junkel alles erzählt.

„Und wie hat er ausgesehen, der Werwolf?", fragte Alfred. „Hat Ihr Verdächtiger ihn auch beschrieben?"

Junkel schüttelte den Kopf. „Da kriegst du nur Unsinn aus ihm heraus. Wie ein Werwolf eben aussehe, so habe er ausgesehen, erzählte er uns. Haarig! Das war noch die präziseste Beschreibung. Es sei schließlich Nacht gewesen. Der Werwolf sei aus dem Dunkeln gekommen, während er und sein Bruder im Licht des Insektenzeltes gesessen hätten und dementsprechend geblendet gewesen seien."

„Den Fall würde ich gerne verteidigen", sagte Jochen. „Wetten, dass man da was machen kann?"

Nur Hugo hatte bisher geschwiegen. Jetzt räusperte er sich: „Klar! Werwölfe gibt es. Da hat er Recht."

Alle Blicke richteten sich auf Hugo. Der grinste sein Kokaingrinsen und bestätigte in vollem Ernst: „Da, wo ich herkomme, aus dem Urwald von Ecuador, da gibt es Werwölfe. Ganz normal. Jede Nacht überfallen sie die Dorfbewohner."

„Ich dachte, du kommst aus Bolivien?", warf Vanessa zweifelnd ein.

„Auch in Bolivien gibt es Werwölfe", lenkte Hugo unbeirrt ab.

„Er kommt aus Chile", widersprach Alfred. „Jedenfalls manchmal! Nicht wahr, Hugo?" Er prostete seinem WG-Mitbewohner zu. Sie stießen über dem Tisch die Bierflaschen aneinander und Hugo bleckte seine gelben Zähne: „Der Urwald ist groß. Da ändern sich die Grenzen täglich und man kann sie sowieso nicht erkennen. Bolivien, Chile, Ecuador, was ist das schon? Künstliche Gebilde. Vergänglich."

„Dazwischen liegt noch Peru", erinnerte Jochen. Auch er grinste fröhlich, weil er vermeinte, Hugo bei einer geografischen Unmöglichkeit ertappt zu haben. Hugo ließ sich aber nicht beirren: „Bei meinen Vorfahren hieß das Birru! Birru, so hieß das alles, von Ecuador bis hinunter nach Chile. Frag mal den alten Diego Almagro, dann weißt du Bescheid."

Da niemand der Anwesenden einen Diego Almagro kannte, oder wusste, wen Hugo damit meinte, erstarb dieser Seitenzweig der Diskussion. Stattdessen stellte Alfred laut die Überlegung an: „Man müsste vielleicht diese Oma mal befragen. Angeblich lebt sie noch in einem Altersheim in Neustadt.“

„Du kannst das machen“, sagte Junkel. „Vielleicht gibt das noch eine Geschichte für die Zeitung her. Für mich ist der Fall erledigt. Täter verhaftet, Motiv steht fest: Schwachsinn! Den Rest müssen die Gerichte erledigen.“ Der Oberkommissar lehnte sich entspannt zurück und schloss die tränenden Augen zu schmalen Schlitzen.

Alfred kannte ihn lange genug, um zu wissen, dass Junkel mit dem Fall noch lange nicht fertig war. Dazu steckten viel zu viele Ungereimtheiten in der Geschichte. Auch Alfred selbst glaubte nicht an die Werwolf-Theorie. Rudi Hesslin musste seinen Bruder aus einem anderen Grund umgebracht haben. Er war kein Spinner. Er war normal und klar im Kopf. Vielleicht war er sogar gar nicht der Mörder. Nur, wer war es dann?

VOM LIEBESLEBEN DER ENTOMOLOGEN

Als Oberkommissar Junkel die WG wieder verlassen hatte, blieben die anderen noch beisammen. Jochen klärte über den Grund seines Kommens auf: „Es sind wieder Sachen aus der Wohnung verschwunden. Alfred, es wird langsam unheimlich. Wie weit bist du mit deinen Ermittlungen?“

Alfred und Hugo warfen sich einen schnellen Blick zu. Vanessa registrierte es mit Stirnrunzeln. Ahnte sie etwas?

„Ich habe eine heiße Spur“, log Alfred. „Ganz heiß!“ Er improvisierte: „Aber es gibt da ein paar Zeugen und Hinweisgeber, die decken sich gegenseitig.“

Jochen zog fragend eine Augenbraue nach oben. Sein Vertrauen zu Alfred schien grenzenlos, ebenso wie seine Bereitschaft, neblige Ausflüchte zu akzeptieren. Aber er wollte verstehen: „Zeugen?“

Das brachte Alfred ins Schwitzen. Was sollte er erfinden? Er entschloss sich für die Halbwahrheit: „Ich habe einen Antiquitätenhändler ausfindig gemacht, dem die Diebe eure Sachen angeboten haben. Aber ich bringe ihn nicht so richtig zum Sprechen. Mein Verdacht ist, dass er vielleicht wirklich etwas angekauft hat und sich jetzt nicht selber belasten will. Verstehst du, was ich meine?“

So etwas verstand Jochen sofort, er drückte es nur sofort juristisch aus. „Normalerweise kann man bei der Staatsanwaltschaft beantragen, dass man in einem Prozess nicht in den Akten auftaucht – als Zeuge. Aber so weit wird es bei uns nicht kommen. Deshalb habe ich dich ja engagiert, damit wir das außerhalb der Polizei und der Staatsanwaltschaft klären können. Wenn der Mann uns auf die Spur der Täter bringt, dann muss er sich keine Sorgen machen.“

„Er könnte doch das Diebesgut kaufen und dann die Diebe entlarven“, schlug Vanessa vor.

„Dann ist das Geld weg“, gab Alfred zu bedenken. Er hatte kein Interesse daran, diese Fährte konkreter zu machen. Es hätte ihn in Schwierigkeiten gebracht.

„Am besten wäre es, man könnte die Täter auf frischer Tat ertappen“, wünschte sich Jochen. „Mit Fotos und Filmaufnahmen. Dann kann ich ihnen zu Leibe rücken.“

Alfred nutzte den günstigen Verlauf dieser Diskussion, um Jochen eine substanzielle weitere Abschlagszahlung auf seine Anstrengungen abzuschwatzen. Am Geld fehlte es bei Jochen nicht. Hätte er gewusst, wie sehr sein Kumpel Alfred in der Klemme war, er hätte wahrscheinlich anstandslos einen zinslosen fünfstelligen Kredit gewährt. Aber danach zu fragen kam für Alfred überhaupt nicht in Frage. Und es anzubieten kam Jochen nicht in den Sinn, weil er sich überhaupt nicht vorstellen konnte, dass jemand in seinem Umfeld in derartigen Geldschwierigkeiten stecken könnte.

Alfred war auch mit dem Vorschuss schon geholfen. Er hatte wieder ein paar Hunderter in der Tasche, und das reichte, sich und Vanessa den schon lange versprochenen gemeinsamen Abend zu gönnen. Sie setzten sich von Hugo und Jochen ab, gönnten sich zuerst eine Pizza in der „Roma“ in der Kaiser-Joseph-Straße und klapperten dann im Umkreis alle Bars und Nachtclubs ab, bis sie nach Mitternacht des Lärms und der Caipirinhas überdrüssig waren. Alfred fühlte sich erholt. In Anbetracht der schmerzvollen Nacht auf der Ruine Neu-Fürstenberg hatte er keine Neigung zu einem Besäufnis. Auch Vanessa legte es nicht darauf an. Sie suchte immer wieder den Körperkontakt zu Alfred, mal, indem sie ihm die Wange tätschelte, mal, indem sie die Hand auf seinen Arm legte. Vanessa hatte glänzende Augen und war „in Stimmung“, wie sie es nannte. Das bedeutete, dass sie noch versuchen würde, Alfred zu überreden, die Nacht bei ihr zu verbringen. Das kannte Alfred schon. Sie hatten den ganzen Abend gute Gespräche geführt. Über ihr Studium, das sich nun auch schon bald dem finalen Semester zuneigte, über Politik, über Philosophie, über Beziehungen und Freundschaft. Vanessa fragte Alfred, was er sich zum Geburtstag wünsche. Damit verriet sie, dass sie seinen Geburtstagstermin kannte. Er hatte ihn nie verraten, also musste sie recherchiert haben. Sie streichelte seinen Handrücken, blinzelte ihn verliebt an und schmeichelte: „Nur ein kleines, ein ganz, ganz kleines Geschenk. Etwas Symbolisches.“ Wenn sie nicht im schummriges Barlicht gesessen hätten, hätte Alfred erkennen können, dass sie errötete, als sie hinzufügte: „Als Freundschaftsbeweis. Ich würde dir gerne zeigen, wie sehr ich dich mag.“

Das war also die „Stimmung“, von der Vanessa in dieser Nacht beseelt war. Bevor sie aber den von ihr vorgeschlagenen Abstecher über den Augustinerplatz machten, wo nach ihrer Hoffnung noch „romantische Atmosphäre“ zu erwarten war, kam Alfred eine andere Idee: „Erinnerst du dich an unseren Besuch bei Doktor Klinger, dem Insektenforscher?“, fragte er, während sie in die laue Nacht hinaustraten. Vanessa zog die Sandalen aus und ging barfuß auf den Pflastersteinen. Alfred hatte den Arm um ihre dürre Taille gelegt, und sie schmiegte sich an ihn. Sie trug einen Stofffetzen namens Kleid. Ihre dünnen Beine schauten darunter hervor bis zu den Oberschenkeln. Hätte sie einen signifikanten Busen besessen, so wäre dieser ebenfalls kaum bedeckt gewesen. So aber hüpften lediglich kleine, kecke Knospen im Rhythmus ihrer Schritte. Sie roch verführerisch, nach Zitronen, Caipirinha und Tabak. Alfred mochte, wie sie roch.

Er mochte auch ihre Stimme, etwas kratzig, mit mädchenhaftem Gluckern. Sie ließ sich auf seine Frage ein: „Na klar. Was ist mit dem?“
„Der hatte doch irgendetwas zu verbergen. Oder?“
„Du meinst das Blatt unter seinem Schreibtisch?“
Das war nun das Schöne und Einmalige in der Beziehung zwischen Vanessa und Alfred. Er musste außer diesen wenigen Fragen gar nichts mehr sagen. Sie verstand sofort, was er wollte. Sie saugte sozusagen seine Überlegungen von ihm ab und in sich auf, und sie wusste dann sofort, was zu tun war. Alfred liebte sie dafür. Sicher, er liebte sie anders als Anna, die er anbetete und nach der er sich verzehrte. Er liebte sie eher auf eine platonische Art. Jedenfalls betrachtete er Vanessa als integralen Bestandteil seines studentischen Lotterlebens. Anders als bei Anna musste er sich bei ihr nie rechtfertigen, nie entschuldigen, nie ein schlechtes Gewissen haben, nie für irgendetwas schämen. Vanessa nahm ihn so wie er war, und sie liebte ihn sogar dafür.
Es war also gar keine Frage, dass sie auch um 0.30 Uhr in der Nacht mit ihm den Weg in die Tennenbacher Straße einschlug, ins Institutsviertel der Freiburger Uni, wo Dr. Utz Klinger sein Büro hatte. Selbstverständlich war das Gebäude nachts abgeschlossen und man kam auch mit dem Universitätsausweis nicht hinein. Aber im Erdgeschoss standen Fenster offen, nicht nur in den Hörsälen, sondern auch in jedem zweiten Dozentenbüro. Und da Alfred und Vanessa wussten, wo sie ungefähr suchen mussten, um in die Nähe von Dr. Klingers Büro zu kommen, fanden sie bald einen komfortablen Einstieg. Auch Alfred hatte inzwischen seine sich sowieso in Einzelteile auflösenden Espadrilles ausgezogen. So tappten sie barfuß und lautlos durch die dunklen Gänge, bis sie das Büro von Klinger gefunden hatten.

Alfred fingerte mit einem Dietrich, den er im Rahmen eines Einführungsworkshops von Hugo überlassen bekommen hatte, am Türschloss herum. Vanessa flüsterte: „Probiere doch erst mal, ob überhaupt abgeschlossen ist.“ Das war ein guter Vorschlag, denn zu Alfreds Überraschung war Klingers Büro nicht abgeschlossen.
Sie schlüpften hinein und schlossen die Tür wieder hinter sich.
„Und jetzt?“
Vanessa zog ihr Smartphone heraus und aktivierte die Taschenlampen-App: „Wir dürfen auf keinen Fall Licht machen. Das sieht man von draußen. Dann haben wir sofort irgendwelche Sicherheitsleute auf dem Hals.“
Ihr Interesse galt der Schreibtischschublade. Die war nun allerdings abgeschlossen. „Hier hat er irgendetwas rausgenommen und dann unter dem Schreibtisch versteckt“, sammelte Vanessa nochmals ihre Erinnerungen.
Um dieses „Etwas“ ging es. Dr. Klinger hatte es versteckt, als das Gespräch auf den ermordeten Doktoranden Günther Hesslin gekommen war. Alfred krabbelte unter den Schreibtisch und nahm die Unterseite der Schublade in Augenschein. Der Schreibtisch hatte forstwissenschaftlich wenig Relevanz, er bestand im Wesentlichen aus farbig lackiertem Pressspan. Demgemäß ließ sich der Boden der Schreibtischschublade mit Hilfe einer großen Büroschere, die sie auf dem Schreibtisch fanden, leicht aus ihrer Fassung hieven. Es knirschte zwar gequält, als das dünne Holz in viele Splitter auseinandersprang, aber das war kein Geräusch, welches über die Büroschwelle hinaus zu vernehmen gewesen wäre. Etwas lauter wurde es, als ein Papierwasserfall sich aus der Schreibtischschublade auf den Fußboden ergoss. Im Licht des Smartphones sichteten Alfred und Vanessa die Beute. Das waren: Zettel mit kryptischen Notizen, ein

Blatt mit einer langen Liste von Pins, Kennwörtern und Geheimzahlen – dahinter im Klarnamen idiotensichere Benutzerhinweise wie „amazon“, „ebay“, „Telefonfreischaltung“, „Kicker-Managerspiel“ oder „Sparkasse Freiburg-Nördlicher Breisgau“ – weiterhin mehrere Flugblätter umliegender Pizza- und Dönerlieferservices, eine fliegende Blatt-Sammlung von Universitätsmitteilungen, die Gehaltsabrechnungen der letzten fünf Monate, Kugelschreiber, Klebestifte, Büroklammern, USB-Sticks und ein Konvolut von farbigen Filz-Markern, Vorzugsfarbe Grün, eine Online-Reservix-Karte für das Dieter Thomas Kuhn Konzert auf dem ZMF, ein steinharter Schokoriegel, ein abgegriffenes Heft mit dem Universitäts-Telefonverzeichnis, ein Umschlag, darauf mit schwarzem Filzstift ein Name: „Günther“. Alfred riss den Umschlag auf. Es steckten etliche Papiere darin. Offenbar Briefe. Auch ein paar amtliche Dokumente. Alfreds Interesse galt einem Fotopapier. Es handelte sich um ein DIN A4 großes Farbbild. Er zog es heraus. Vanessa steckte ihre Nase dazwischen. Das Foto zeigte zwei Männer mit nacktem Oberkörper in inniger Umarmung beim Zungenkuss. Im Hintergrund ein malerischer Schwarzwaldsee. Die beiden Männer waren klar zu identifizieren: Dr. Utz Klinger und sein Doktorrand, der ermordete Günther Hesslin. Vanessa und Alfred waren sich sofort einig, dass es dieses Bild gewesen sein musste, was Dr. Klinger vor ihnen verborgen hatte.
„Wow! Was ist denn das?“, fragte Vanessa, indem sie einen leisen Pfiff ausstieß.
„Vielleicht ein Mordmotiv!“, sagte Alfred verschwörerisch.
„Du meinst, weil er schwul ist?“ Sie winkte ab: „Das ist doch ein Motiv von Vorgestern. Schwul sein darf jeder.“
„Aber wenn man bedenkt, dass Doktor Klinger dieses Bild unbedingt vor uns verstecken wollte, dann muss es damit ja etwas auf sich haben“, spekulierte Alfred. Sie vergaßen ihre

Umgebung und damit auch ihre Vorsicht. Es polterte, weil Alfred beim Hervorkrabbeln mit dem Kopf an den Schreibtisch knallte. Vanessa warf im Schrecken einen Stuhl um. Auch dieser Krach löste keinen Alarm aus.

Dann aber schepperte es draußen auf dem Gang, und zwar ohrenbetäubend. Erst ein Knall, als wäre ein überhitzter Motor in die Luft gegangen, dann ein nicht enden wollendes Blechgeschepper, so als habe jemand einen Servierwagen voller Salatschüsseln ein Treppenhaus hinunter gestoßen. Diesen Krach konnte niemand überhören. Bestimmt war er bis auf die Straße vernehmbar.

Erschrocken sprangen Alfred und Vanessa auf. Alfred schob das Bild mit den küssenden Entomologen zurück in den Umschlag und schob den Umschlag unter sein T-Shirt. „Nichts wie raus?“, schlug Vanessa vor. Alfred warf einen Blick aus dem Fenster. Sie hätten aus über drei Metern Höhe in einen geteerten Hof springen müssen. Er schüttelte den Kopf: „Lieber unsichtbar machen!“, lautete seine Empfehlung. Als erfahrener Schnüffler und als jemand, der schon reichlich Lehrgeld beim nächtlichen Herumschleichen in fremden Immobilien gesammelt hatte, hätte Alfred kaltschnäuzig die nächsten paar Stunden im dunklen Büro von Doktor Klinger ausgeharrt und sich irgendwann in den Morgenstunden davongeschlichen. Vanessa jedoch war neugierig. Sie öffnete die Bürotür einen Spalt und lugte auf den Gang hinaus. Als sie „die Luft ist rein“ meldete, konnte Alfred bereits nicht mehr widersprechen, denn schon war sie hinaus geschlüpft. Alfred folgte notgedrungen. Es war nicht auszumachen, was den Krach ausgelöst hatte, den sie gehört hatten. Sie tappten barfuß durch den Hauptflur. Aus einer Seitenflucht hörten sie ein schabendes, rhythmisches Geräusch. War noch ein Stöhnen dabei? Schon wollten sie vorbeihuschen, da ging auf einen Schlag das Licht im gesamten Flur an. Und aus dem

Seitenflur hörten sie zwei wollüstige Schreie, einer männlich, der andere weiblich. Es bot sich ein ziemlich unzweideutiger Anblick: Auf einem monströsen Bürofotokopierer von der Größe einer Tiefkühltruhe bog sich ein ineinander verschlungenes nacktes Menschenpaar. Der Mann lag auf dem Rücken, die Frau saß rittlings auf ihm und wurde dabei so gegen die Wand gepresst, dass sie mit dem Rücken den dort befindlichen Lichtschalter einquetschte. Das Licht ging wieder aus. Das Stöhnen setzte sich fort. Das Licht ging wieder an. Vom Mann sahen Alfred und Vanessa lediglich den etwas schütteren Hinterkopf und zwei stachlige Beine, die den wippenden Frauenkörper umfangen hielten. Er grunzte in sich hinein, während die Frau spitze Schreie ausstieß. Das Paar widmete sich voller Ekstase der Fortpflanzung. Die Frau hatte die Augen geschlossen. Sie bewegte sich wie ein Rodeoreiter kurz vor dem Abwurf. Ihre Brüste wippten im Rhythmus. Anders als Vanessa wollte Alfred den Blick gar nicht abwenden. Die Szene faszinierte ihn. Das Licht ging wieder aus.

„Lass uns abhauen“, flüsterte Vanessa, während es vor ihnen quietschte und schepperte wie in einer Molkerei. Das Licht ging wieder an. Die Frau hatte die Augen weit aufgerissen und sah nun direkt auf Alfred und Vanessa, die im Türsturz standen. Ihr ekstatisches Jubilieren ging in ein entsetztes Quietschen über. Und Alfred erkannte sie. Es war die rothaarige Karotte, der sie bereits bei ihrem ersten Besuch im Institut begegnet waren. Die Assistentin. Sie flog nun endgültig aus dem Sattel. Eiligst sprang sie ab und raffte ein paar Kleiderfetzen zusammen, hinter denen sie sich notdürftig verbarg. Dabei ließ sie Alfred und Vanessa nicht aus den Augen. Auch der Mann erhob sich grunzend.

„Wir hätten abhauen sollen“, sagte Vanessa.

Alfred winkte in den sündigen Raum hinein, als begrüßte er zwei Nachbarn: „Hi, wir wollten nicht stören. Wir sind auch gleich wieder weg …"
„Mooo …ment mal", tönte die Stimme des dünnhaarigen Mannes, die jetzt nicht mehr grunzte, sondern sehr autoritär und befehlsgewohnt dröhnte. Alfred kannte solche Stimmen und diesen Tonfall. Ein Chef! Ein Wichtiger! Ein Bestimmer!
Die Karottenfarbige versuchte die Situation zu retten: „Nicht, was Sie denken …"
Für Alfred war die Sache klar. Die Rothaarige hatte ein Verhältnis mit ihrem Chef, wer auch immer das war. Dieser Chef saß hier mit nacktem Arsch auf einem Bürokopierer und versuchte sie einzuschüchtern, obwohl er nicht wusste, wer sie waren und obwohl er nicht wusste, dass sie keine Ahnung hatten, wer er war. Vermutlich ging er aber davon aus, dass sie es wussten.
„Was haben Sie hier zu suchen …", blaffte der Chef, während er umständlich versuchte, in seiner unbequemen Sitzposition in die Hosen zu kommen.
Vanessa kam der rettende Gedanke: „Das Gleiche, wie Sie", sagte sie mit frecher, beinahe sogar koketter Mädchenstimme. „Vervielfältigung!" Sie deutete auf den Fotokopierer.
Die Rothaarige keckerte amüsiert. Auch sie schlüpfte nebenbei umständlich in ihre Kleider. Offenbar erreichten Frauen bei derartigen Anlässen schneller als Männer die gleiche Wellenlänge, denn sie ließ sich von Vanessa sogar das T-Shirt reichen, das vor Vanessas Füßen auf dem Boden gelegen hatte.
Der Chef-Mann hingegen war immer noch auf Krawall gebürstet. „Sie haben hier nichts zu suchen und Sie haben hier nichts gesehen", befahl er. „Ist das klar?"

Alfred ließ sich nicht einschüchtern. „Ich bin ja nicht blind!" Da der Chef-Mann noch immer nicht mit seinen Hosenbeinen klargekommen war, kam er nicht vom Fotokopierer herunter. Die Rothaarige jedoch, unterdessen wieder leidlich bekleidet, nahm Alfred am Arm und schob ihn ein Stück außer Hörweite: „Ich habe Sie kürzlich bei Doktor Klinger gesehen. Nicht wahr, Sie sind Studenten bei Doktor Klinger?" Sie sprach beschwörend: „Dann wissen Sie doch, dass unser Chef …, dass der Professor …, also, dass der Herr Professor … ruiniert wäre, wenn das jemand erfährt. Seine Frau, … seine Familie …, seine Reputation …" Sie ließ offen, was mit all diesen Statusthemen dann passieren würde. Für sie selbst schien das Schäferstündchen offenbar keine existenzgefährdenden Folgen zu haben. So hätte Alfred sie auch eingeschätzt. Vermutlich war der Professor nicht ihre einzige Eroberung innerhalb des Instituts. Alfred konnte sich aber ausmalen, was ein Bekanntwerden dieser Romanze für den Professor bedeuten konnte. Alfred war das egal. Er selbst wollte keinen Ärger und möglichst schnell verschwinden. Er konnte sich aber eine spitze Bemerkung nicht verkneifen: „Ein interessantes Liebesleben habt ihr Entomologen, das muss man schon sagen."

„Wie meinen Sie das?", fragte die Rothaarige, über deren Schultern hinweg Alfred beobachten konnte, wie der Professor vom Fotokopierer stieg und jetzt auf Vanessa einredete. Einer Intuition folgend zog Alfred den Umschlag unter seinem T-Shirt hervor und fingerte das Farbfoto heraus, das Dr. Klinger zungenküssend mit seinem Doktoranden zeigte. Er hielt es der Rothaarigen unter die Nase: „Wie sagen Entomologen dazu?", fragte er herausfordernd.

„Schwul!", antwortete die Rothaarige trocken. „Das ist aber kein Geheimnis. Jeder im Institut weiß, dass Doktor Klinger schwul ist. Nur er selbst weiß noch nicht, dass es jeder weiß."

Sie gackelte gekünstelt. „Interessiert niemand mehr." Sie drückte lächelnd das Bild zu Alfred zurück. „Was wollen Sie von mir hören?"

„Ich weiß natürlich … äh … ich … schwul ist mir selbstverständlich auch egal", stammelte Alfred. „Ich dachte nur, Sie wissen vielleicht, wo das Bild gemacht wurde."

„Zeigen Sie noch mal her!", forderte die Rothaarige, während Alfred besorgt registrierte, dass der Professor sich an Vanessa vorbei schob und auf ihn zukam.

Alfred zückte noch einmal das Foto, ohne es aus der Hand zu geben.

„Ah!", sagte die Rothaarige wissend. „Na klar. Müller-Fahnenberg-Stiftung!"

Alfred stand auf dem Schlauch: „Was meinen Sie? Welche Stiftung? Was heißt das?"

Die Rothaarige tippte mit dem Zeigefinger auf das Foto: „Das ist bei Hinterzarten. Dort hat unser Institut Wald, den Bauernhof und diesen See. Gehört uns. Für forstwissenschaftliche und zoologische Forschungen." Jetzt war sie ganz die Institutsassistentin: „Hat die Uni alles von einem Gönner geerbt. Die Müller-Fahnenberg Stiftung!"

„Aha", sagte Alfred. Er winkte Vanessa zu, die ihm Zeichen machte, dass es Zeit sei, von diesem Ort zu verschwinden. Er sah das genauso.

„Und wie heißt dieser See?"

„Mathisleweiher!"

MINISTERSPERRE UND MATHISLEWEIHER

Sie fanden keine neue Leiche, obwohl Alfred sogar heimlich darauf gehofft hatte. Aber die Exkursion mit Revierförster Eugen Winterhalder durch das Hinterzartener Hochmoor war trotzdem aufschlussreich. Alfred hatte diesen Ortstermin mit dem Revierförster ausgemacht, um für Anna eine weitere Hintergrundgeschichte zu liefern: Die Geheimnisse des Hochmoores. Jetzt folgte er dem stämmigen Forstmann zusammen mit Vanessa durch das Unterholz und ließ sich Besonderheiten erläutern: „Viele Hochmoore sind aus nacheiszeitlichen Seen entstanden", sagte Winterhalder, während er prüfend den Halm einer auffälligen Graspflanze untersuchte. „Der Untergrund ist sauer und voller sauerstoffarmem Wasser. Das verhindert den Baumwuchs, wie wir ihn sonst im Schwarzwald kennen." Er zeigte in die Runde: „Nur die Moor-Kiefer kommt durch, wie ihr seht. Sie heißt Spirke. Hier es sie noch recht häufig. In höheren Lagen eher selten."

Es war ein heißer, sonniger Sommertag, und im Hochmoor gab es wesentlich mehr Mücken als Menschen, weshalb die einen sich in großen Scharen auf den anderen niederließen. Alfred fuchtelte mit den Armen und schlug vergeblich nach den Plagen. Förster Winterhalder in seinem grünen Kittel blieb unbehelligt. Vanessa ignorierte die Attacken und fuhr damit ebenfalls besser als Alfred. Er war wieder voller Tatendrang. Die Nacht in der Ruine Neu-Fürstenberg hatte er verdaut. Die Nacht im forstwissenschaftlichen Institut der Uni Freiburg ebenso. Wie erwartet war er danach bei Vanessa gelandet und sie war dann doch noch zu ihrem romantischen Finale gekommen. Der Vorschuss von Jochen auf die erhoffte Aufklärung der Antiquitäten-Diebstähle

trug ebenfalls zur Aufbesserung von Alfreds Laune bei. Und so widmete er sich wieder dem Moorleichenfall. Mit dem war er trotz der Verhaftung des mutmaßlichen Täters Rudi noch lange nicht fertig. Journalistisch gab der Fall noch einiges her. Und sei es nur eine Reportage über das Hochmoor. Alfred hatte darüber mit Anna telefoniert. Sie fand die Idee „klasse“ und erteilte Alfred den Auftrag. Aber das Telefonat blieb sehr geschäftsmäßig und Alfred spürte bei jedem Wort, dass Anna versuchte, ihn auf Distanz zu halten. Er handelte „4000 Anschläge und zwei Fotos“ heraus, scheiterte aber weiterhin beim Versuch, Anna zum gemeinsamen Pizzaabend einzuladen. Ihre Ausflüchte waren fadenscheinig. Er merkte es. Sie wusste, dass er es merkte. Vielleicht wollte sie sogar, dass er es merkte. Alfred schob Annas Verhalten noch immer auf ihre traumatischen Erlebnisse beim Löffinger Hexenmord, der im Frühjahr den ganzen Hochschwarzwald in Atem gehalten hatte. Damals war es für Anna um Leben und Tod gegangen, und anschließend hatte sie sich mehrere Wochen in psychiatrische Behandlung begeben müssen. Seither war sie so verändert. Als habe jemand das unsichtbare Band durchschnitten, das Alfred immer mit Anna verbunden hatte. Jetzt war er nur noch ein ganz normaler freier Mitarbeiter der BZ-Lokalredaktion Neustadt, und die Redakteurin Anna erteilte ihm hin und wieder einen Auftrag. Mehr nicht!
Alfred akzeptierte diesen Zustand für den Moment. Er setzte auf den Faktor Zeit. Bis dahin wollte er Anna nicht zur Last fallen und ihr nicht auf die Nerven gehen.
Brav stolperte er hinter Revierförster Eugen Winterhalder durch das Moor und schoss Fotos. Der Förster war fotogen. Ein urtypischer, kerniger Schwarzwälder, trotz der Hitze im grünen Dress des Forstmannes. Und er wusste unglaublich viel über das Hochmoor.

„Was ist das für ein Gras, das Sie da in die Hand genommen haben?“, fragte Vanessa ihn soeben.
„Das ist eine Blumenbinse“, erklärte Winterhalder. „Schauen Sie sich um. Es wimmelt hier von dieser Binse. Sie liebt die sauren Schlenken.“ Er hatte einen Halm abgerissen und hielt ihn Alfred und Vanessa unter die Nase: „Aber eigentlich wollte ich etwas anderes zeigen. Sehen Sie diesen Käfer?“
Am Grashalm krabbelte ein grünlich gefärbter, glänzender Käfer. Für Alfred ein Käfer wie jeder andere. Für Eugen Winterhalder aber eine Offenbarung: „ Das ist der Glanzflachläufer. Solange dieser Käfer hier in großer Zahl unterwegs ist, ist das Moor in Ordnung. Er ist ein Bioindikator. Ebenso wie der hier.“ Er zeigte auf ein zweites Käferchen, das Alfred sofort als Marienkäfer identifizierte. „Das ist ein gefräßiger Räuber“, erklärte der Revierförster. „Diese Käfer ernähren sich von Blattläusen. Sie haben einen gesegneten Appetit. Solange es die Blattläuse gibt, gibt es auch die Käfer. Alles im Gleichgewicht.“
Wenngleich Alfred die Begeisterung des Revierförsters für jedes Pflänzchen und für noch das kleinste Insekt im Moor nicht teilte, so bewunderte er doch die umfassenden Kenntnisse ihres Führers. Aber eigentlich hatte Alfred ihn aus ganz anderen Gründen für diese Exkursion angefragt. Er erhoffte sich weitere Einzelheiten zum Leichenfund und außerdem ein paar Informationen über die Beschaffenheit des Moores. Soviel hatte er schon erfahren: Das Hinterzartener Moor dehnt sich über eine Fläche von über 80 Hektar aus und gilt als größter Moorkomplex des Schwarzwaldes. Gleichzeitig ist es auch eines der besterhaltenen Moore ganz Mitteleuropas. Das liegt daran, dass es schon seit 1941 unter Naturschutz steht. Davor war es wie fast alle Moore stark von menschlichen Eingriffen beeinflusst. Es gab im Dritten

Reich sogar Versuche, das Moor zur Torfgewinnung zu nutzen. Zum Teil haben die Landwirte der Umgebung, denen große Teile des Moores gehören, auch versucht, durch Entwässerung landwirtschaftlich nutzbare Flächen zu gewinnen. Bemerkenswert für das Hinterzartener Moor ist auch seine Lage auf einer Wasserscheide. Das Wasser aus dem Moor fließt einerseits nach Westen ins Höllental ab, andererseits nach Osten in die Gutach.
Das brachte Vanessa sofort zu der klugen Erkenntnis: „Und irgendwann ist es leer. Wenn alles Wasser abgelaufen ist."
Eugen Winterhalder lachte sein helles Lachen, während sie auf den Spazierweg zurückkehrten, den sie zuvor um einige Meter verlassen hatten. „Wir sorgen schon dafür, dass das Wasser im Moor bleibt", sagte er. „Aber Sie haben genau das Problem erkannt. Das Moor darf nicht austrocknen."
„Was kann man da tun?", fragte Vanessa interessiert. Alfred schoss unterdessen weitere Fotos und achtete dabei auf seine neuen Schuhe. Die hatte er sich am Vortag von Jochens großzügigem Vorschuss gekauft. Leider waren sie nicht für eine Moorbegehung geeignet. Doch sie standen bereits unter Wasser. Ärgerlich! Die Botanik fand Alfred langweilig, die Landschaftsökologie eigentlich auch. Er ließ Vanessa die Unterhaltung führen und hörte nur mit einem Ohr zu.
„Wir haben hier seit einigen Jahren ein Projekt laufen", erläuterte Eugen Winterhalder, „um das Wasser im Moor zu halten. Über das ganze Moor verteilt haben wir mehr als 350 hölzerne Sperren errichtet. Sie leiten Wasser aus der Umgebung in das Moor hinein und sie sorgen dafür, dass es nicht gleich auf der anderen Seite wieder abfließt."
Der Revierförster führte sie wieder vom Rundweg hinunter. „Ich zeige Ihnen mal eine solche Sperre", kündigte er an. Alfreds Schuhe wurden wieder nass. Wenn das so weiter ging, waren sie schon am ersten Tag wieder ruiniert. Kurz-

entschlossen zog er sie aus und stopfte sie in seinen Rucksack. Barfuß stand er nun im feuchten Torfmoos. Er sank gurgelnd bis zu den Knöcheln ein, und es zog ihn noch tiefer. Sollte er die Hosen hochkrempeln? Die Jeans durfte nicht dreckig werden, es war seine letzte Hose. Ohne lange zu überlegen, zog er auch die Hose noch aus. Jetzt stand er in Bermuda-Unterhosen im Moor. Vanessa kicherte und Winterhalder schaute kurz irritiert. Alfred kam sich vor wie ein Trottel im Torf: Torftrottel!

„Das hier ist Sperre Nummer sieben“, sagte Winterhalder und zeigte auf ein im Moorboden versenktes, hölzernes Brett. Es schaute lediglich wenige Zentimeter aus dem moosigen Moorgrund heraus. „Das sind Spundwände“, erklärte Winterhalder. „Wir messen regelmäßig den Grundwasserpegel und können erkennen, dass die Maßnahmen wirken. Manchmal tut sich lange nichts, dann kommt mal ein regenstarkes Frühjahr und plötzlich gehen die Messwerte deutlich nach oben. In diesem Sommer ist der Pegel nochmals abrupt gestiegen.“

Alfred wurde hellhörig. „Heißt das, die Wasserverhältnisse im Moor haben sich in den letzten Jahren signifikant verändert?“

Eugen Winterhalder überlegte kurz und zwirbelte dabei seinen sauber gestutzten Schnauzbart. „Eigentlich haben wir eine Entwicklung umgedreht, die zuvor über Jahrhunderte schleichend das Moor ausgetrocknet hat. Vor rund 80 Jahren begann das Moor auszutrocknen. Zuletzt bestand die Gefahr, dass es zuwächst und gänzlich verlandet. Schuld waren die Entwässerungskanäle der Landwirtschaft, aber auch der Bau der Höllentalbahn und der B31 direkt neben dem Moor. Diese Entwicklung wurde zuerst gestoppt und seit etwa fünf Jahren pumpt sich das Moor wieder mehr und mehr mit Wasser voll.“

Alfred wollte auf etwas anderes hinaus: „Und dabei quillt es auf, oder?"
„Könnte man so sagen."
Während sie sprachen, waren sie durch das rote Torfmoos weitergegangen. Eugen Winterhalder blieb vor einer weiteren hölzernen Sperre stehen. „Das hier ist die Ministersperre", sagte er. Er freute sich über die fragenden Gesichter von Alfred und Vanessa. „Die zeige ich bei allen Führungen", erläuterte er fröhlich. „Diese Sperre hat 2014 unser damaliger Landwirtschaftsminister Bonde angebracht. Mit eigenen Händen und mit einem Schlagbohrhammer. Es war der Auftakt zu unserem Projekt."
„Eine Ministersperre", lästerte Alfred, „könnte man häufiger gebrauchen." Er kehrte zu seinem eigentlichen Thema zurück: „Wenn das Moor aufquillt, weil immer mehr Wasser hinzukommt, dann drückt es auch alles Mögliche an die Oberfläche, was vielleicht seit Jahrhunderten im Untergrund verborgen war."
Eugen Winterhalder verstand sofort, auf was Alfred hinaus wollte: „Sie meinen also, die Leichen der französischen Soldaten sind deswegen aufgetaucht?"
„Genau das meine ich." Alfred ging sogar noch weiter: „Diese beiden Leichen wurden vom Moor nach über 200 Jahren wieder an die Oberfläche nach oben gearbeitet, aufgrund Ihrer Bewässerungsmaßnahmen. Aber gleichzeitig sorgt Ihr Projekt aktuell auch dafür, dass es zurzeit ziemlich ungünstig ist, etwas Neues im Moor zu versenken. Es ploppt nämlich sofort wieder nach oben. Das gilt auch für frische Leichen!"
Stolz auf seine messerscharfen Schlussfolgerungen lieferte Alfred die Zusammenfassung: „Und deshalb sind zeitgleich der erst vor wenigen Tagen ermordete Günther Hesslin und die vor über zweihundert Jahren ins Moor geworfenen Leichen der beiden Franzosen aufgetaucht."

Mit seinen blauen Augen staunte Eugen Winterhalder Alfred groß an: „Das könnte die Erklärung sein. Mein lieber Mann. Dass ich nicht selber darauf gekommen bin!"
Vanessa gab die Spielverderberin: „Das ist aber noch keine Erklärung dafür, warum die Leichen an exakt der gleichen Stelle aufgetaucht sind. Oder gibt es unterirdische Strömungen, die alles dorthin treiben?"
Förster Winterhalder schüttelte lächelnd den Kopf. Solch eine Vorstellung konnte wohl nur ein Laie hegen. Alfred, der den Leichenfundort aus eigener Anschauung kannte, äußerte eine andere Vermutung: „Die Stelle ist einfach besonders günstig, um Leichen zu entsorgen", sagte er. „Sie liegt einerseits zentral im Moor und sie weist viel Wasser und durchlässigen Sumpfboden auf. Außerdem kann man sie gut über trockene Pfade erreichen. Und dann steht dort dieser Fels mitten im Moor. Einen besseren Platz, um Leichen ins Wasser zu lassen, gibt es wahrscheinlich im ganzen Hochmoor nicht."
Sie marschierten weiter und diskutierten Alfreds Theorien. Eugen Winterhalder bestätigte aus seiner umfassenden Ortskenntnis heraus, dass der Fels neben dem Bohlenweg tatsächlich unter den von Alfred aufgezählten Gesichtspunkten der am besten geeignete Platz wäre, um Leichen im Moor zu entsorgen. Dann kam ihm aber ein Zweifel: „Das würde dann bedeuten, dass ein Ortskundiger der Mörder sein muss. In beiden Fällen: Sowohl bei Günther Hesslin, als auch bei den beiden Franzosen."
„Stimmt!", bestätigte Alfred. „Beim Hesslin-Mord ist es auch schon bewiesen. Sein Bruder Rudi wurde bereits überführt. Und der ist bestimmt ortskundig."
Eugen Winterhalder schüttelte den weißblonden Schopf: „Das glaube ich nicht! Der Rudi war es nicht. Der ist unschuldig. Warum sollte er seinen Bruder umbringen? Die

haben zusammen gehalten wie Pech und Schwefel. Ich habe sie ja oft genug gemeinsam hier im Moor getroffen. Und was sollte Rudi für ein Motiv haben?“

Das war in der Tat eine berechtigte Frage. Bisher gab es darauf nur die Antwort der Gerichtspathologie: Wahnvorstellungen! Verminderte Schuldfähigkeit! Der Werwolf! Nicht nur Eugen Winterhalder, auch Alfred hatte an dieser Version seine Zweifel. Rudi war nicht der Mörder, davon war auch Alfred überzeugt. Aber wer dann? Der schwule Dr Klinger? Der dubiose Paketfahrer Wozniak? Sein Helfeshelfer Szatan? Ein Werwolf?

Nachdenklich strich Alfred mit seinen blanken Zehen über die Ministersperre. Irgendein Puzzlestück fehlte ihm noch. Die Exkursion mit Revierförster Winterhalder hatte viel gebracht. Viele neue Erkenntnisse über das Moor und seine hydrologischen Verhältnisse. Das gab jedenfalls eine schöne Hintergrundreportage für Anna. Und es bestätigte die Spur, die er selbst seit dem Besuch in der Buchhandlung Baeuchle in Sachen Franzosenmorde verfolgte. Wie hatte die Buchhändlerin Baeuchle gesagt: „Die Franzosen sind eine Plage, manchmal könnte ich sie umbringen.“ Um wieviel mehr musste eine solche Feststellung 1796 gegolten haben, rund um den Rückzug des geschlagenen Franzosenheeres von General Moreau: „Die Franzosen sind eine Plage, manchmal könnte ich sie umbringen.“ Für wen waren sie eine Plage? Für die Einheimischen natürlich. Und nur die Einheimischen kannten sich im Moor aus. Nur sie kannten die Stelle, wo man schnell und auf Jahrhunderte hinweg unauffindbar zwei Leichen versenken konnte.

Nach dem Besuch des Hochmoores blieb noch viel vom Sommertag übrig. Alfred und Vanessa spazierten vom Bahnhof durch Hinterzarten, vorbei an der Buchhandlung Baeuchle und am anderen Ortsende den Kesslerberg hinauf zum Mathisleweiher. Das dauerte etwas mehr als eine Stunde. Man konnte diesen kleinen Moorsee oben im Wald an den Feldbergflanken nicht verfehlen. Mehrere Wanderwege führten dorthin. Alfred hatte sich über diesen See kundig gemacht. Er lag zwar auf Gemarkung Hinterzarten und stand unter Naturschutz, aber er befand sich tatsächlich im Eigentum der Albert-Ludwigs-Universität. Sie war über die „Müller-Fahnenberg-Stiftung", von welcher die nackte Karotte im Institut gesprochen hatte, ins Eigentum der Universität geraten. Soweit Alfred die Zusammenhänge im Internet recherchiert hatte, gehörten der Mathisleweiher und jede Menge Wald und Feld darum herum einst zum Mathislehof, einem Bauernhof, benannt nach einem einstigen Besitzer Mathis. Anfang des 20. Jahrhunderts hatte ein wohlhabender Freiburger Geschäftsmann den Hof gekauft. Als die Kinder dieses Geschäftsmannes ohne Erben starben, hinterließen sie den Hof mit allen Besitzungen der Stiftung, deren Auftrag es war, Wald, See und Hof für Forschungs- und Förderzwecke der Universität Freiburg zur Verfügung zu stellen. Und so war nun das Institut für Forstwissenschaft an der Fakultät für Umwelt- und Natürliche Ressourcen der eigentliche Herr über den See, den Wald und den an einen Nebenerwerbslandwirt verpachteten Mathislehof. Der Wald wird von der forstlichen Fakultät bewirtschaftet und als Lehrwald gepflegt. Zum Besitz gehört auch die einstige Hofmühle, die Mathislemühle. Dort hat die Fakultät für Forststudenten eine Art Seminarhaus eingerichtet, mit der Möglichkeit, den einen oder anderen Wochenendaufenthalt dort zu organisieren. Dr. Utz Klinger und seine Doktoranden, so hatte Alfred herausgefunden, gehörten zu den regelmäßigen Nutzern dieser einsam gelegenen Wochenendhütte. So ergab das Foto mit dem Mathisleweiher im Hintergrund für Alfred einen Sinn. Es musste bei einem solchen intimen

Wochenende entstanden sein. Der See selbst ist keine zwei Hektar groß. Aber man darf an bestimmten Uferstellen darin baden. Er hat sich deshalb in den letzten Jahren zum Geheimtipp für Naturliebhaber entwickelt. Die Einheimischen kannten und nutzten diesen See schon immer als Badesee. In jüngerer Zeit haben ihn aber auch die Freiburger entdeckt. Vor allem die „Natur- und Umwelt-Freiburger“, die identisch mit den vegetarischen, gegenderten und autofreien Freiburgern sind. Eine hochbrisante Mischung, denn was sich diese „Szene“ vereinnahmt, läuft auch schnell Gefahr, von ihr überlaufen zu werden. Man kann das schön in der Gastronomie beobachten: Die Höfener Hütte hat es schon länger erwischt, der Raimartihof am Feldsee und das Obere Wirtshaus in Langenordnach ebenso; neuerdings sind der Schneckenhof in Schollach und das Ahorn in Schwärzenbach dran. An schönen Wochenenden fallen dort hippe Freiburger ein, zu Fuß oder per Mountainbike, und dann muss die Küche in Mengen Wurstsalat, Brägele und Bibbiliskäs produzieren, als ginge es darum das Heer von General Moreau zu verköstigen.

Ein ähnliches Schicksal drohte dem Mathisleweiher. Alfred und Vanessa waren das beste Beispiel dafür. Zwei typische linke Ökofreiburger, die sich jetzt am schmalen, grasbewachsenen Uferstreifen des Mathisleweiher breit machten und sich vor Entzücken über die unberührte Natur in Superlativen überboten. Der wenige hundert Meter lange Uferstreifen war zwar nicht überlaufen, aber doch gut besetzt. Manche Besucher hatten Decken ausgebreitet, manche nur ihre Mountainbikes. Kinder planschten im Wasser. Erwachsene schwammen in den See hinaus und prusteten ihre gefühlten Temperaturen Richtung Ufer: „Hier ist es ganz kalt! Wahnsinnig kalte Strömung in einem Meter Tiefe. Höchstens vierzehn Grad!“ Hunde schwammen wie die Wasser-

ratten und sammelten die Stöckchen ein, die Frauchen und Herrchen in den See hinaus warfen. Alle kamen aneinander vorbei. Es herrschte eine friedliche und wohlwollende Atmosphäre. Der See schaffte es durch seine kühle, moorige Ausstrahlung, dass sich alle Besucher und Badegäste einig waren, ihm weder mit Plastikbooten, noch mit anderen Touristenutensilien zu Leibe zu rücken. Man sah keine Luftmatratzen, keine Sonnenschirme, keine Strandzelte, keine Klappstühle und es wummerten auch keine Ghettoblaster. Das mochte auch damit zusammen hängen, dass man den See nur zu Fuß erreichte. Eine bestimmte Klientel von Badegästen war damit schon mal außen vor. Viele kamen auch nur im Zuge einer Wanderung oder einer Mountainbike-Tour hier vorbei, um Pause zu machen und sich kurz abzukühlen. Dann zogen sie wieder weiter. Bis auf Kinderlachen und gelegentliches eifriges Hundegebell störte kein Lärm den Frieden. Alfred und Vanessa legten sich in die Sonne und genossen den Tag. Wieso verlief das Leben nicht immer so klar? Konnte nicht jeder Tag ein Sonnentag am Mathisleweiher sein?
Nach einer längeren Phase des Genießens, auf dem Rücken liegend und die Kondensstreifen am blauen Himmel beobachtend, gelüstete es Alfred nach einer Zigarette und er setzte sich auf. Er drehte für sich und für Vanessa und zog dann den Umschlag hervor, den sie in Dr. Klingers Büro erbeutet hatten. Das Foto vom knutschenden Klinger mit seinem Doktoranden Günther Hesslin zeigte den See vom gegenüberliegenden Ufer aus gesehen. Es musste also an der kaum von Touristen frequentierten Seite des Sees aufgenommen worden sein. Dort drüben führte lediglich ein schmaler Trampelpfad am Ufer entlang. Hatten Klinger und Hesslin dort ihre Schäferstündchen gehabt? Und wer war

der Fotograf? Auf der Rückseite des Fotos stand von Hand geschrieben: „In Liebe, Günther".

Alfred untersuchte den weiteren Inhalt des Umschlages. Unter anderem war das der mehrseitige Ausdruck eines Mailverkehrs zwischen Dr. Utz Klinger und Günther Hesslin. Daraus erschloss sich auch die Herkunft des Fotos. Hesslin hatte in einer ersten Mail das Foto angekündigt: „Lieber Utz, Rudi hat uns bei unserem letzten Wochenende am Mathisleweiher fotografiert, als er uns dort abholte. Ich habe es nicht bemerkt. Du wahrscheinlich auch nicht. Aber das Foto ist sehr schön geworden. Ich schicke Dir eine Vergrößerung. Er fotografiert zum Glück nur mit einer alten Spiegelreflexkamera. Das Bild gibt es also nicht digital. Den Film habe ich gesichert."

Es folgte ein Hin und Her mehrerer Mails voller Banalitäten, unter anderem bedankte sich Utz Klinger darin für das „schöne, schöne Wochenende" auf der Mathislemühle, ehe eine weitere Mail anzeigte, dass das Foto bei Klinger angekommen war: „Lieber Günther, ich habe jetzt per Post die Vergrößerung bekommen. Das ist wirklich ein schönes Bild. Aber Du weißt, wie gefährlich das für mich ist. Vernichte bitte, bitte den ganzen Film und lasse keine weiteren Kopien anfertigen. Was meinst Du, was meine Frau sagen würde, wenn sie dieses Foto je in die Hände bekommt? Ich fliege auf. Und meine Ehe, meine Existenz … Ich weiß nicht, was aus meiner wissenschaftlichen Laufbahn wird, wenn alles herauskommt. Ich muss es hier im Büro verstecken. Vielleicht schiebe ich es in den Schredder."

„So ein Idiot!", kommentierte Alfred qualmend, nachdem er Vanessa den Mailwechsel vorgelesen hatte. „Heutzutage muss sich doch niemand mehr verstecken, nur weil er schwul ist. Was hat er zu befürchten?"

„Immerhin scheint er verheiratet zu sein“, erwiderte Vanessa. „Vielleicht hat er sogar Kinder.“

„Bürgerliche Tarnexistenz“, nörgelte Alfred. „Ein Feigling! Außerdem hat die Rothaarige gesagt, dass es im Institut eh schon jeder weiß.“

„Du hast keine Ahnung“, widersprach Vanessa. „Was meinst du, welche Nöte und Ängste solche Leute oft ausstehen müssen? Kennst du seine Familie? Sein Elternhaus? Unsere ach so liberale Gesellschaft redet zwar viel von Anti-Diskriminierung und von der Normalität gleichgeschlechtlicher Liebe, aber im wahren Leben sieht es halt oft noch anders aus. Das siehst du doch auch an Jochen.“

„Was hat das mit Jochen zu tun?“, fragte Alfred.

Vanessa sah ihn fassungslos an: „Dir ist hoffentlich nicht entgangen, dass Jochen schwul ist, das sieht doch jeder. Wie oft habe ich dir das schon gesagt?“

„Ach komm! Er ist ein Weiberheld. Alle schwärmen von ihm, die tollsten Mädels. Ich beneide ihn.“

„Er schwärmt aber von dir“, beharrte Vanessa. „Glaube mir, eine Frau merkt so etwas.“ Sie fügte gekünstelt belanglos hinzu: „Besonders, wenn sie eifersüchtig ist.“

Alfred ließ sich das durch den Kopf gehen. Er konnte nicht abstreiten, dass Jochen Schiller ihn schon immer auf eine Art und Weise hofiert und umgarnt hatte, die über das normal Kumpelhafte hinweg ging. Vor kurzem hatte er ihm sogar angeboten, in ein von ihm geplantes Medienprojekt einzusteigen. „Ich gründe eine Online-Plattform“, hatte er gesagt. „Eine Art digitale Heimatzeitung. Dafür suche ich noch den Chefredakteur. Ich habe an dich gedacht. Willst du einsteigen?“

„Ich bin Student“, hatte Alfred geantwortet. „Ich will erst mein Studium beenden. Dann erst arbeite ich wieder als Redakteur. Am liebsten aber bei einer Tageszeitung.“

„Glaube mir, Tageszeitungen sind ein Auslaufmodell. Dort verdienst du auch nicht viel. Die meisten Zeitungen sind aus den Tarifverbünden schon ausgestiegen, weil sie die Gehälter nicht bezahlen können. Dort wird gespart an allen Ecken und Enden, vor allem an den Redakteuren. Online ist die Zukunft."

„Ich denke darüber nach", hatte Alfred versprochen. Seither war das Projekt nicht mehr zur Sprache gekommen.

Jetzt verdrängte er das Thema. Um auch Vanessa abzulenken, nahm er die weiteren Unterlagen aus dem Klinger-Umschlag unter die Lupe: „Schau mal hier. Das ist ein Schuldschein."

Vanessa zog ihm das Papier aus der Hand und studierte es. „Günther Hesslin hat seinem Schwager 100.000 Euro geliehen. Zinslos. Nette Summe", sagte sie beeindruckt. „Wieso besitzt Klinger diesen Schuldschein?" Sie gab selbst die Antwort. „Hier hängt ein Zettel dran: Lieber Utz, bewahre du bitte diesen Schuldschein sicher bei Dir auf. Ich traue meinem Schwager nicht."

„Seinem Schwager?", fragte Alfred neugierig. In ihm keimte sofort ein Verdacht.

„Hier steht es", präzisierte Vanessa. „Herrn Meinrad Benz, verheiratet mit meiner Schwester Mareike."

„Meinrad Benz, der Antiquitätenhändler?"

„Du kennst ihn?"

„Äh … nein … nun … nicht wirklich … nein."

Vanessa kannte ihren Pappenheimer: „Raus mit der Sprache. Du kennst diesen Antiquitätenhändler. Was hast du mit ihm zu schaffen?" Und sie war auch schnell im Kombinieren: „Hat das etwas mit den Diebstählen aus der Wohnung zu tun, von denen Jochen gesprochen hat?"

Alfred nickte zerknirscht. Er wusste, dass er sich auf Vanessa hundertprozentig verlassen konnte. Also erzählte er ihr die ganze Geschichte.

TOY-BOY

„Was wünscht du dir zu deinem dreißigsten Geburtstag?" Doris gurrte Alfred ins Ohr und legte ihren nackten Schenkel über seinen. Die Frage kam ihm bekannt vor. Er seufzte entspannt unter Doris' Bettlaken und überlegte, ob er sich tatsächlich etwas wünschen sollte. Bisher hatte die kastanienbrünette Doris ihn lediglich als ihren „Toy-Boy" bezeichnet und ihn auch so behandelt. Nicht das Schlechteste, wie Alfred fand. Die Abende mit Doris waren eine prickelnde, angenehme Abwechslung für Alfreds Hormonhaushalt. Er wurde von seiner nymphomanischen Gönnerin stets bereits in raffiniertester Wäsche empfangen, und dann dauerte es auch nicht lange, und sie landeten im Bett. Dort musste Alfred zwar die mitunter anstrengenden Fantasien einer Mitvierzigerin aushalten, aber solange sie nicht den Wunsch äußerte, von ihm gefesselt und ausgepeitscht zu werden, hatte er das Gefühl, er habe alles unter Kontrolle. Wenn sie nun aber fragte, was er sich zum Geburtstag wünsche, so war das ein ernsthafter Übergriff in sein übriges Leben. Er legte keinen Wert darauf, dass Doris in diesem Leben auftauchte. Nicht auszumalen!

Andererseits: Gab es vielleicht einen Wunsch, den Doris ihm erfüllen konnte? Er hätte da schon etwas gewusst. Aber wie brachte er sie drauf?

Er kraulte verspielt die Innenseite ihrer Schenkel, ließ seine Finger auf und ab marschieren und flüsterte dazu: „Es chunnt än Bär von Konstanz her …" Sie kicherte. „Än Schwarze un än Wieße …" Seine Finger näherten sich ihrer kraushaarigen Mädchenstelle. „… der will des Bärli bieße, bieße, bieße …" Alfreds Finger verhielten sich unanständig.

Doris zappelte angetan. „Nochmaaaal", sagte sie und ahmte dabei ein Kinderstimmchen nach.
Alfred wiederholte das Spiel. Versuchsweise und wie beiläufig fragte er: „Euer Kanzleigehilfe, dieser Bernd Boysen …?"
„Ich habe noch nicht mit ihm geschlafen. Der ist mir zu verklemmt."
„Das wollte ich nicht wissen."
„Was dann?"
„Es geht um meine Privatinsolvenz. Der Boysen führt doch die ganze Korrespondenz mit meiner Bank und mit den Rechtsanwälten der Firmen, die mir an den Kragen wollen …"
„Ja, und?"
„ … der will des Bärli bieße, bieße, bieße …" Doris wurde wieder locker.
„Mir wird demnächst das Konto gepfändet. Außer es steht in diesen Schreiben drin, sozusagen anwaltlich beglaubigt, dass ich demnächst einen höheren Geldzufluss erwarte."
Doris kicherte fröhlich: „Soll ich dir nochmals zwanzig Euro leihen?"
Das war Alfred peinlich. Er hatte den Zwanziger noch nicht zurück bezahlt und war eigentlich davon ausgegangen, dass diese Schuld durch seine nächtlichen Anstrengungen unter Doris' Bettdecke längst getilgt war. Blöde war Doris nicht. Sie fragte gedehnt: „Diesen Geldzufluss gibt es natürlich nicht, oder?"
„Vielleicht doch!" Alfred wagte es nicht, davon zu reden, dass er Erlöse aus Antiquitätenverkäufen erwartete.
„Was willst du?"
„Ein Geburtstagsgeschenk vom Bärli", sagte Alfred mit Unterstützung seiner Finger. „Es müsste jemand das Richtige hineinschreiben, in diese anwaltlichen Schreiben."
„Jemand aus der Kanzlei?"

„Selbstverständlich. Das könnte nur jemand aus der Kanzlei machen. Jemand, der zum Beispiel Zugang zu den Rechnern hat. Jemand, dem man dort blindlings vertraut.“
Doris und ihr Bärli zeigten sich nicht abgeneigt: „Das ist ja ganz schön verrucht. So etwas gefällt mir.“
„Und das, gefällt dir das auch?“ Bärli wurde jetzt ganz zappelig. Es lief auf die zweite Runde hinaus. Danach kam das Thema nicht mehr zur Sprache. Aber Alfred war sich sicher, dass Doris ihm den gewünschten Gefallen erweisen würde. Überhaupt fühlte er sich in Sachen Privatinsolvenz auf einem guten Weg. Die Chancen für eine außergerichtliche Schuldenregulierung standen laut Bernd Boysen nicht schlecht. „Wer zumindest die mit dem Verfahren verbundenen Kosten zahlt, der erlangt schon nach fünf Jahren Restschuldbefreiung“, hatte Boysen bei Alfreds letztem Termin erläutert. „Und wenn Sie darüber hinaus auch ein Viertel Ihrer Verbindlichkeiten begleichen können, dann wird Ihnen die Restschuldbefreiung sogar schon nach drei Jahren erteilt.“
Mit den Erlösen aus dem Verkauf der Schiller-Antiquitäten könnte Alfred dieses Viertel locker erreichen. Und dann schuldenfrei! Er träumte bereits davon. Bei der Gelegenheit fiel ihm der rote Flitzer ein. Er war inzwischen bei der Polizei als gestohlen gemeldet und Linus hatte den Diebstahl als Versicherungsfall eingereicht. Linus hatte versprochen, er könne mit Hilfe der Vollkaskoversicherung, die er einst in besseren Zeiten Alfred aufgeschwatzt hatte, nun einen Wiederbeschaffungswert von mindestens 15.000 Euro herausschlagen, und dann habe Alfred „mit der alten Karre“ das Geschäft seines Lebens gemacht.
Vielleicht sollte Alfred also wirklich darauf hoffen, dass der rote Flitzer nicht wieder auftauchte. Aber gegenüber Wozniak und Szatan sann er immer noch auf Revanche.

Deshalb hatte er auch nach dem Termin bei Boysen endlich den lange vor sich her geschobenen Knastbesuch bei seinem WG-Kumpel Tim Joy absolviert. Tim Joy musste ihm helfen, Wozniak das Handwerk zu legen.

Man muss, wenn man in der Freiburger Justizvollzugsanstalt einen Bekannten besuchen will, dies vorher telefonisch vereinbaren, und am vereinbarten Tag dann zwanzig Minuten vor dem eigentlichen Termin schon erscheinen. Wenn man später kommt, wird man nicht mehr eingelassen. Alfred schaffte es rechtzeitig. Dann wurde er in den Besuchsraum geführt, wo zu Alfreds Bedauern Rauchen streng verboten war, und wenig später brachte ein Wärter den alten Kumpel Tim Joy herein.

„Woran denkst du gerade?"

„Wie, was?" Alfred wurde aus seinen Erinnerungen gerissen. Doris fuhr mit ihren spitzen, lackierten Fingernägeln über seine spärlich behaarte Brust: „Du bist abgelenkt. Du denkst an eine andere, stimmt's?"

Alfred lachte: „Ich habe an Tim Joy gedacht, meinen Kumpel aus dem Knast?"

Doris setzte sich auf: „Du hast einen Kumpel im Knast?"

Alfred nickte: „Ein schwerer Junge, in jeder Beziehung."

„Das ist ja mal spannend. Was du für Bekannte hast." Sie gurrte gespielt: „Aufregend. Wie anrüchig!"

„Er sitzt wegen Internetkriminalität. Er hat ein paar Firmen und Bankkonten gehackt!"

Das war die Kurzversion. Alfred kannte Details, die weder die Polizei, noch die Staatsanwaltschaft herausgefunden hatten. Vor allem wusste er, dass der Gefängnisaufenthalt Tim Joy keineswegs davon abhielt, weiterhin online durch die ganze Welt zu surfen. Er hatte sich die dafür nötige Technik ins Gefängnis schmuggeln lassen und wäre vermutlich auch in der Lage gewesen, nunmehr den Rechner des Gefängnisdirektors zu hacken. Aber er saß seine zweijährige Strafe ab. Tim Joy war in den bisherigen Monaten im Gefängnis merklich abgemagert, aber dennoch immer noch ein Koloss. Früher hatte er über 150 Kilo auf die Waage gebracht, jetzt waren es immer noch rund 120. Als er in den Besucherraum herein wackelte und Alfred erkannte, breitete er seine rüsselartigen, fleischigen Arme aus und drückte Alfred an sich, ehe der Wärter einschreiten konnte. Körperkontakt in dieser Weise war im Besucherraum nicht gestattet. Ansonsten hatte Tim Joy sich kaum verändert. Er war immer noch ein riesiger, bleicher Walfisch, fast ohne Hals, dafür mit säulendicken Armen und Beinen. Wenn er sprach, klang er wie der oberste Radiocharmeur eines Hausfrauensenders. Er besaß eine cremige, sonore Stimme, mit der er ganz sicher Werbung für erotisches Rasierwasser hätte machen oder als Synchronsprecher für Frauenschwarm Ryan Gosling hätte antreten können.

Sie unterhielten sich eine Weile über Belangloses aus der WG. Dass Tims Zimmer bis zu seiner Rückkehr für ihn freigehalten wurde; dass der arbeitslose Geiger Zupf aus dem Dachgeschoss neuerdings mit einem Verstärker geigte; dass die türkische Großfamilie im Erdgeschoss den Garten mit mehreren aufklappbaren Pavillonzelten vollgestellt und mit modernster Grilltechnik ausgestattet hat; dass Jochen Schiller einen neuen Kühlschrank für die WG-Küche angeschafft hat. „Mehr Platz für Bier“, fasste Alfred die Vorteile dieser Anschaffung zusammen. Dann kam er aber doch langsam zu seinem eigentlichen Anliegen. Er erzählte von seiner schmerzvollen Nacht in der Burgruine Neu-Fürstenberg und von dem ausgesprochen zwielichtigen Paketfahrer Jakub Wozniak, inklusive der Standuhr und der Chaiselongue in Wozniaks Lieferwagen: „Ich brauche ein paar

Informationen über ihn, die man vermutlich nur im Netz zusammenkratzen kann."

Tim Joy notierte Alfreds Fragen. „Ist das der Typ mit dem Lieferwagen, den ich für dich ausfindig gemacht habe?"

Alfred lieferte weitere Einzelheiten: „Genau der. Er hat mit seinem Lieferwagen versucht, das Hinterzartener Hochmoor über einen Holzbohlenweg zu durchqueren. Das stand groß in der Zeitung, da findest du das Netz voll davon. Vielleicht findest du heraus, was er der Polizei alles erzählt hat. Außerdem hat er eine Woche später im Höllental einen Unfall verursacht. Er ist gegen den VW-Passat eines gewissen Dr. Utz Klinger aus Freiburg-Günterstal geschrammt." Auch hier lieferte Alfred die exakte Adresse, ebenso weitere Daten aus dem Institut für Forst- und Umweltwissenschaften. Tim Joy brummte nur sein sonores „Hmmm" und „Tja" dazu, dazwischen gelegentlich ein „mal sehen" oder „verstehe".

„Versuche mal herauszufinden, mit wem dieser Wozniak Kontakt hat, wie es um seine Finanzen bestellt ist, was er auf dem Kerbholz hat, mit wem er Geschäfte macht … Vielleicht ist eine heiße Spur dabei!"

Tim Joy wiegte bedächtig seinen kürbisschweren Kugelkopf und betrachtete nachdenklich die Notizen auf dem Zettel in seinen fleischigen Fingern. „Ich werde ein Relais einbauen müssen", murmelte er.

„Wie bitte? Was meinst du mit Relais?"

„Ich kann aus dem Knast heraus nicht alles selbst recherchieren. Zu auffällig, dann fliegt mein ganzes System auf. Aber ich gebe die Aufgabe an einen Kumpel weiter. Das ist mein Relais. Keine Sorge, streng vertraulich."

Alfred hatte grenzenloses Vertrauen in Tim Joys Hackerkünste. Er nickte zum Zeichen der Zustimmung. „Kann ich dir etwas Gutes tun?"

„Besorg mir ein paar Pizzen vom Pizza Lucky! Ich verhungere hier im Knast.“
Alfred wusste, dass er diesen Wunsch nicht erfüllen konnte. Besucher durften höchstens etwas Schokolade mitbringen, ansonsten keinerlei Lebensmittel oder Geschenke. Dennoch versprach er: „Ich schaue, was ich machen kann.“
„Könnte einer eurer Anwälte eine Pizza Quattro Stagioni in den Knast schmuggeln? Oder vielleicht auch zwei oder drei?“, fragte Alfred die immer noch unbekleidete Doris, die soeben aus ihrem Badezimmer zurück zum Bett kam, in dem sich immer noch Alfred fläzte.
„Mit einer Feile drin?“, fragte Doris scherzhaft. Sie warf ihr kastanienfarbenes und jetzt wieder zu einer Frisur hergerichtetes Haar in den Nacken. „Planst du einen Ausbruch?“
„Es geht eher darum, jemanden vor dem Verhungern zu retten“, erklärte Alfred ernsthaft. „Ich hab dir doch von Tim erzählt. Er verzehrt sich nach einer Quattro Stagioni vom Pizza Lucky. Ich habe versprochen, dass ich ihm eine besorge.“
„Ich kann ja mal den Chef fragen, wie man das machen muss. Er hat seinen Mandanten schon die tollsten Sachen ins Gefängnis geliefert.“ Sie ließ eine kurze Pause eintreten, ehe sie fortfuhr: „Legal natürlich. Ganz legal!“
An Doris’ verschiedenen Verrichtungen erkannte Alfred unmissverständlich, dass er nun gefälligst die Wohnung zu verlassen hatte. Immer wenn sie nach ihren Schäferstündchen ins Badezimmer verschwand und hernach frisch restauriert zurückkam, war es vorbei mit der Zweisamkeit. Dann schlüpfte sie in ihre Hausklamotten, die wenig mit der herausfordernden Eleganz der Garderobe gemein hatte, die sie im Dienst an der Empfangstheke bei Schiller&Partner trug. Dann wollte sie, dass Alfred zuerst das Bett, dann das Schlafzimmer, dann die Wohnung verließ. Denn dann mach-

te sie es sich vor der Glotze gemütlich und aß selbst hergerichtete Quarkschnittchen auf Vollkorn-Pumpernickel-Brot, mit Schnittlauchschnippseln übersät. Sie hatte Alfred noch nie zum Mitessen eingeladen, sondern im Gegenteil unmissverständlich klar gemacht, dass seine Zeit abgelaufen war. Im Grunde kamen Alfred all diese äußeren Umstände gelegen. Es gab in der Woche immer nur den Dienstag, an dem Alfred zugelassen war. Doris' übrige Abende waren belegt mit Yoga- und Reiki-Kursen, Zumba- und Aerobic-Stunden, sowie einem Esoterik-Workshop, dem sie ihr „ganzheitliches Denken" verdankte, wie sie Alfred dazu erläutert hatte. Die Wochenenden waren gänzlich tabu, denn dort traf sie sich mit einem senilen Immobilienmakler aus der Schweiz, den sie eines Tages in einem Zustand zu heiraten hoffte, der sie von bestimmten ehelichen Pflichten freistellen würde. Sie hatte ein ausgefülltes Leben. Alfred war darin ein vorübergehender Zeitvertreib.

Aber manchmal immer noch besser, als mit dem WG-Kumpel Hugo die Nächte durchzumachen. Das ging nämlich auf die Gesundheit und häufig an den Rand der Legalität. Kürzlich waren sie auf dem nächtlichen Heimweg in eine Schlägerei mit ein paar grölenden Vertretern der Burschenschaft Alemannia geraten. Selbstverständlich ohne eigenes Verschulden. Hugo hatte lediglich solange gegen das Fenster der Burschenschaftsvilla in der Günterstalstraße gehämmert und „Faschisten, Faschisten" gebrüllt, bis ein paar gereizte und gewaltbereite Mitglieder dieser Studentenverbindung auf der Bildfläche erschienen. Hugo ließ sich von ihnen ein bisschen beschimpfen, um diese Beschimpfungen dann gegen die Jungmänner zu verwenden: „Ihr Rassisten! Deutschtümmler!", brüllte er ihnen entgegen. „Nur weil ich aussehe wie ein Indio bin ich nicht weniger wert als ein blonder Arier! Reaktionäre! Faschisten!" Er hatte Spaß.

Alfred hätte eingreifen können. Die jungen Männer taten ihm leid. Sie sahen harmlos und unfertig aus. Aber ihre Augen waren vom Alkohol gerötet und sie waren aufs Blut gereizt und in ihrer Ehre verletzt. Letzteres wog besonders schwer, weil so ein hergelaufener Kokainkiffer wie Hugo natürlich keinerlei Recht hatte, sich irgendetwas anzumaßen. Ein Wort gab das andere, und schon war die übelste Prügelei im Gange. Hugo war ein Dschungelkämpfer, ein ehemaliger Partisan oder Terrorist oder beides, jedenfalls in allen Belangen überlegen. Über kurz oder lang lagen drei blutende Jungmänner im Gras und drei weitere suchten ihr Heil in der Flucht.
„Es ist eine schlagende Verbindung", meinte Hugo zufrieden auf dem weiteren Heimweg. „Die wollen das so!" Er wischte sich die Hände. Das war für ihn erledigt.
Alfred, der Hugo noch nie zuvor bei einer Schlägerei erlebt hatte, war immer noch beeindruckt.
„Bist du immer noch nicht verschwunden?" Das war die Stimme von Doris. Sie hatte sich in der Küche zu schaffen gemacht. Nun kam sie ins Schlafzimmer zurück, furchtbar genervt, weil Alfred immer noch in Unterhosen vor dem Spiegel stand. Er hatte sich in seinen Gedanken über Hugo verloren. Hugo war eine Allzweckwaffe. Und nachdem Alfred erlebt hatte, wie mühelos er die Alemannia-Burschen aufgemischt hatte, war ihm eine verwegene Idee gekommen. Er erzählte dem Kumpel von seinem Besuch bei Jakub Wozniak. Von der üblen Abreibung, die er von Wozniak und Szatan bekommen hatte. Von den Hand- und Fußfesseln. Von der Nacht in der Ruine. Hugo hörte schweigend zu.
„Das sind zwei geübte Schläger. Zwei Verbrecher", so fasste er zusammen. „Die schrecken ganz bestimmt vor nichts zurück. Und die verstehen ihr Handwerk." Er beschrieb zuerst den Haudrauf Wozniak, dann dessen kahlschädligen

Kumpanen Szatan. „Mit denen legt man sich besser nicht an."

Hugo reagierte genauso, wie Alfred es sich erhofft hatte: „Gib mir mal die Adresse! Ich schau da mal vorbei!"

„Bist du lebensmüde?"

„Gib mir die Adresse!"

Alfred nannte die Adresse in Oberbränd. „Was hast du vor?"

„Frag nicht!"

Das T-Shirt flog Alfred ins Gesicht. „Ich hab doch gesagt, du sollst jetzt endlich verschwinden." Jetzt klang Doris ernsthaft wütend. „Pack jetzt deine Sachen und hau ab!"

Alfred befand sich immer noch in Doris' Schlafzimmer. In Gedanken aber war er bei Hugo. Der hatte sich diese Nacht ausgesucht, um in den Hochschwarzwald zu fahren und „nach dem Rechten zu sehen", wie er sich ausgedrückt hatte. Alfred war unwohl. Hatte er Hugo vielleicht ins Verderben gestürzt? Was passierte, wenn er gegen Wozniak und Szatan den Kürzeren zog? Alfred wollte es sich nicht ausmalen. Andererseits war Hugo alles zuzutrauen. Er hatte in seiner geheimnisvollen Blechkiste gekramt, ehe er die WG verlassen hatte. Diese Blechkiste – eines der wenigen Möbelstücke in Hugos Zimmer – barg rätselvolle Dinge. Hugo ließ niemanden hineinschauen. Wenn man ihn aber fragte, dann behauptete er grinsend, es handle sich um seine Waffenkammer. Er habe sich gut ausgerüstet, denn bei Ausbruch der Revolution wolle er wehrhaft sein. Bei Hugo wusste man nie: War es wieder nur Geschwätz, oder meinte er es ernst. Alfred schaute auf die Uhr. Viertel nach elf. Hugo hatte seine Mission im Hochschwarzwald vermutlich schon längst beendet.

Für Alfred wurde es ebenfalls Zeit, seine Mission zu beenden. Seine Mission als Toy-Boy. So lange war er noch nie bei Doris geblieben. Er schlüpfte eilig in seine neuen Schuhe und verschwand ohne weitere Konversation mit Doris. Sie legte keinen Wert darauf. Sie legte nur Wert darauf, dass er endlich verschwand.

DIE SICKINGISCHEN AMTSPROTOKOLLE

Das Blöde bei Dr. Utz Klinger war, dass er für die Mordnacht ein Alibi hatte. Sonst hätte Alfred ihn für den Hauptverdächtigen im Mordfall Günther Hesslin gehalten. Motiv: Angst vor dem Outing! Vielleicht hatte Günther Hesslin damit gedroht, die Beziehung öffentlich zu machen. Vielleicht hatte er sogar gefordert, Klinger müsse sich von seiner Frau trennen und sich zu ihm und seiner Homosexualität bekennen. Alfred fielen viele Varianten ein, die Utz Klinger in Nöte gebracht haben könnten. Er fürchtete vielleicht auch um seine berufliche Reputation, um seine Anstellung, um seine Karriere. Kann ein Mann in einer solchen Situation zum Mörder werden? Eindeutig ja!

Aber da Dr. Utz Klinger in der Mordnacht in einen Verkehrsunfall mit Jakub Wozniak verwickelt gewesen war, und in dieser Nacht ausweislich des Polizeiprotokolls mehrere Stunden an der Unfallstelle verbracht hatte, anschließend wegen des defekten Autos mit dem Abschleppdienst nach Freiburg zurückgekehrt war, gab es keine Chance, ihm den Mord an Günther Hesslin anzuhängen. Todeszeitpunkt war nach den Informationen, die Alfred von Oberkommissar Junkel erhalten hatte, zwischen 0.30 Uhr und 1 Uhr in der Nacht gewesen. Der Mörder musste also eindeutig ein anderer gewesen sein. Also doch Rudi, Günther Hesslins Bruder? Schweren Herzens entschied sich Alfred, nachdem er zuvor sämtliche Unterlagen und das kompromittierende Foto kopiert hatte, den Umschlag, den er mit Vanessa aus Klingers Büroschreibtisch gestohlen hatte, diesem anonym zurückzuschicken. Er legte ein kleines, am Computer geschriebenes Zettelchen bei: „Wir haben ein bisschen in Ihrem Schreibtisch gewühlt. Nichts für ungut. Hiermit bekommen Sie al-

les zurück. Es war nichts dabei, was wir hätten gebrauchen können.“ Er unterschrieb mit diabolischem Vergnügen: „Ein Nachtfalter“.
Beim Kopieren der Unterlagen fiel ihm erneut der Schuldschein in die Hände, den Günther Hesslin seinem Freund Utz Klinger anvertraut hatte. 100.000 Euro hatte Günther Hesslin seinem Schwager geliehen, dem Antiquitätenhändler Meinrad Benz. „Lieber Utz, bewahre du bitte diesen Schuldschein sicher bei Dir auf. Mir ist nicht geheuer. Ich traue meinem Schwager nicht.“ So lautete die Notiz auf dem beigefügten Zettel. Was steckte dahinter? Alfred überlegte: Offenbar handelte es sich um einen Kredit, den der eine dem anderen gegeben hatte. Wofür brauchte der Antiquitätenhändler so viel Geld? Alfred gab die Antwort selbst: Vermutlich, um seinen Antiquitätenhandel in Gang zu bringen. Er musste ja erst einmal ankaufen und finanziell in Vorlage gehen. Könnten diese Schulden ein Mordmotiv sein? Aber Benz hatte ein Alibi, wie Alfred von Junkel wusste. Der Antiquitätenhändler war in jener Nacht auf dem Flohmarkt in Konstanz gewesen. Alfred fielen die 14.500 Euro ein, die ihm noch aus dem Deal mit der Standuhr und der Chaiselongue zustanden. Außerdem weitere 5.000 für den Biedermeier-Sekretär und den Rokoko-Spiegel. Bis jetzt war noch nicht viel rübergekommen. Man musste eindeutig den Druck erhöhen. Er nahm sich vor, nochmals bei dem Antiquitätenhändler vorbeizusprechen. Bei der Gelegenheit konnte er vielleicht auch dessen Ehefrau Mareike über die Brüder Rudi und Günther Hesslin ausfragen. Überhaupt: Vielleicht sollte er auch Mareike auf den Zahn fühlen.
Mit diesem Vorsatz setzte sich Alfred am nächsten Tag erneut in den Zug Richtung Hochschwarzwald. Vanessa begleitete ihn, denn er hatte sie um Unterstützung gebeten. Er wollte auch noch einen Besuch in der AWO-Wohnanlage in

Neustadt abstatten, wo die nun schon so oft erwähnte Oma Witerre in der betreuten Altenpflege untergebracht war. Möglicherweise konnte sie die rätselhafte Werwolf-Phobie ihres Enkels Rudi erklären. Ohne weibliche Begleitung hätte Alfred sich zwar auch in die Altenwohnanlage getraut, aber er wusste aus Erfahrung, dass ältere Menschen ganz anders Vertrauen fassten und gesprächsbereit wurden, wenn eine Frau dabei war. Und da er unangemeldet kam, hätte er befürchten müssen, an der Wohnungstür von Oma Witerre gar nicht erst eingelassen, sondern sofort wieder abgewiesen zu werden.

Andererseits spekulierte er darauf, dass die alte Frau sich über Besuch freuen und einem Tratsch über ihren Enkel nicht abgeneigt sein würde. Und so war es dann auch. Sie klingelten an der Eingangstür der Wohnanlage, die sich mitten in Neustadt befand, auf einer Kuppe namens Allmend. Direkt daneben stand das amtliche Notariat. „Praktisch!“, befand Alfred. „Da können gleich von Tür zu Tür die Testamente besiegelt werden.“

„Sei nicht so zynisch“, ermahnte ihn Vanessa. Sie sah fröhlich aus. Über Alfreds Bitte, ihn zu begleiten, hatte sie sich mehr gefreut, als sie zugeben wollte. Sie freute sich immer, wenn Alfred etwas mit ihr unternahm. Und sie sagte niemals nein.

Eine schnarrende Stimme schallte ihnen scheppernd durch die Türsprechanlage entgegen: „Ja, wer ist da?“ Die Stimme klang sehr klar und wach.

Sie nannten ihre Namen. „Wir kommen von der Zeitung. Wir möchten mit Ihnen über Ihre Enkel Rudi und Günther sprechen. Und über den Mord im Hinterzartener Hochmoor.“

Alfred hatte Zögern, Widerstand, Ablehnung oder Empörung erwartet. Jedenfalls hatte er sich darauf eingerichtet,

alle Überredungskünste anwenden zu müssen, um eingelassen zu werden. Aber zu seiner und Vanessas Überraschung sagte die schnarrende Stimme beinahe im Befehlston: „Kommen Sie hoch. Die Polizei war auch schon da.“
Das hätte Alfred sich denken können. Natürlich blieb Oberkommissar Junkel nicht untätig. Aber Alfred fühlte sich in seinem Verdacht bestätigt. Auch der Oberkommissar glaubte noch nicht an die Schuld des festgenommenen Rudi Hesslin. Sonst hätte er nicht weitere Recherchen angestellt.
Sie mussten durch ein Labyrinth von Gängen und Treppenhäusern immer weiter empor klettern, um endlich im obersten Geschoss die angegebene nummerierte Wohnung zu finden. Sie klopften an, und die bereits vertraute Stimme bellte: „Herein! Tür ist auf!“
Oma Witerre saß im Rollstuhl. In ihrer Wohnung sah es aufgeräumt aus. Es roch nach Rosenwasser. Sie war eine verschwindend kleine und beängstigend zierliche Person. Ein Nichts. Ein Menschenrest. Nur Haut und Knochen. Auf den ersten Blick sah sie aus wie jene uralten Frauen, die man als „älteste Frau der Welt“ aus den Zeitungen kannte. Sie trug schwarze Kleidung, Rock und Bluse, die sie rabenhaft umflatterten, als sie mit unglaublich dünnen Ärmchen und Haken von Händen den Rollstuhl in Gang setzte, um ihnen entgegenzukommen. Sie benutzte tatsächlich keine Fernsteuerung, sondern trieb ihren Rollstuhl mit energischen Griffen selbst an. Ihr Gesicht bestand aus einer Million Falten und dazwischen einem Strich, der sprechen konnte, und zwei kleinen Krähenaugen, so schwarz und in den Höhlen, unter hängenden Lidern nahezu unsichtbar, dass man unmöglich etwas aus ihnen hätte herauslesen können. Ihr knochiger Schädel war nahezu kahl, was sie aber nicht zu stören schien. Ein verwahrloster Rest dünner grauer Härchen flatterte wie Hühnerflaum wenn sie den Kopf bewegte, der auf

einem vertrockneten Truthahnhals saß. Sie streckte Alfred zur Begrüßung ihre gekrümmte Knochenhand entgegen, musterte ihn mit ihren Krähenaugen scharf und sagte als allererstes, indem sie sich Vanessa zuwandte: „Einen leckeren Burschen hast du da. So einer hätte mir auch gefallen."
Das kam so überraschend, dass Vanessa kicherte und Alfred rot anlief, was ihm ansonsten nie widerfuhr. Die Alte wischte mit der Hand durch die Luft: „Ich darf sagen, was ich will", schnarrte sie. Sie überließ es Alfred und Vanessa, sich einen Sitzplatz zu suchen, und hielt sich nicht lange mit Höflichkeiten auf: „Sie haben mir nicht zufällig ein paar Schnapspralinen mitgebracht?" Betreten sahen sich Alfred und Vanessa an. Vanessa zückte ein Blumensträußchen auf Margeritenbasis, das sie zuvor beim Gang über den alten Friedhof abgestaubt hatten. Die Alte betrachtete das Gesteck missbilligend. „Man nimmt mir hier alles weg, was ich nicht essen soll", informierte sie mit beleidigtem Unterton, um dann nahtlos das Thema zu wechseln: „Was wollt ihr wissen?"
Alfred war eigentlich auf Diplomatie eingestellt. Er hatte damit gerechnet, dass er langsam sein Thema umkreisen musste, ehe er zur Sache kommen konnte. Er hatte damit gerechnet, dass die Alte möglicherweise blockte und gar nichts sagen wollte. Insgeheim war er sogar darauf eingestellt, dass es mit einem Besuch gar nicht getan war. Vielleicht brauchte er mehrere Besuche, um das Vertrauen der Witerre zu gewinnen. Schließlich wollte er herausfinden, was es mit dieser seltsamen Werwolf-Geschichte auf sich hatte, und alles, was er bisher darüber wusste, lief darauf hinaus, dass diese Oma irgendwie damit zu tun hatte. Er musterte sie aufmerksam. War sie vielleicht selbst ein Werwolf? Wie ein fleischiger Mensch sah sie auf jeden Fall nicht aus. Eher wie ein mumifiziertes, graues Wesen aus der Un-

terwelt. Weil im Voraus kaum absehbar gewesen war, ob er überhaupt ein Thema „Werwolf“ zusammenbringen würde, hatte Alfred bei seinem morgendlichen Telefonat mit Anna auch nicht versprechen können, bis wann er eine Geschichte für die BZ würde liefern können. Aber Anna, die ihn abermals sehr distanziert und geschäftsmäßig abfertigte, hatte sowieso anderes im Kopf: „Heute Morgen geht es drunter und drüber. Ich muss nach Oberbränd. Da hat es eine Gasexplosion gegeben.“

Alfred wurde hellhörig: „Wie? Gasexplosion? Was ist passiert?“

„Ich fahr mit Peter gleich mal hoch“, hatte Anna durchs Telefon geantwortet. Peter, das war Sterzer, der Fotograf. Der Typ, den Alfred nicht leiden konnte, weil er Anna den Hof machte. „Wir wissen nur, dass eine Werkstatt in die Luft geflogen ist. Irgend so eine Hinterhofwerkstatt in Oberbränd.“

„Ach du meine Güte“, entfuhr es Alfred. Er war ernsthaft erschüttert. Sollte Hugo etwa …? Mit zitternder Stimme fragte er: „Und Wozniak? Ist er …?“

Am anderen Ende der Leitung blieb es für Sekunden stumm. Anna atmete heftig. Was hatte sie? „Anna? Was ist los? Rede!“

„Alfred!“, sagte sie mit einem Tonfall in der Stimme, der Unheil und erzieherische Maßnahmen ankündigte: „Woher weißt du, dass es das Anwesen Wozniak ist? Woher weißt du, dass dort die Werkstatt in die Luft geflogen ist? Ich habe dir den Namen nicht gesagt.“

Alfred wurde bewusst, dass er sich verraten hatte. „Doch, hast du!“, behauptete er. „Du hast vorhin gesagt, bei Wozniak in Oberbränd hat es eine Gasexplosion gegeben. Das hast du …“

Anna lachte gekünstelt und ein wenig verbittert: „Ich weiß sehr genau, was ich gesagt habe. Halte mich nicht für blöde.“

„Was ist mit ihm?“, wiederholte Alfred, der von einer Höllenangst gepackt war. Er dachte an die Frau in der Wohnungstür, die schwarzhaarige Frau mit ihrem Kleinkind. „Mein Gott“, flehte er. „Lass es nicht wahr sein.“

„Es handelt sich tatsächlich um das Anwesen eines gewissen Wozniak“, räumte Anna jetzt zögernd ein. Alfred konnte aus ihrer Stimme heraushören, wie es in ihr arbeitete. Sie schien bei jedem Wort zu überlegen, ob sie es aussprechen soll. Misstrauisch wie eine Katze meinte sie: „Dem Hauseigentümer und seiner Familie ist nichts passiert. Das Wohnhaus ist unversehrt. Aber die Werkstatt ist gänzlich ruiniert. Eine schwarze Qualmwolke liegt über Oberbränd.“

Alfred wunderte sich, dass Anna bei einem solchen Befund überhaupt die Absicht hegte, selbst nach Oberbränd zu fahren. Da würde es doch reichen, Peter Sterzer zum Fotografieren hochzuschicken.

„Du verheimlichst mir noch etwas“, vermutete er deshalb aufs Geratewohl. „Da ist noch mehr, oder?“

„Richtig!“, sagte Anna, immer noch mit großem Zögern. „Die Polizei spricht nicht von einem Unglück. Sie glaubt, dass die Explosion absichtlich herbeigeführt wurde.“ Sie ließ eine Pause eintreten, während derer sie wohl überlegte, was sie Alfred noch sagen wollte oder durfte: „Es gibt Zeugen. Nachbarn haben einen Mann gesehen, der sich an der Werkstatttür zu schaffen gemacht hat. Kurz darauf ist der Anbau in die Luft geflogen. Außerdem … außerdem gibt es Widersprüche bei dem, was dieser Wozniak der Polizei erzählt hat.“

„Wieso? Welche Widersprüche?“

Anna seufzte. Es hörte sich so an, als habe sie sich nun entschlossen, Alfred doch die ganze Geschichte zu erzählen: „Der Mann hat drei eingeschlagene Vorderzähne und einen gebrochenen Arm. Er behauptet aber, nichts gehört und nichts gesehen zu haben. Er habe im Bett gelegen und müsse sich die Verletzungen durch die Explosion zugezogen haben. Seine Frau, die angeblich neben ihm im Ehebett lag, ist vollkommen unversehrt, ebenso die Kinder."

„Klingt seltsam. Verdächtig!", bestätigte Alfred.

„Äußerst seltsam", bestätigte Anna. „Im Haus wohnte noch ein Mitarbeiter von Wozniak. Der hat ein blaues Auge und eine eingeschlagene Nase. Das sind nicht gerade Verletzungen, die durch eine Gasexplosion ausgelöst werden."

Alfreds Kommentar bestand aus einem heftigen Zischen durch die Zähne. Das waren Nachrichten. Anna erzählte weiter: „Ich treffe mich jetzt da oben mit deinem Kommissar Junkel. Der hat die Nase schon mittendrin. Das wird mein Aufmacher heute. Du kannst dir also mit deiner Werwolfgeschichte Zeit lassen."

Vielleicht hat das eine mit dem anderen zu tun, dachte Alfred. Aber auf diese Spur wollte er Anna noch nicht bringen und auch den rührigen Oberkommissar Junkel nicht. Das war vorerst noch sein Exklusivwissen. Ob das eine mit dem anderen zusammenzubringen war, das würde vielleicht der Besuch bei Oma Witerre ergeben.

Diese hatte inzwischen das Margeritensträußchen lieblos in eine gläserne Karaffe gestopft und auf einer kleinen Anrichte drapiert, auf der etliche weiterer kleinerer und größerer Blumensträuße versammelt waren, außerdem ein Töpfchen mit einem stoppeligen Kaktus, der im Kleinformat frappierende Ähnlichkeit mit dem Kopf der Witerre hatte.

„Alle schenken mir Blumen", beschwerte sie sich. „Jeder der kommt, bringt Grünzeug mit. Was soll ich damit?" Sie wendete ihren Rollstuhl mit geschickten Griffen wieder Alfred und Vanessa zu. „Wenn ihr das nächste Mal kommt, dann bringt gefälligst Schnapspralinen mit."

Vanessa geistesgegenwärtig: „Ich laufe schnell in die Stadt und besorge eine Packung. Sie können ja so lange schon mal mit Alfred plaudern."

„Du lässt mir deinen Süßen da? Ganz alleine?", freute sich die Alte mit ihrer Reibeisenstimme und kicherte in sich hinein. Dann rief sie Vanessa hinterher: „Williams Christ!" Aber Vanessa war bereits draußen im Gang verschwunden.

„Was halten Sie von der ganzen Geschichte?", fragte Alfred, als er mit der Oma alleine war. „Von dem Mord an Ihrem Enkel Günter Hesslin? Und von dem Verdacht, dass sein Bruder Rudi es gewesen sein soll?"

Die runzlige, kahle Stirn der Alten umwölkte sich: „Alles möglich", sagte sie trocken. „Der Rudi könnte es geerbt haben."

Alfred stutzte. Was meinte die Alte? „Was geerbt?", fragte Alfred.

„Die Krankheit", wies ihn die alte Frau zurecht. „Die Werwolfkrankheit! Du weißt wohl gar nichts. Hast du nicht über unsere Familie nachgeforscht?"

Alfred schüttelte den Kopf. „Wo hätte ich nachforschen sollen? Bei wem?" Er spürte, dass die Alte mürrisch wurde. Er musste sie zum Sprechen bringen. „Wollen Sie mir nicht die Familiengeschichte erzählen?"

Oma Witerre entgegnete unwirsch: „Es steht alles im Sickingischen Amtsprotokoll von 1655. Das kann man nachlesen. Im Generallandesarchiv in Karlsruhe. Da liegen die ganzen alten Akten. Der ganze Werwolfprozess."

Alfred war baff. „Es gab einen Werwolfprozess?", fragte er. Und dann, als er sich etwas gefangen hatte: „1655? War das wirklich 1655? Vor dreieinhalb Jahrhunderten?"

Oma Witerre wechselte unvermittelt das Thema: „Ich muss aufs Klo. Kannst du mich mal auf die Schüssel lupfen? Sonst muss ich nach der Betreuung klingeln."

„Ich soll … was?"
Die Alte schimpfte: „Du sollst mich auf die Kloschüssel setzen. Zier dich nicht so, na los, mach schon!"
Alfred war zu überrumpelt, als dass er hätte protestieren können. Die Alte rollte vor ihm her zu ihrem kleinen Bad und grunzte Alfred nochmals den Befehl zu: „Pack mich unterm Arm und dann hau ruck! Ich wiege nichts." Und so geschah es. Alfred setzte die alte Dame sorgfältig auf der Toilettenschüssel ab. Dann suchte er schnell das Weite. Nach einigen Minuten hörte er die Wasserspülung rauschen und dann auch sogleich die schnarrende Stimme: „Wo bleibst du? Soll ich hier versauern?"
Als sie wieder im Rollstuhl an ihrem alten Platz im Wohnzimmer abgestellt war, erzählte sie nahtlos weiter, wo sie zuvor aufgehört hatte: „Wir Hesslins, wir haben einen Stammbaum, der geht bis ins 17. Jahrhundert zurück. Einer unserer Vorfahren war der Wildschütz Peter Hesselin. Er lebte auf dem Mooshof bei seiner Schwester, die den Bauern Matheus Federer geheiratet hatte. Weißt du was über den Mooshof? Schon mal gehört?"
Alfred musste verneinen.
„Den gibt es nicht mehr. Der ist 1880 abgebrannt. Zu dem Hof gehörte das ganze Hinterzartener Moor. Der Hof stand ungefähr dort, wo der Holzbohlenweg aus dem Moor heraus kommt und hinauf zur B31 weitergeht."
Alfred kannte die Stelle. Er erinnerte sich lebhaft. Dort waren sie in jener misslungenen Nacht mit dem Porsche über den Rumpelweg hinauf zur „Schnecke" gefahren. Er nickte knapp: „Ich kann es mir ungefähr vorstellen."
„Der Mooshof und das Moor, die gehörten immer zusammen. Und unser Vorfahre, der Wildschütz Peter Hesselin, der trieb sich fast täglich im Moor herum, bis er sich eines Tages dort in einen Wolf verwandelte."

Die alte Oma Witerre erzählte dies mit einem solchen Ernst, dass Alfred nachfragen musste: „In einen Wolf? Wie soll das gehen? Das ist doch eine Räubergeschichte."
„Ich sag es doch: Lies die Gerichtsakten. Das sickingische Gericht in Ebnet hat damals den Fall verhandelt und die Akten existieren noch. Ich war selbst dort. Im Generallandesarchiv in Karlsruhe, da steht alles schwarz auf weiß."
Alfred wusste einiges über die Geschichte des Höllentales und des Hochschwarzwaldes. Zu dem Thema hatte er in seinem Studium bereits mehrere Arbeiten verfasst. Die Sickingische Herrschaft, das waren die Grafen von Sickingen gewesen, denen große Teile des Dreisamtales, das Höllental und weite Teile des Hochschwarzwaldes zur Herrschaft gegeben waren, unter anderem Hinterzarten und Breitnau. Zur Herrschaft hatte auch die Gerichtsbarkeit gehört, und die Verwaltung der Sickinger saß damals in Ebnet, im dortigen Schloss. Bis dahin war also plausibel, was die Oma erzählte. Aber ein Werwolfprozess? Das klang nun doch zu abstrus?
„Seither schlägt das alle paar Generationen mal durch", sagte die alte Witerre. „Wir kennen ein paar Fälle. Mein Urgroßvater war so einer. Und den Rudi und den Günther, die habe ich immer gewarnt. Solang sie kleine Kinder waren. Ich habe ihnen immer gesagt: Geht nicht ins Moor. Bleibt weg. Wenn ihr ins Moor geht, dann verwandelt ihr euch in einen Werwolf. Genauso wie euer Urahne." Sie knurrte in sich hinein: „Der Rudi hat das immer geglaubt. Der Günther hat mich immer ausgelacht. Das haben sie jetzt davon."
„Sagen Sie bloß, Sie glauben, dass da etwas dran sein könnte? Dass der Rudi sich in einen Werwolf verwandelt haben könnte, und dann seinen eigenen Bruder …?" Alfred schüttelte ungläubig den Kopf und entließ die Luft mit einem lauten Schnauben. „Das kann ich nicht glauben."

War die alte Witerre vielleicht ein bisschen durcheinander? Funktionierte ihr Verstand überhaupt noch richtig? Was war mit Altersdemenz? Sie musste doch nahezu hundert Jahre alt sein. Alfred konnte sich die ganze Werwolfgeschichte nicht anders erklären. Das sah man ihm an. Die alte Witerre raunzte ihn an: „Wenn du mich für verkalkt hältst, dann verschwinde. Keiner hat gesagt, dass ich dir die Geschichte erzählen muss."
Rasch wehrte Alfred ab: „Nein, nein! Verstehen Sie mich nicht falsch. Ich will die Geschichte hören. Ich glaube Ihnen. Es ist nur … nur so … fantastisch!"
„Also komm mal her!", befahl die Alte. Sie machte sich an einem kleinen Sekretär zu schaffen und zog ein reichlich zerknittertes und verblichenes Blatt Papier hervor. Mit Schreibmaschine geschrieben stand in der obersten Zeile: „Generallandesarchiv 79/3389 fol.7r und 79/3392 fol.87r ff."
Alfred kannte sich mit Archivkürzeln aus: „Sind das die Signaturen der Faszikel aus dem Generallandesarchiv?", fragte er wissend. „Unter denen die Gerichtsakten vom Werwolfprozess abgelegt sind?"
„Ganz genau, die Fazikkel! Das war's. Mir ist das Wort nicht mehr eingefallen", bestätigte die Oma. „Es sind mehrere Akten und mit Schnüren zusammengefasste Protokolle. Ich habe sie selber durchgesehen, damals, als ich noch jung war. Kurz nach dem Krieg. Mein eigener Opa hat mich drauf gebracht, der kannte die Geschichte auch. Sein Vater hat nämlich deswegen den Verstand verloren. Der hat auch geglaubt, er sei ein Werwolf. Genau wie der Rudi."
Wenn man einem Kind genau diesen Glauben ständig einhämmert, so dachte Alfred bei sich, dann muss man sich nicht wundern.
„Was ist genau vorgefallen, damals auf dem Mooshof?", fragte er vorsichtig.

„Du sollst dir hier die Fazikkelnummern abschreiben“, schnauzte die Oma barsch zurück. „Das kannst du alles selber nachlesen. Nachher heißt es noch, ich hätte dir einen Bären aufgebunden. Geh nach Karlsruhe ins Archiv. Dort findest du die ganze Geschichte.“
Es klopfte an der Tür und Vanessa kehrte zurück. „In dieser ganzen verdammten Stadt gibt es nicht einen vernünftigen Konditor“, maulte sie. Auf der Stirn stand ihr der Hochsommerschweiß. „Hier, für Sie!“ Sie legte der Oma Witerre eine Schachtel Mon Cherie auf den Schoß. „Was anderes habe ich nicht gefunden.“
Schon ritzte die Alte mit den Fingernägeln die Zelophanumhüllung der Pralinenschachtel auf. Dann machte sie sich mit Heißhunger über den Inhalt her. Weder sagte sie Danke, noch fiel ihr ein, Alfred oder Vanessa eine Praline anzubieten. Stattdessen schnarrte sie mit vollem Mund: „Ihr könnt jetzt wieder gehen. Ich habe genug erzählt. Außerdem bin ich gleich müde. Auf Wiedersehen!“
Damit waren Alfred und Vanessa Luft für Oma Witerre. Sie widmete sich jetzt konzentriert ihrer Pralinenschachtel.
Im Hinausgehen drehte Alfred sich noch einmal um: „Eine letzte Frage noch?“ Die Alte richtete ein Auge auf ihn. „Sie heißen doch Hesslin. Warum nennt man Sie Oma Witerre?“
„Jetzt aber raus!“, schnauzte die alte Hesslin. „Das geht euch gar nichts an.“
Auf dem Rückweg nach Freiburg machten sie Halt in Hinterzarten. Alfred nahm Vanessa auf dem Fußweg zum Antiquitätenhändler Meinrad Benz mit. Aber der Abstecher war vergebens. Benz lud sie zwar zum Tee ein und machte einen aufgeräumten und äußerst gut gelaunten Eindruck, aber Geld hatte er keines. Alfred müsse sich noch gedulden, die Antiquitäten seien noch nicht verkauft. Es gebe Interessenten, ja, aber man könne in diesem Metier nichts

überstürzen. Ob er nicht doch einen Tee wolle? Alfred verneinte. Die Ehefrau Mareike bekam er nicht zu Gesicht. Unverrichteter Dinge kehrte Alfred mit Vanessa zum Bahnhof zurück. Vanessa fasste zusammen: „Benz ist ein Habenichts. Das wissen wir doch. Sonst hätte er sich nicht von seinem Schwager 100.000 Euro geliehen."
„Und? Wo ist das Geld? Ich habe davon noch nichts gesehen?"
Inzwischen traute Alfred dem Antiquitätenhändler nicht mehr, wenn dieser auch noch so umgänglich war. Die Standuhr und die Chaiselongue waren auf geheimnisvollen Wegen zu Wozniak in den Lieferwagen gelangt. Wenn Benz damit etwas zu tun hatte, dann konnte das nur bedeuten, dass der Antiquitätenhändler mit dem zwielichtigen Paketfahrer zusammenarbeitete. Wahrscheinlich fanden die wertvollen Stücke aus Anwalt Schillers Sammlung über Wozniak ihren Weg auf den Schwarzmarkt. Und Alfred und Hugo würden in die Röhre schauen. Nichts mit 40.000 Euro. Alfred sah es so kommen.

DEAL AN DER DREISAM

Hugo erzählte mit keinem Wort, was vorgefallen war. Als er am Abend in der WG auftauchte, unversehrt und grinsend wie immer, brachte Alfred im Hinblick auf die Gasexplosion in Oberbränd kein Wort aus ihm heraus. Stattdessen behauptet Hugo, er wäre in Mannheim gewesen, weil sich da die bolschewistische Internationale, Sektion Baden, getroffen habe. Er sei dort im Vorstand. Aus Hugos Gesicht war nichts herauszulesen. Aber Alfred glaubte ihm natürlich nicht. Sie saßen in Alfreds Zimmer am offenen Fenster, qualmten dicke, süß duftende Stängel aus Hugos Fundus undefinierbarer Tabakmischungen und genossen die Abendsonne. Drunten im Garten der Villa spielten die türkischen Kinder aus dem Stockwerk unter ihnen, indem sie sich mit einem Wasserschlauch gegenseitig abspritzten. Das lautstarke Lachen und Kreischen der halbnackten Schar konkurrierte fröhlich mit den Geräuschen des Feierabendverkehrs, der sich durch die Wiehre seine Schleichwege aus der Stadt hinaus suchte.

„Alles was du nicht weißt und nie gehört hast, kannst du auch nicht ausplaudern, selbst wenn man dich foltert und dir unerträgliche Schmerzen bereitet", erklärte Hugo seine beharrliche Weigerung, von seinem Besuch bei Wozniak zu erzählen.

„Wer sollte mich foltern? Wir sind nicht im Mittelalter."

Hugo lachte breit: „Der Geheimdienst! Die Polizei! Die polnische Mafia!"

„Unsinn!", sagte Alfred unwirsch. „Erzähl doch nicht so einen Mist. Bei uns gibt es keine Folter."

Hugo streckte Alfred seine tabakbraunen Finger entgegen. „Habe ich am Zeigefinger noch einen Nagel?", fragte er.

„Nein“, sagte Alfred verwundert über die Wendung. „Was ist passiert?“
„Würdest du sagen, es ist Folter, wenn man einem mit einer Zange den Fingernagel zieht?“
„Ach hör auf! Du willst mich verarschen.“
„Glaub, was du willst.“
Hugos vernarbte Fingerspitze war Realität. Er blies Qualm in die Luft und seine schwarzen Augen glänzten glasig dabei. Sein Blick war in die Ferne gerichtet. Alfred wagte nicht, weiter nachzufragen. Stattdessen kehrte er zum eigentlichen Thema zurück.
„Ich habe nicht gesagt, dass du ein Haus in die Luft sprengen sollst. Du hast das Leben einer Familie riskiert. Wozniak hat eine Frau und kleine Kinder.“
Hugo reagierte nicht.
Alfred wurde wütend: „Sie hätten sterben können.“
„Niemand ist gestorben. Es ist nur eine alte Holzbude zusammengekracht und hat dann Feuer gefangen. Ich habe nichts weiter angestellt. Nur den Lieferwagen habe ich mitgenommen.“
Vom Garten her spritzen ein paar Wasserfontänen bis zu ihrem Fensterplatz herauf. Die Türkenkinder kreischten begeistert. „Hugo schüttelte die Faust und drohte nach unten: „Ich verfüttere euch an meine Hunde. Hört sofort auf damit.“
Unverzüglich hörte der Sprühregen auf.
Alfred empörte sich. Manchmal besaß sein Kumpel Hugo äußerst grobe Manieren. „Machst du Kindern immer solche Angst?“
„In der Türkei gibt es ein schlimmes Märchen, das erzählt, dass nachts die Kangals in die Kinderzimmer kommen, um die Kinder aufzufressen. Alle türkischen Kinder haben unfassbare Angst vor Hunden.“

Besorgt meinte Alfred: „Verdirb es bloß nicht mit den Türken. Die wissen genau, dass wir die Antiquitäten da unten rausgeholt haben. Wenn die wollen, dann können sie uns auffliegen lassen."
„Jetzt nicht mehr!", meinte Hugo lakonisch. „Ich habe eine Idee, wie wir die Sache wieder hinbiegen."
Alfred sprang vom Fensterbrett auf. „Das zeig mir mal, wie wir den Fall aufklären, ohne dass wir uns selbst ans Messer liefern."
„Komm mit!", sagte Hugo.
Mit Hugo war das so: Er kannte in Freiburg und Umgebung alle militanten linken Gruppierungen. Außerdem kannte er alle Kleinkriminellen, insbesondere die Drogendealer. Er besaß auch Zugang zu allen denkbaren und undenkbaren Schwarzmärkten, wobei Alfred die Kontakte Hugos zu Waffenhändlern, zu Passfälschern und zu Autoschiebern am meisten suspekt waren. Hugo begründete all seine finsteren Beziehungen damit, dass er sich auf die Weltrevolution vorbereiten müsse. „Beim Sturz der Bourgeoisie darfst du in der Wahl deiner Mittel nicht zimperlich sein", erklärte er mit feierlichem Ernst. „Der Kapitalismus ist auch nicht zimperlich bei der Unterdrückung des Proletariats. Es geht darum, die Menschheit von einem Joch zu befreien."
Alfred hatte es aufgegeben, mit Hugo über diese Themen zu diskutieren. Er mochte Hugos vollkommen unangepassten Lebenswandel, er bewunderte Hugos Unerschrockenheit, er freute sich über Hugos Raffinesse beim Organisieren von Tabak, Alkohol und sonstigen Genussmitteln, und er wusste, dass er sich auf Hugo verlassen konnte wie auf einen Blutsbruder. So hatte er gelernt, den Weltbürger Hugo, der irgendwo aus dem südamerikanischen Urwald entlaufen war, zu bewundern und zu nehmen, wie er war. Obwohl er

sich andererseits sicher war: Mit Hugo würde es eines Tages ein schlimmes Ende nehmen.

Jetzt aber folgte er Hugo durch die Stadt bis zur Dreisam in Höhe des Café Extrablatt, das immer noch so hieß, obwohl jeder neue Pächter den Versuch unternahm, diesen Namen auszumerzen. Sie ließen sich dort auf dem ausgedorrten Rasen nieder. Es dauerte nicht lange, bis scheinbar zufällig zwei Gestalten herbeischlenderten, die Alfred schon kannte: Schorsch und Dinky. Das waren zwei hagere Kleindealer, die mit ihren gelben Gesichtern und mageren Leibern ziemlich ungesund und gebrechlich aussahen, vielleicht nur noch durch ihre Ganzkörper-Tattoos zusammengehalten wurden. Alfred war sich sicher, dass sie nicht zufällig vorbeischlurften, sondern sich auf geheimen Kanälen mit Hugo verabredet hatten.

„Lass mich mit ihnen reden", kommandierte Hugo, obwohl Alfred keinerlei Bedürfnis hatte, sich mit diesen beiden Todgeweihten zu unterhalten. Er hätte auch gar nicht gewusst, über was.

Also zog Alfred die Schuhe aus, krempelte die Jeans bis an die Knie und watete in die Restpfützen hinein, die sich noch tapfer im Bett der weitgehend ausgetrockneten Dreisam hielten. Es war ihm schleierhaft, wie Hugo mit diesen beiden traurigen Gestalten ins Geschäft kommen wollte, mit denen er jetzt heftig gestikulierend im Gras saß. Was konnten die beiden dazu beitragen, dass Alfred seinem Kumpel Jochen Schiller den Antiquitätendiebstahl als aufgeklärt melden konnte? Es fehlte Alfred an Fantasie dafür. Sein Blick fiel auf zwei junge Japanerinnen, die durch das Bett der Dreisam herbeigewatet kamen. Sie hatten kurze Hotpants an, und ihre schönen, nackten Beine steckten in Badesandalen. Anmutig wie Flamingos näherten sie sich und kicherten wie Geishas beim Austausch intimer Geheimnisse. Alfred pos-

tierte sich so, dass sie unbedingt direkt an ihm vorbei mussten. Das Wasser war lauwarm wie Annas Fencheltee.
Gerade als die schönen Asiatinnen mit vielversprechendem Lächeln Alfreds Höhe erreichten, klingelte bei Alfred das Handy. Wie unpassend! Die Flamingodamen zogen vorüber. Alfred nahm das Gespräch in Empfang. Am anderen Ende meldete sich Linus, der mittlerweile wiedergenesene und aus dem Krankenhaus entlassene Versicherungsmakler und Kumpel: „Hey Alfred, stör ich gerade?"
„Nein, überhaupt nicht", log Alfred. Wehmütig schaute er den beiden schlanken Wassernymphen nach. Ihr schwarzes Japanerinnenhaar glänzte wie lackiert in der Sonne. Ihre Hotpants-Hintern wippten. Alfred seufzte: „Was gibt's?"
„Eine gute und eine schlechte Nachricht", sagte Linus. „Welche willst du zuerst hören?"
„Die Gute!"
„Dein roter Flitzer ist wieder aufgetaucht. In einer Garage hinter dem Gebäude der einstigen Firma Grieshaber in Oberbränd. Weißt du, wo das ist?"
Alfred erinnerte sich vage. In Oberbränd hatte es mal eine Firma Grieshaber gegeben. Die war aber längst nach Löffingen umgezogen. Das Firmengebäude stand allerdings noch als hohläugige Industriebrache am Straßenrand.
„Wie … wer hat das Auto gefunden?", fragte Alfred zaghaft.
„Reiner Zufall", hob Linus zu einer längeren Erklärung an: „Zwei Gerüstbauer von der Malerfirma Beha waren es. Die sollten das alte Grieshaber-Gebäude einrüsten, weil das demnächst wieder bezogen wird. Bei der Gelegenheit haben sie die Garage inspiziert und den roten Flitzer entdeckt."
Erstaunlich, fand Alfred: „Wie haben sie gewusst, dass es ein gestohlenes Auto war?"
„Das haben sie nicht gewusst, aber es kam ihnen verdächtig vor, und so haben sie es der Polizei gemeldet."

„Der … Polizei … gemeldet“, wiederholte Alfred stockend. Das bedeutete, dass er sich die Versicherungssumme abschreiben konnte.
„Ja“, fuhr Linus fort, und nichts in seiner Stimme deutete darauf hin, dass die eigentliche Katastrophe jetzt erst folgen sollte: „Das Auto war nämlich … wie soll ich sagen, … es war in einem bemitleidenswerten Zustand.“
„Raus mit der Sprache!“
„Es war vollkommen ausgebeint. Du musst dir das so vorstellen: beide Frontflügel weg, der Kofferraumdeckel weg, die Seitentüren weg, die Motorhaube weg. Alle vier Räder weg. Die Kiste war aufgebockt. Sei froh, dass der Motor noch vorhanden ist und die beiden Sitze. Ich vergaß: Das Lenkrad ist auch verschwunden. Und natürlich das Autoradio mit dem CD Player. Die CDs lagen im Auto verstreut. Manche kaputt. Willst du noch mehr hören?“
Alfred schwieg sehr lange. Er starrte auf die braune Brühe zu seinen Füßen und überlegte, ob er das Smartphone hineinpfeffern sollte. Das würde nichts nützten. Nach einem kurzen, animalischen Schnaufen hatte er sich wieder gefangen. „Was heißt das Ganze in Bezug auf die Versicherung. Und wo ist das Auto jetzt?“
„Das Auto hab ich abschleppen lassen. Es steht wieder bei mir in der Garage. Die Versicherung wird prima zahlen! Das hast du mir zu verdanken. Ich habe dir da eine Premiumversicherung verkauft, da hätte dir nichts Besseres passieren können. Auto gestohlen, demoliert, von der Polizei gefunden, Anzeige erstattet – alles protokolliert. Du wirst dir vermutlich eine neue Kiste kaufen können.“
Alfred seufzte. Er wusste gar nicht, ob er überhaupt ein neues Auto wollte. Er hing an seinem alten roten Flitzer. Konnte man ihn vielleicht wieder herrichten?

„Wo sind die ganzen Einzelteile, die jetzt fehlen? Wer kann damit etwas anfangen?"
„Schwarzmarkt", sagte Linus. „Das Auto ist nicht viel wert, aber die Ersatzteile. Irgendwo auf der Welt gibt es Leute, die genau eine solche Fahrertür oder genau eine solche Motorhaube suchen. Da kannst du für die Einzelteile bei Weitem mehr erlösen, als wenn du das Auto am Stück verkaufst."
„Verstehe?", murmelte Alfred. Seine Zehen spielten mit Kieselsteinen. Ihm fiel etwas ein: „Wenn das die gute Nachricht war, was ist dann die Schlechte?"
„Oh jeh", jammerte die weinerliche Stimme von Linus durch das Telefon: „Man hat mir meine Tankkarte aus dem Porsche gestohlen. Stell dir das mal vor. Aus dem Auto, aus der Garage. Und jetzt tankt jemand die ganze Zeit mit meiner Tankkarte"
„Die ganze Zeit?", fragte Alfred skeptisch. Er hatte jedenfalls nur einmal mit Linus' Karte getankt.
„Absolut! Das geht schon ein paar Tage so. Bei Tamoil in Löffingen hat jemand auf meine Karte über 150 Liter getankt. Und gestern war die Karte in Mannheim. Dort wurde ebenfalls getankt."
„In Mannheim?" Alfred schielte misstrauisch zu Hugo hinüber, der noch immer am Ufer saß und mit Schorsch und Dinky verhandelte. Was immer er ihnen schmackhaft zu machen suchte, sie sahen inzwischen aus, als hätten sie angebissen. Hatte Hugo nicht behauptet, er sei in Mannheim gewesen? Alfred reimte sich seinen Teil zusammen: Die Karte war im roten Flitzer liegen geblieben, als Wozniak und sein Kettenhund auf der Ruine Neu-Fürstenberg Alfred die Prügel seines Lebens verabreichten. Dann hatten Wozniak und Szatan den roten Flitzer in das Versteck bei der alten Grieshaberhalle gebracht. Die Tankkarten hatten sie entdeckt und mitgenommen. Vielleicht damit in Löffin-

gen ihren Lieferwagen und weitere Fahrzeuge vollgetankt. Dann war Hugo aufgetaucht und hatte neben etlichen anderen, schwerwiegenderen Vergehen, auch den Lieferwagen Wozniaks gestohlen. Mit der Tankkarte. Und dann war er damit nach Mannheim gefahren und hatte dort getankt. Das bedeutete, er fuhr immer noch mit dem verräterischen Lieferwagen herum und er besaß immer noch die Tankkarte. Unfassbar!

„Ich habe sie jetzt sperren lassen!", hörte Alfred Linus Stimme. Der war immer noch am Telefon und erzählte munter weiter: „Ich besorge mir eine neue. Aber ein paar hundert Euro Schaden muss ich selber tragen. Da gibt's leider keine Versicherung, weil die Garage offen war und der Porsche auch."

Alfred hegte keinerlei Zweifel, dass Linus dennoch irgendwie eine Erstattung erschwindeln würde. Wenn nicht er, wer dann?

„Ich habe alles für deine Schadensmeldung vorbereitet", sagte Linus jetzt. „Du musst nur mal wieder nach Neustadt kommen und den Wisch unterschreiben. Vorher kann ich ihn nicht abschicken."

Alfred versprach, am Wochenende in den Hochschwarzwald zu fahren: „Wir könnten uns auf dem Hinterzartener Nachtbummel treffen. Das ist am Samstag. Einkaufen bis Mitternacht und Party auf dem Kirchplatz."

„Ja, ich habe davon gehört", bestätigte Linus.

„Da haben alle Läden geöffnet, und überall gibt es Unterhaltungsprogramm. Auf dem Kirchplatz steht ein Festzelt. Dort gibt es ein Konzert mit so einer Schwarzwaldgruppe. Und davor Fidelius Waldvogel. Scheint was Lustiges zu sein. Fidelius Waldvogel ist Kabarettist und die Gruppe die spielt, die heißt Mockemalör"

„Kenn ich nicht!“, sagte Linus. „Aber macht nichts. Hauptsache Festzelt. Musik ist da ja meistens egal!“
So verabredeten sie sich für das Wochenende in Hinterzarten. Treffpunkt bei der Buchhandlung Baeuchle. Alfred wusste aus dem Programm, das dort ausgelegen hatte: „Dort findet eine Event-Lesung mit drei Autoren von Schwarzwaldkrimis statt. Und zwar lauter Krimis, in denen Georg Thoma vorkommt.“
„Klingt lustig“, meinte Linus. „Kommt der nicht in jedem Schwarzwaldkrimi vor?“
„Wahrscheinlich!“, vermutete Alfred und lästerte: „Etwas abgedroschen, nicht. Vielleicht sollte es mal jemand mit einem Liebesroman mit Georg Thoma versuchen. Das Feld ist noch unbesetzt.“
Aus den Augenwinkeln sah Alfred, dass Linus seine beiden Strauchdiebe Dinky und Schorsch verabschiedete, indem alle drei sich gegenseitig mehrfach auf die Schulter klopften und abklatschten. Das muss ja ein Deal geworden sein. Alfred beendete das Gespräch und watete über rutschige Kiesel ans Ufer zurück.
„Und?“, fragte er. „Seid ihr euch einig geworden?“
„Aber klar doch“, grinste Hugo so breit wie selten. „Alles ist angerichtet!“
Alfreds Gesicht war ein einziges Fragezeichen. Hugo bleckte seine gelben Fangzähne und verkündete triumphierend: „Sie werden unten in der Villa einbrechen. Ich habe ihnen den Schlüssel gegeben und den genauen Tag und die Uhrzeit eingebläut. Wir werden sie auf frischer Tat ertappen.“

DER WERWOLF VOM HOCHMOOR

Vanessa fuhr für Alfred nach Karlsruhe ins Generallandesarchiv. Sie hätte sowieso jeden seiner Wünsche erfüllt, es wäre gar nicht nötig gewesen, ihr zu versprechen, dass er sie mit auf den Hinterzartener Nachtbummel nehmen wollte. Sie studierte Geschichte im Nebenfach und befand, da sei eine Werwolf-Recherche fast ein Studienobjekt. Man könne vielleicht etwas über Volksglauben und Aberglauben im späten Mittelalter herausfinden. Diese Erwartung erfüllte sich insofern, als dass Vanessa mit der Erkenntnis zurückkam, dass man in Hinterzarten im 17. Jahrhundert allen Ernstes an Werwölfe geglaubt hatte. Tatsächlich gab es dazu damals eine Gerichtsverhandlung. Vanessa hatte sämtliche Faszikel der sickingischen Gerichtsakten, soweit sie den Hochschwarzwald betrafen, durchforstet und sicherheitshalber abfotografiert. Die Akten reichten von 1654 bis 1806, dem Jahr der Säkularisation.

„In Hinterzarten ging 1655 das Gerücht um, der Wildschütz Peter Hesselin habe sich für mehrere Tage in einen Wolf verwandelt“, eröffnete Vanessa ihren Bericht. Sie saßen gemeinsam auf dem Platz der alten Synagoge in Freiburg und hielten ihre nackten Füße in das Wasserbecken, das die Grundrisskonturen der von den Nazis abgebrannten ehemaligen jüdischen Synagoge nachbildete. Einträchtig rauchten sie ihre selbstgedrehten Zigaretten, schwitzten einvernehmlich und unterhielten sich über Vanessas Ausbeute. „Wie muss ich mir so ein Gerücht vorstellen?“, fragte Alfred ungläubig.

„Damals hat jeder jeden denunziert und die Menschen haben die abstrusesten Geschichten geglaubt. Erinnere dich: Wir befinden uns in der Hochphase der Hexenverfolgung …“

Alfred wehrte ab: „Darüber will ich nicht mehr reden. Mir reicht das, was wir im Winter mit der Löffinger Hexenverfolgung erlebt haben."

Vanessa ignorierte den Einwurf und erzählte weiter: „Dieser Hesselin war Jäger oder Wildschütz, wie es damals hieß. Er trieb sich viel im Hochmoor herum. Es hieß, er habe eine magische Salbe von seinem Nachbarn erhalten, mit der habe er sich eingerieben und sei dadurch für drei Tage zum Wolf geworden."

„So ein Quatsch!", kommentierte Alfred.

„Denkst du! Aber jetzt pass auf: Dieses Gerücht ist bis an die vorderöstereichische Regierung nach Freiburg gedrungen. Und die hat dann bei der sickingischen Verwaltung eine Untersuchung des Falles angestoßen."

„Aber das ist ja hanebüchen. Das kann doch aus der gebildeten Beamtenschar damals niemand ernst genommen haben."

„Doch, haben sie", widersprach Vanessa. Sie zog ihr Smartphone hervor und scrollte unter den Fotos nach einer bestimmten Seite, die sie im Generallandesarchiv abfotografiert hatte. „Hier, sieh mal", sagte sie, und zeigte Alfred die verwinkelte Handschrift, die sie fotografiert hatte. Alfred las: *„… erbitte von derro Gerichtsbarkeit die Auskunft, wie der Underthan heiße, wannenhero Er die Salben bekhommen, damit er sich geschmieret und zuem Wolff worden, und durch waß mittel der in einen Menschen verendert sein, auch waß sonsten für Umstandt darmit undergeloffen."*

Alfred reichte das Smartphone an Vanessa zurück: „Das ist nicht zu glauben. Das liest sich so, als hielte die vorderösterreichische Regierung solche Dinge wie eine Verwandlung zum Werwolf für durchaus real."

„So sehe ich das auch", bestätigte Vanessa und spielte mit ihren nackten Zehen. Sie versuchte, ein Zigarettenpapierchen

aus dem Wasser zu fischen. Die Menschen nahmen wenig Rücksicht auf die Besonderheit des Platzes. Viele hinterließen hier ihren Müll, manche auch im Wasser. Touristen warfen bisweilen Münzen hinein. Ganz dumpfe Zeitgenossen ließen ihre Hunde darin baden. Vanessa erzählte weiter: „Das sickingische Gericht stellte daraufhin tatsächlich Nachforschungen an. Es fand heraus, dass mehr oder weniger ganz Hinterzarten von der Metamorphose des Peter Hesselin wusste und auch daran glaubte. Die Geschichte hatte sich offenbar über die Wirtshäuser herumgesprochen."
„Hat sich bis heute nichts geändert", warf Alfred dazwischen. „Geh einmal die Woche in die Spritz an den Stammtisch, und du erfährst alles Wichtige, was sich in der Stadt zugetragen hat. Vor allem die Sachen, die nicht in der Zeitung stehen."
„Das sickingische Gericht fand aber nicht heraus, wer als Erstes die Geschichte in die Welt gesetzt hatte. Jeder behauptete, er habe von Hesselins Verwandlung in einen Werwolf von jemand anderem gehört. Das Ergebnis der Ermittlungen war am Ende, dass das Gerücht vermutlich direkt aus der Familie Hesselin kam. Die Schwiegertochter Lucia habe als erste behauptet, dass ihr Schwiegervater sich immer dann in einen Werwolf verwandle, wenn er im Hochmoor umgehe. Die Schwiegertochter habe vor lauter Angst und Verzweiflung über diesen Sachverhalt sogar an Selbstmord gedacht." Vanessa zeigte wieder einen Originalausschnitt aus den GLA-Akten. Dort hieß es: *„hätte die Hesslerin ein Seyl genommen, und sich vernemen lassen, sie wolle vorderist die Kinder, so dan sich selbst erhenken."*
„Wenn du mich fragst", so interpretierte Alfred, „dann hat es ganz einfach in dieser Familie ziemlich Knatsch gegeben. Vermutlich waren sich Schwiegertochter und Schwiegervater nicht grün. Das soll es ja geben. Und dann hat sie ihren

Schwiegervater denunziert und behauptet, der habe sich in einen Wolf verwandelt.“
„Ich finde es nur bemerkenswert“, so ergänzte Vanessa, dass damals die Vorstellung weit verbreitet war, die Fähigkeit, sich in einen Werwolf zu verwandeln, sei vom Vater auf den Sohn vererbbar. So begründete jedenfalls die Schwiegertochter ihre ganzen Ängste und ihre Verzweiflung. Sie habe gefürchtet, dass auch ihre eigenen Söhne diese Werwolfkrankheit in sich trügen, sozusagen von ihrem Großvater geerbt.“
Alfred klaubte das Zigarettenpapierchen von Vanessas großem Zeh, wo es sich inzwischen verfangen hatte. Er stopfte es gedankenlos in eine Ritze der großen Pflastersteinplatten, auf denen sie saßen. Er spekulierte: „Hat sich möglicherweise in der Familie Hesslin seit dieser Zeit der Glaube daran fortgepflanzt, dass in ihnen Werwolfblut fließt? Sie haben es sich ja geradezu selber eingeredet.“
„Das halte ich für denkbar“, bestätigte Vanessa. „Überlege mal, diese Schwiegertochter, diese Lucia, wenn die solch eine Höllenangst davor hatte, dass sich ihre Söhne eines Tages in Werwölfe verwandeln, dann hat sie höchstwahrscheinlich auch ständig davon gesprochen. Vermutlich hat sie ihren Söhnen verboten, das Hochmoor zu betreten.“
„Und so hat sich die Geschichte gehalten. Von Generation zu Generation.“
„Und manche haben darüber ihren Verstand verloren. So wie der Rudi, der im Werwolfwahn seinen eigenen Bruder umgebracht hat.“
Alfred schüttelte den Kopf. „Diese Geschichte hat einen Haken“, sagte er. „Von Kommissar Junkel weiß ich, dass Rudi den Mord nicht gestanden hat. Im Gegenteil. Er behauptet, er sei aus dem Moor geflüchtet, weil dort genau das passiert sei, wovor er sich seit den Kindertagen fürchtete: Sein Bru-

der Günther habe die Gestalt eines Werwolfes angenommen und ihn verfolgt."
„Das ist Rudis Version. Aber wenn er unter Wahnvorstellungen litt, dann kann man das getrost abhaken. Er hat in seinem Wahn den eigenen Bruder umgebracht und versucht, ihn im Moor zu versenken. Aber er kann sich nicht mehr daran erinnern."
„Das ist die Version, an die die Staatsanwaltschaft glaubt", bestätigte Alfred.
„Du nicht?", fragte Vanessa neugierig.
„Ich nicht, und Oberkommissar Junkel auch nicht, da bin ich sicher."
„Was ist dann deine Version?"
Alfred legte den rechten Zeigefinger an die Lippen: „Psst! Noch nicht laut darüber reden. Aber ich habe da so einen Verdacht ..."
„Dann halt leise ...", bettelte Vanessa. „Komm, ich war für dich in Karlsruhe. Jetzt kannst du mir auch alles sagen, was du weißt."
Mit verschwörerischer Miene flüsterte Alfred: „Ich habe einen ganz seltsamen Tipp von Tim Joy bekommen." Er schaute sich um, als könnten unerwünschte Lauscher in der Nähe sein. Aber sie saßen völlig alleine am Beckenrand. Die nächsten Menschen waren zwei Rentner im Abstand von einigen Metern, die laut über die Frage stritten, was man auf dem Platz der Synagoge dürfe und was nicht.
Alfred berichtete: „Ich hatte Tim eigentlich nur aufgetragen, mal im Netz nach Wozniak zu recherchieren. Aber du kennst ja Tim. Wenn der erst mal digital Witterung aufgenommen hat, dann spürt er noch die entlegensten Bits und Bytes auf. Er hat über Wozniaks Notebook seine Paketfahrten rekonstruiert und gleichzeitig noch jeden Kunden entlang dieser Routen, der von Wozniak beliefert wurde. Bei

den Paketdiensten ist es nämlich so, dass sie den Empfänger der Pakete handschriftlich auf einem Digitalgerät den Empfang bestätigen lassen. Und dann ist das abgespeichert, Name, Adresse, Lieferservice, Absender. Einfach alles. Dann hat sich Tim in die Warenausgangslisten der jeweiligen Versandhändler eingehackt und auf diese Weise auch noch rausgefunden, was die jeweiligen Empfänger bestellt haben."

Vanessa machte eine Geste, die Verblüffung signalisieren sollte. Sie ließ die Kinnlade fallen, hängte die Zunge heraus und entließ den Zigarettenrauch durch die Nase.

„Da staunst du, was?", freute sich Alfred.

„Er hat alle Paketempfänger auf diese Weise kontrolliert?" Vanessa konnte es nicht glauben.

„Nein, nicht alle. Natürlich nicht!", präzisierte Alfred. Nur jene in Hinterzarten im Zeitraum zwischen seiner ersten Chaosfahrt über den Bohlenweg und bis zum Mord an Günther Hesslin. Das war überschaubar. Insgesamt drei Leute. Aber einer davon, der hatte es in sich."

„Und jetzt willst du mir sicher gleich verkünden, dass dabei eine ganz heiße Spur herausgekommen ist", ahnte Vanessa.

Sie wurden abgelenkt, denn die Diskussion der beiden Rentner am Beckenrand eskalierte. Der eine brüllte: „Ich kann hier machen, was ich will. Ich bin ein freier Bürger. Keiner verbietet mir, dieses Becken zu betreten. Keiner, auch Sie nicht, Sie … Sie ….Sie!"

Der andere Rentner schoss in gleicher Lautstärke zurück: „Sie treten das Andenken an hunderttausende ermordete und vertriebene jüdische Mitbürger. Sie treten eine Religion, sie verletzen die religiösen Gefühle anderer, sie sind ein Banause, ein Hohlkopf, ein Neonazi …"

„Das nehmen Sie zurück, das nehmen Sie sofort zurück. Sonst …"

„Sonst was?“, lockte der andere. „Hä? Was ist dann? Komm doch, du alter Nazi!“
Der Eine machte einen Schritt auf den Anderen zu. Beide packten sich an den Schultern. Sie stießen und rempelten sich. Dann war es geschehen: Der Verteidiger des jüdischen Andenkens stieß den Verteidiger des freien Wassertretens so fest vor die Brust, dass dieser rücklings in das Wasserbecken fiel und darin liegen blieb wie ein gestrandeter Walfisch. Ruckzuck sammelten sich interessierte Schaulustige um die Szene. Auch an hilfreichen Kommentaren wurde nicht gespart: „Ersäuf ihn!“, forderte eine Stimme. „Hol die Polizei“, eine andere. Jemand packte den Stoßer am Kragen und beschimpfte ihn: „Hast du überhaupt keine Achtung vor der Würde dieses Platzes? Weißt du nicht, das hier früher eine jüdische Synagoge stand …“
„Lass uns verschwinden“, empfahl Vanessa. Sie ahnte, dass dieser Streit das Zeug zur Massenschlägerei hatte, völlig egal, wie viele Pazifisten daran beteiligt waren. Sie erhob sich, und Alfred folgte ihr, als sie die Richtung zu den Kollegiengebäuden am Uni-Campus einschlug. Dort besorgten sie sich einen Pappbecher Kaffee aus der kleinen Cafeteria und suchten sich einen freien Platz auf dem mageren Rasen. Um sie herum lümmelten junge Menschen in den unterschiedlichsten Stadien des Nichtstuns.
„Jetzt erzähl weiter. Was war mit Wozniaks Paketfahrten in Hinterzarten?“
„Wozniak hat den Werwolf geliefert!“, sagte Alfred. Er nippte an seinem Kaffee und verbrannte sich die Zunge. Aber diese Überraschung war ihm gelungen. Vanessa sagte nichts mehr. Nur ihre Augen forderten Alfred auf, weiterzuerzählen. Das machte er: „Wozniak war zweimal in Hinterzarten. Das erste Mal, als er am Bohlenweg hängenblieb. Komischerweise gab es an diesem Tag überhaupt keine Bestel-

lung aus Hinterzarten. Er hätte also gar nicht in den Ort fahren müssen. Trotzdem muss ihn irgendjemand zu dieser Fahrt veranlasst haben. Gegenüber der Polizei hat er bei der Vernehmung behauptet, das Navi habe ihn ins Hochmoor geleitet. Das geht aber nur, wenn man einen Zielpunkt direkt zwischen Bahnhof und Hochmoor eingibt. Tim hat es simuliert und behauptet, Wozniak müsse sich mit jemandem beim Hochmoor verabredet haben. Zu welchem Zweck auch immer."

„Gut", versuchte Vanessa, Alfreds Bericht zu beschleunigen. „Was war aber mit der zweiten Fahrt. Was meinst du damit, er habe den Werwolf geliefert?"

„Jetzt kommt's: Bei seiner zweiten Fahrt hat er ein Paket für Rudi Hesslin gebracht. Und rate mal, was darin war?"

„Jetzt spann mich halt nicht so auf die Folter."

„Er hat eine graue Wolfsmaske bestellt. Für 35 Euro. Eine Wolfsmaske für Erwachsene. Bei einem Kostümhandel. Eine Maske aus Latex und mit grauem Kunstfell versehen. Ich habe mir das Ding im Internet angeschaut. Es sieht täuschend echt aus. Eigentlich ist es für Halloween oder für Fasnet gedacht."

Vanessa verdaute die Nachricht, indem sie bedächtig eine neue Zigarette drehte. Dann sagte sie: „Er hat sich also als Wolf verkleidet. Er hat Werwolf gespielt."

„Vielleicht" wehrte Alfred ab. „Der eigentliche Clou kommt erst noch. Die Lieferadresse lautete zwar auf Rudi Hesslin, aber bestellt und bezahlt hat jemand anders. Meinrad Benz, der Antiquitätenhändler. Er hat auch den Empfang quittiert."

Wieder brauchte Vanessa etliche Sekunden, um die neue Wendung zu verdauen. Sie knipste den überschüssigen Tabak von ihrer frisch gedrehten Kippe und stauchte das Mundende sorgsam mit einem Finger zurecht. Dann steckte sie sich die Zigarette nachdenklich zwischen die Lippen: „Es könnte also sein“, so fasste sie alles zusammen, „dass dieser Antiquitätenhändler es so aussehen lassen wollte, als ob Rudi Hesslin die Wolfsmaske bestellt hätte. In Wirklichkeit war er es aber selbst. Was könnte er damit bezweckt haben? Was wollte er mit der Maske?“

„Jemanden im Hochmoor erschrecken“, schlug Alfred vor.

HINTERZARTENER NACHTBUMMEL

Die Hausdurchsuchung bei den Hesslins am Alpersbacher-Weg in Hinterzarten, beziehungsweise beim Antiquitätenhändler Meinrad Benz, der bei seiner Frau im Haus der Hesslins wohnte, fand am gleichen Tag wie der Hinterzartener Nachtbummel statt. „Da geht das im Trubel vielleicht ein bisschen unter“, hatte Junkel Alfred am Telefon erklärt. Der Oberkommissar hatte sich sehr aufmerksam Alfreds Rechercheergebnisse angehört und sich über alle Einzelheiten ins Bild setzen lassen, die Alfred mit Hilfe von Tim Joy herausgefunden hatte. Bei dieser Gelegenheit hatte Alfred alles auf den Tisch gelegt, was er bis dahin ermittelt hatte: Die kompromittierenden Informationen über die homosexuelle Liaison zwischen dem Opfer Günther Hesslin und seinem Doktorvater Utz Klinger, die historischen Hintergründe vom Rückzug der Armee des französischen Generals Moreau anno 1796 und selbstverständlich auch die seltsame Rolle des Paketfahrers Wozniak – die Episode Neu-Fürstenberg und die Gasexplosion sparte er aus, obwohl Junkel misstrauisch nachfragte: „Und das Feuer in der Werkstatt kürzlich, das hat nicht zufällig auch etwas mit dir zu tun?“ All dies nahm Junkel mit dem üblichen Knurren und Grunzen zur Kenntnis, ehe er abschließend raunzte: „Vielleicht sehen wir uns ja beim Nachtbummel in Hinterzarten. Wir schauen uns da mal ein bisschen um.“
Alfred, Vanessa und Hugo, der darauf bestanden hatte mitzukommen, eröffneten ihren Nachtbummel mit einer Einkehr im Pfännle. Im Raucherbereich. Sie ließen sich an der Stirnseite der hufeisenförmigen Theke nieder. Vanessa spendierte Weizenbier. Sie hatte ihre letzte Karstadt-Überweisung erhalten und dann den Job bei Studitemps gekün-

digt. Diese studentische Arbeitsvermittlungsagentur war ihr am Schluss zu aufdringlich geworden: „Ich habe vor dem Semester eintragen lassen, dass ich wegen meiner Lehrveranstaltungen nur am Dienstag und Donnerstag kann. Die nehmen null Rücksicht darauf. Letzte Woche haben sie mir eine Schicht am Montag und eine am Freitag reingedrückt. Und diese Woche wollten sie sogar, dass ich am Samstag bei Karstadt an der Kasse sitze." Sie pustete empört Rauch gegen die Decke. „Jetzt habe ich gekündigt. Nächstes Semester gehe ich halt kellnern. Ich kenne den Sascha vom Café Movie. Der braucht immer Leute."

„Ausbeutung!", kommentierte Hugo. „Kapitalistische Ausbeutung. Weißt du, wie studentische Arbeitsvermittlungen funktionieren?"

Vanessa zuckte mit den Schultern. Alfred betrachtete interessiert die Flaschensammlung im Regal über der Theke. Wer sollte das alles trinken?

„Das geht so:", dozierte Hugo. „Karstadt will niemanden fest einstellen, weil sie dann Tariflöhne zahlen müssten und ruck zuck ein Problem mit dem Kündigungsschutz haben. Das geht natürlich nicht, bei einem Kapitalistenkonzern, der jederzeit Leute rauswerfen und einstellen will, je nachdem, welche Heuschrecke gerade das Sagen hat."

„Und deshalb arbeiten sie mit studentischen Hilfskräften", ergänzt Vanessa, die genauso wie Alfred wusste, worauf Hugo hinaus wollte.

„Exakt. Die Arbeitsvermittler, die sich auf Studenten spezialisiert haben, wissen genau, dass die meisten nach ein oder zwei Semestern wieder aufhören oder sowieso wieder aus der Stadt verschwinden. Nachschub kommt immer wieder durch die Erstsemester. Die Agentur kassiert pro Student einen Stundenlohn von Karstadt, von dem sie nur einen Teil an den Studenten weitergibt, der tatsächlich arbeitet.

Sozialabgaben, Krankenversicherung, Arbeitgeberanteil, Lohnsteuer – geht weder Karstadt was an, noch die Agentur. Muss der Student alles selbst regeln. Ist das nicht ein schlaues Geschäftsmodell?“ Zur Bekräftigung nahm er einen tiefen Schluck Weizenbier, den er mit einem zufriedenen „Aaah“, abschloss.

Lakonisch meinte Alfred: „Deshalb arbeite ich nicht!“

Vanessa lachte spöttisch: „Du arbeitest nicht, weil du zu faul dazu bist.“

Alfred protestierte: „Ich mache nur, was mir Spaß macht und was ich gut kann. Journalismus zum Beispiel. Wenn ich nächstes Jahr mit dem Studium fertig bin, mache ich eine Online-Regionalzeitung mit Jochen auf.“

„Du machst was?“

„Ein Kampfblatt“, schlug Hugo vor.

Alfred erläuterte: „Jochen weiß nicht, wo er sein Geld anlegen soll. Jetzt hat ihm jemand den Floh ins Ohr gesetzt, eine journalistische Online-Plattform zu gründen. Dazu braucht er einen Chefredakteur. Den Job hat er mir angeboten. Inklusive Anteile.“

Wieder lachte Vanessa spöttisch: „Wie willst du Anteile an einem solchen Projekt finanzieren, wenn du gerade schnurstracks in die Privatinsolvenz taumelst?“

„Stopp!“, unterbrach Alfred und wurde laut: „Das ist abgewendet. Ich habe da Beziehungen in der Kanzlei Schiller. Die haben dafür gesorgt, dass die Banken und das blöde Autohaus stillhalten. Es gibt keine Kontopfändung. Es gibt keinen Tilgungsplan. Es gibt keine Privatinsolvenz. Meine Schulden sind vorläufig für zwei Jahre eingefroren. Bis dahin komme ich raus aus dem Schlamassel.“

Wissend und mit theatralisch erhobenem Zeigefinger fügte Hugo hinzu: „Er zahlt nämlich alles zurück. Der Antiquitätenhandel macht’s möglich.“

„Leider nein", ließ sich Alfred darauf ein. „Der blöde Benz zahlt ja nicht. Und er weiß genau, dass wir ihm nichts anhaben können, weil die Sachen geklaut sind, die er uns abgenommen hat."

„Warte ab!", sagte Hugo vielsagend. Alfred entging der Unterton. Er kehrte stattdessen zum Thema Online-Zeitung zurück: „Jochen macht mich zum Chefredakteur, aber er zahlt mir nur ein Mindestgehalt aus, etwa ein Drittel. Der Rest fließt gleich an die Gesellschaft, die er gründen will, sozusagen als meine monatliche Ratenzahlung für die Anteile, die ich an dem Geschäft bekomme."

„Klingt interessant", sagte Vanessa.

„Klingt kapitalistisch", sagte Hugo.

Sie prosteten sich zu und Vanessa orderte die zweite Runde auf ihre Kosten.

Es war früher Abend und das Pfännle wartete auf Gäste. Die tummelten sich aber alle noch draußen auf den Straßen. Der Ort war voll von Einheimischen, Touristen und Besuchern aus den Nachbarorten. Die Hauptstraße, für diesen Anlass für den Verkehr gesperrt, quoll über vor Passanten. Die Läden hatten Sonnenschirme auf die Gehwege gestellt und breiteten darunter Schnäppchen aller Art aus. Dazwischen Fressbuden, Eisverkäufer, eifrige Hilfstruppen, die Flyer, Prospekte, Luftballons, Fähnchen und Schirmmützen gegen die Sonne verteilten. Teilweise ragten Reihen mit Kleiderständern und Bierbänken bis auf die Straße hinaus aus. Inge Baeuchle vom Buchladen hatte nicht zu viel versprochen. Der Hinterzartener Nachtbummel war ein Event. Das Wetter half mit. Es ging zwar bereits in den Abend hinein, aber die Sonne hatte immer noch Kraft und sorgte für tropische Schwüle. Die Türen und Fenster des Pfännle standen weit offen und ließen die Klänge zweier Akkordeonspieler herein, die in blauen Bauernhemden und mit Seppelhut

auf dem Kopf draußen auf dem Gehweg die „Schwarzwaldmarie“ besangen.
„Lass uns rausgehen“, schlug Alfred vor. Im leeren Pfännle hielt es ihn nicht, wo draußen auf der Straße so viel Rummel herrschte.
„Heimisches Brauchtum besichtigen“, lästerte Hugo. „Erinnert mich an die Panflöten in Machu Picchu!“
Die Akkordeonspieler kamen aber nur bis zur ersten Strophe. Gerade als sie erneut zum Refrain „Liebe, kleine Schwarzwaldmarie, dir bleib ich treu und vergesse dich nie“ anhoben, wurden sie akustisch niedergewalzt von einer Guggenmusik namens Latschari Blaari, die in Sombreros und mexikanischen Ponchos aufmarschierten und alle anderen Geräusche niederdonnerten.
Die angehende Volkswissenschaftlerin in Vanessa war gefragt: „Mexikanische Kostüme und dann dieser alemannische Name, das ist doch ein kompletter Widerspruch“, brüllte sie gegen den Stimmungslärm an, der sich von der Guggenmusik konzentrisch in alle Richtungen ausbreitete und eigentlich Gespräche unmöglich machte. „Latschari Blaari ist doch ein einheimischer Begriff, oder?
Alfred, obwohl selbst vor einigen Jahren zugezogen, fühlte sich angesprochen. „Das heißt so viel wie Doy!“
„Was heißt Doy?“, brüllte Hugo zurück.
„Latschari!“, sagte Alfred und versuchte sich an einer Erklärung: „Das ist so ein dubeliger Typ, ein trotteliger Träumer, der irgendwie in den Tag lebt und sich um nichts kümmert, auch keine Ratschläge annimmt, und sich immer irgendwie dämlich anstellt.“
Heftiges Kichern von Vanessa: „Also so wie du, Alfred.“
„Was heißt Blaari?“, wollte Hugo jetzt wissen, wo die sagenhaften mexikanisch gekleideten Latschari Blaari bereits aus

dem Blickfeld verschwanden. Sie arbeiteten sich durch die Fußgängermenge Richtung Kurhaus vor.

„Blaari sind Lautsprecher, Brüllaffen, Schreihälse“, erklärte Alfred, der sich selbst wunderte, wie sehr er sich schon im Alemannischen auskannte. Es war ihm nie bewusst geworden, wie sehr er in seinen Jahren im Hochschwarzwald Sprache und Macken der Einheimischen angenommen hatte. Das fing mit dem Speckvesper an, ging über das Einreiben der Hände mit Schnaps bis hin zur Annahme der Fragekurzform „bisch, hesch, kasch, wittsch?“, wenn es darum ging, herauszufinden, was jemand war, besaß, konnte oder wollte. Nur mit dem Autofahren im Schnee, einer typischen Hochschwarzwälder Kunstfertigkeit, das hatte Alfred immer noch nicht raus.

Sie ließen sich im Strom der Fußgänger Richtung Kurhausplatz mitschwemmen, wo sich die zentrale Straßenkreuzung des ganzen Ortes befand. Von hier führten die Straßen in die Richtungen Bahnhof, Adlerschanze, Rathaus und Kesslerberg. Angerempelt und umflutet von Passanten aller Art, vor allem aber von Touristen mit Einkaufstüten, blieben sie kurz unschlüssig stehen.

„Hier geht’s zum Festzelt“, schlug Vanessa vor.

„Nachher“, sagte Alfred. „Ich muss erst noch zur Buchhandlung Baeuchle. Hab mich dort mit Linus verabredet. Muss was unterschreiben.“

„Wir könnten ja solange schon mal ins Festzelt rüber. Das steht auf der Kirchwiese vor dem Rathaus“, schlug Vanessa vor. Sie mochte Linus nicht besonders und erst recht dessen Freundin Cindy nicht und ging beiden deshalb gerne aus dem Weg. Insgeheim machte sie Linus verantwortlich für manche der Kalamitäten, in die Alfred immer wieder geriet. Ungefähr so, wie umgekehrt Linus’ Freundin Cindy Alfred für Linus’ Sünden verantwortlich machte.

„Wir halten dir einen Platz frei“, versprach Vanessa, als sie sich trennten.
Bei der Buchhandlung Baeuchle kam Alfred gerade rechtzeitig zum Auftakt der auf vielen Plakaten im Ort angekündigten „Event-Lesung“ von Krimiautoren, welche in ihren „Schwarzwaldkrimis“ die Hinterzartener Skisprung Legende Georg Thoma irgendwie verwurstet hatten. Der Buchladen war brechend voll und heiß wie eine Sauna. Alfred quetschte sich hinein. Ein Literaturfachmann von der Hochschwarzwald-Tourismus GmbH erklärte in seiner verschwitzten Anmoderation, aus touristischer Sicht könne man sich nichts Besseres wünschen, als jede Menge Schwarzwaldkrimis, die in ganz Deutschland und der Welt die landschaftliche Schönheit des Schwarzwaldes anpreisen und damit immer neue Besucher anlocken.
Der erste Autor, der zum Zuge kam, erklärte sofort, dass er eigentlich nicht aus dem Schwarzwald stamme, aber Schwarzwaldkrimis schreibe, weil er hier mit seinem Hund und seinem Wohnmobil vor zwei Jahren einen so tollen Urlaub am Schluchsee verbracht habe und ihm klar geworden sei, dass er hier einen Krimi ansiedeln müsse, in welchem auch bekannte Schwarzwälder vorkommen müssen. Und so sei er bei Georg Thoma gelandet, dem einzigen ihm bekannten Schwarzwälder. Dann las er einige Passagen und tanzte dazu, weil er es eine szenische Lesung nannte. Dem Publikum gefiel es.
Dann folgte eine Autorin, die ebenfalls nicht aus dem Schwarzwald, sondern aus Frankfurt stammte, aber glaubhaft versicherte, dass ihr der wunderbare Hochschwarzwald enorm ans Herz gewachsen sei, weshalb auch sie dem Drang nicht hatte widerstehen können, ihren Krimi hier anzusiedeln. Aus ihrer Lesung ging nicht eindeutig hervor, welche Rolle Georg Thoma spielte, aber es wurden immerhin alle

wichtigen Natursehenswürdigkeiten erwähnt: Titisee, Feldsee, Wutachschlucht, Herzogenhorn.
Als dritte Event-Autorin, die ebenfalls zwanzig Minuten zur Verfügung hatte, trat eine nette Dame auf, die aus Bayern stammte, sich aber auch in den Hochschwarzwald verliebt und so tief in ihn hineinrecherchiert hatte, dass bei ihr Georg Thoma durchgängig als „der Jörgli" auftrat, also mit jenem Kosenamen, der zur Zeit seiner sportlichen Erfolge in den 1960er Jahren für ihn damals gebräuchlich war.
An Leichen, Mördern und niedrigen Beweggründen fehlte es bei keinem der drei Event-Autoren, und da sie kurzweilig und unterhaltsam aus ihren Werken lasen, verflog die Zeit, ohne dass Alfred es merkte. Schon war die Stunde um, und Alfred stand immer noch neben dem Türrahmen der Buchhandlung. In die Reihe der Fans, die nun anstanden um authentische Schwarzwaldliteratur mitsamt dem Autogramm der Verfasser zu ergattern, mochte Alfred sich nicht anstellen. Er hätte sowieso nicht das nötige Kleingeld besessen, um einen der angepriesenen Krimis zu kaufen. Deshalb winkte er nur kurz der eifrig abkassierenden Buchhändlerin zu, die ihn allerdings nicht registrierte, und wandte sich zum Gehen. Vor ihm stand Linus, händchenhaltend mit Cindy.
„Was machst du denn … wie lange stehst du schon da?"
„Bin gerade erst gekommen", berichtete Linus. „Habe nur mitgekriegt, wie die letzte Krimileserin gerade noch ihre nächste Lesung in Schliersee angekündigt hat. Dort, wo sie zu Hause ist."
„Ob sich dort jemand für Georg Jörgli Thoma interessiert?", wagte Alfred zu bezweifeln. „Hätte sie lieber mal Markus Wasmeier in ihrem Krimi vorkommen lassen. Der stammt aus Schliersee."
„Ich fand's spannend", piepste Cindy mit ihrer schrillen Stimme dazwischen. Sie trug unverschämt wenig und zeigte

ganz viel braune Haut, was Alfred den Makel ihrer Stimme sofort wieder vergessen ließ. „Den letzten Krimi kaufe ich mir.“ Schon verschwand sie in der Buchhandlung.

Das gab Linus Gelegenheit, den Antrag für die Versicherung herauszuziehen, den Alfred noch unterschreiben musste. Dabei sahen sie sich kurz in die Augen. Ein kurzer Freundschaft-alter Kumpel-vertragen-wir-uns noch-Blick.

„Bist du noch sauer wegen, … wegen … kürzlich. Die Sache mit dem Porsche?“

„I wo“, beteuerte Linus. „Ist vergessen. Ich war ja selber schuld.“

„Und deine Rippen?“

„Sind wieder okay!“ Linus klopfte sich scherzhaft auf die Brust. „Darf nur nicht so viel Gewichte stemmen in nächster Zeit. Die Muckibude hat mal Pause.“

„Kannst du dich an die junge Polizeibeamtin erinnern, die uns aufgegriffen hat?“, fragte Alfred.

„Aber klar. So eine ganz Taffe. Die sah süß aus. Meinst du die?“

Alfred nickte: „Weißt du, wie sie heißt? Wo sie wohnt?“ Er war es gewohnt, dass Linus in Neustadt und Umgebung Hinz und Kunz kannte.

Linus zeigte einen vielsagenden Gesichtsausdruck. „Kann mich ja mal umhören.“

„Nach wem?“, sagte in Alfreds Rücken eine Stimme, die ihm wohlbekannt war. Es war die Stimme des Oberkommissars Siegfried Junkel.

Mit Junkel machte Alfred sich über den Adlerweg und an der zwiebeltürmigen Pfarrkirche „Maria in den Zarten“ vorbei auf den Weg ins Festzelt. Linus ging mit Cindy andere Wege. Der Oberkommissar trug der Hitze zum Trotz über seinem verschwitzten Hemd ein ausgebeultes Jackett, das gleiche, welches er auch im Winter, im Frühjahr und im Herbst trug. Wahrscheinlich besaß er nur dieses eine. Sie trödelten, denn Junkel nutzte den Spaziergang, um Alfred nochmals im Hinblick auf die Hesslins, auf Wozniak und auf Dr. Klinger auszufragen.

„Ich habe doch schon alles erzählt“, murrte Alfred, während er sich die von Junkel geschnorrte Zigarette ansteckte.

„Nein, da war doch noch was mit einem Schuldschein“, insistierte Junkel. „Du hast einen Schuldschein erwähnt, den du bei Klingers Unterlagen … ge … äh … gefunden hast.“

„Was soll damit sein?“

„Keine Ahnung. Vielleicht ein Indiz. Jedenfalls fange ich an, mich für die Vermögensverhältnisse der Familie Hesslin zu interessieren.“

Alfred fiel wieder ein, dass Junkel eine Befragung der Familie Hesslin angekündigt hatte. Deshalb war der Kommissar überhaupt nur in Hinterzarten. Alfred fragte rundheraus: „Wollten Sie nicht den Hesslins heute einen Besuch abstatten?“

Junkel blieb stehen. Er warf einen Blick auf die Kirche „Maria in den Zarten“, die neben ihm am Weg aufragte. Der markante Zwiebelturm hatte es ihm angetan: „Wie kann ein Dachdecker auf die Idee kommen, solch ein kurviges Dach zu bauen? Wie haben die das bloß gemacht?“

„Göttliche Inspiration! Aber lenken Sie nicht ab“, mahnte Alfred. „Sie waren bei Hesslins und bei Benz? Was haben Sie rausgefunden?“
Junkel lachte: „Darf ich dir alles nicht sagen. Polizeigeheimnis.“
„Jetzt aber!“ Alfred gab sich empört. „Ich bin doch gewissermaßen Ihr Mitarbeiter. Gehöre ich nicht auch irgendwie zur Polizei?“
Wieder lachte Junkel amüsiert: „Du gehörst in den Knast, soviel kann ich bestätigen.“
Trotzig maulte Alfred vor sich hin: „Ihnen gebe ich mal wieder einen Tipp. Morgen lese ich wieder alles in der Zeitung und gucke in die Röhre. Können Sie mir nicht irgendeine Kleinigkeit bieten. Irgendwas, aus dem ich einen Exklusivartikel machen kann?“
„Geh da rein! Vielleicht kommt dir eine göttliche Inspiration“, sagte Junkel, indem er auf die Kirche deutete. Dann wurde er ernst: „Also Alfred, ich erzähl dir jetzt was. Ohne dich hätte ich ja diese Spur nicht, da hast du Recht. Wir haben im Haus der Hesslins die Wolfsmaske gefunden. Die Wolfsmaske, von der du erzählt hast.“
Alfred schwieg. Er hörte an der Art, wie Junkel die Sätze sprach, dass noch mehr kam. Und so war es. Junkel fuhr fort: „Durch deine Recherchen wussten wir ja, dass Rudi Hesslin diese Wolfsmaske bestellt hat, dass aber sein Schwager Meinrad Benz sie in Empfang genommen und bezahlt hat. Wir haben Benz direkt gefragt. Der war sehr kooperativ. Er erzählte uns, dass an jenem Tag, als das Paket geliefert wurde, Rudi Hesslin nicht zu Hause gewesen sei und sonst auch niemand außer ihm. Deshalb habe er das Paket in Empfang genommen. Er habe es auch für Rudi Hesslin bestellt und bezahlt, weil dieser sich nicht mit Internetkäu-

fen auskenne. Mit anderen Worten, Rudi Hesslin habe ihn gebeten, dies alles für ihn zu erledigen."
„Aber die Maske war für Rudi Hesslin bestimmt?", fragte Alfred argwöhnisch.
„So erzählte es der Benz. Wir haben daraufhin im Haus gesucht. Dort bewohnt Mareike Benz mit ihrem Mann das ganze Erdgeschoss, wo sich auch die Antiquitätenwerkstatt befindet. Das Obergeschoss haben sich die Brüder Günther und Rudi geteilt. Und in Rudis Zimmer haben wir dann tatsächlich unter dem Bett versteckt die Wolfsmaske gefunden. Sie war blutverschmiert."
„Ach du meine Güte!" Alfred fiel nichts dazu ein. Die Information musste er erst verdauen. Junkel nahm ihm das Nachdenken ab: „Die Schlinge um Rudi Hesslins Hals zieht sich also weiter zu. Wenn das Blut mit dem des toten Günther Hesslin übereinstimmt, dann wird es ganz eng für Rudi Hesslin. Es sieht ganz so aus, als habe er die Ermordung seines Bruders Günther geplant. Dazu beschaffte er sich die Wolfsmaske. Mit dieser Maske auf dem Kopf hat er den Bruder in der Mordnacht im Moor überrascht. Dann hat er ihn mit einem schweren, eisernen Gegenstand beim Insektenlichtzelt erschlagen und von dort zum Bohlenweg geschleppt, beziehungsweise zu dem Felsen dahinter, von dem aus er den Bewusstlosen ins Moor warf. Dann ist er auf ihn gesprungen oder hat sich auf ihn gestellt, so lange, bis der arme Kerl ertrank. In der Erwartung, dass das Moor den Leichnam verschlingen würde, hat er den toten Bruder dann dort zurückgelassen."
Alfred schüttelte ungläubig den Kopf. „Warum sollte er das gemacht haben?"
„Er ist irre!", sagte Junkel. „Diese ganze Werwolfsnummer, die hat ihm den Verstand geraubt. Das, was dir diese Oma erzählt hat, von der Familiengeschichte und dem Werwolf-

prozess, das hat sich seit frühester Kindheit in seinem Kopf eingenistet. Und da gärte es sein ganzes Leben lang und rumorte. Das hat ihm seine kleinen, grauen Zellen zerfressen und ihn wahnsinnig gemacht. Eine andere Erklärung habe ich nicht."

„Sie glauben wirklich daran?"

„Die Beweise scheinen erdrückend. Ich weiß, wo ich den finalen Beweis herbekomme."

„Oh!" Jetzt war Alfred ernsthaft überrascht. „Sie finden die Tatwaffe?"

„Leider nein. Das wäre zu schön. Aber dazu müsste ich mit einem Metalldetektor vermutlich das ganze Moor absuchen. Kommt vielleicht noch. Nein, ich habe eine bessere Idee."

„Spannen Sie mich nicht auf die Folter!"

„Überlege mal, du Privatdetektiv. Woher wusste Rudi Hesslin, dass sein Bruder Günther ausgerechnet in dieser Nacht alleine im Moor sein würde? Oder noch präziser gefragt: Wie konnte er sicherstellen, dass sein Bruder alleine sein würde? Normalerweise arbeiteten immer zwei im Moor. Es gehörte doch immer noch Doktor Klinger zur Schicht."

Alfred überlegte, wie Junkel ihm aufgetragen hatte. Dabei schaute er den Kirchturm an, als könne von dort die himmlische Erleuchtung kommen. „Klinger hatte ja diesen dämlichen Unfall mit Wozniak, das war bestimmt für Hesslin ein glücklicher Zu …" Er stockte: „Äh, Moment! Wenn der Unfall gar kein Zufall war?"

„Jetzt hast du's!" Junkel klopfte Alfred anerkennend auf die Schulter. „Der Unfall war inszeniert. Wozniak war beauftragt, Klinger auf diese Weise aus dem Verkehr zu ziehen."

„Von wem? Von Rudi Hesslin etwa?"

„Genau das werde ich herausfinden. Ich werde Wozniak vernehmen, und dann fühle ich dem Kerl auf den Zahn.

Wenn er zugibt, dass Rudi Hesslin ihn beauftragt hat, dann schließt sich der Kreis."

Sie bogen vom Vincent-Zahn-Weg in die Rathausgasse ein: „Hier schließt sich auch ein Kreis", sagte Alfred. „Da vorne kommen wir nämlich zum Festzelt."

In Junkel rumorte noch etwas. Alfred spürte es. Der Oberkommissar hatte seine furchigste Knautschmiene aufgesetzt, ein Zeichen dafür, dass er mit all seinen Schlussfolgerungen selbst nicht glücklich war.

Alfred half ihm auf die Sprünge: „Und wenn Rudi Hesslin nicht der Mörder war?"

„Tja … wer wäre denn dein Favorit?"

Alfred zögerte kurz. Sollte er von seinem Verdacht erzählen? Er entschied sich dafür: „Ich würde mich an Ihrer Stelle für den Antiquitätenhändler oder seine Frau interessieren. Vielleicht war es gar kein Zufall, dass er die Werwolfmaske in Empfang genommen hat."

„Das habe ich auch schon überlegt. Er hat ein Alibi."

„Sie haben ihn schon vernommen?"

„Selbstverständlich. Was glaubst du? Er war in der Mordnacht in Konstanz. Er hatte dort einen Standplatz auf dem Antik- und Trödelmarkt. Das habe ich überprüft. Und dieser Flohmarkt dauert zwei Tage. Er hat da unten im Auto übernachtet. Am nächsten Morgen war er wieder an seinem Stand."

„Und seine Frau?"

„Fehlanzeige. Die war nicht mit ihm in Konstanz. Aber was sollte sie für ein Motiv haben? Sie ist völlig durch den Wind, weil ihr Bruder ermordet wurde. Und sie leidet mindestens nochmal so stark, weil der zweite Bruder unter Mordverdacht steht. Glaub mir, ich kenne die Menschen. Diese Frau ist über jeden Verdacht erhaben. Die spielt nichts vor."

Alfred stellte keine weiteren Fragen. Aber im Geiste bastelte er weiter an seiner Theorie des Falles. Nur war es zu früh, Junkel davon etwas zu erzählen.

Wegen der großen Hitze, die auch durch die aufkommende Abenddämmerung kaum gemildert wurde, hatte man das Festzelt auf der Kirchwiese an einer ganzen Längsseite aufgeklappt. Drinnen war es gestopft voll mit beschwingt schwitzenden Menschen, denn dort hatte bereits das Programm begonnen. Das Bier floss in Strömen. Auf der Bühne hüpfte in Kniebundhosen und blauem Baumwollhemd schweißgebadet unter seinem Seppelhut der brachiale Schwarzwaldphilosoph Fidelius Waldvogel mit dem Akkordeon umher. Das Publikum grölte begeistert mit bei einem Refrain, den weder Alfred noch Junkel übersetzen konnten: „Mir het's ins Ruder gsaicht …"

„Vielleicht jemand, der im Regen mit dem Ruderboot auf dem Titisee unterwegs ist, und jetzt läuft das Boot voll ...", versuchte Alfred eine Interpretation.

Fidelius Waldvogel war eine Kunstfigur, dargestellt vom Schauspieler, Sänger, Kabarettisten und Cegospieler Martin Wangler aus Breitnau. Als Fidelius Waldvogel verkündete Wangler singend, musizierend und erzählend alle ewig gültigen Wahrheiten des Hochschwarzwaldes, beispielsweise jene, wonach man den Speck beim Vespern in kleinste Einheiten schnipseln musste und dass das Fett das Beste daran sei. Jetzt schwitzte er wie ein Breitnauer Bauer bei der Heuernte und stampfte mit seinen schweren Schuhen auf die Bühnenbretter, dass man um ihren Halt fürchten musste.

Das Festzeltpublikum klatschte, stampfte und schwitzte solidarisch mit dem Künstler. Alfred hielt Ausschau nach Vanessa und Hugo. Die beiden hatten einen prominenten Platz ergattert, ganz nahe bei der Bühne. Alfred mit Junkel im Schlepptau zwängte sich durch die Reihen. Er sah sogar bekannte Gesichter. Direkt am Nachbartisch saß der Oberzimmermann Oswald Ganter, den er erst kürzlich kennengelernt hatte. Noch ein Tisch weiter schien die kommunalpolitische Prominenz versammelt, denn dort erkannte Alfred den Revierförster Eugen Winterhalder, der auch Gemeinderat und Stellvertreter des Bürgermeisters war. Direkt neben ihm saß der Bürgermeister höchstpersönlich, Klaus-Michael Tatsch, vermutlich der einzige Mensch im Festzelt, der eine Krawatte trug. Er wurde flankiert von Gemeinderat Dieter Maurer, der den gleichen Friseur wie Gerhard Schröder hatte und den Alfred kannte, weil er ein ehemaliger BZ-Redakteur war, der bisweilen immer noch als freier Mitarbeiter einsprang. Auch mit dem nächsten Gesicht konnte Alfred etwas anfangen, das war ebenfalls ein Gemeinderat, der Vierspänner Abel Unmüßig, ein stattlicher Kerl, der als Gespannfahrer von internationalen Reit- und Fahrturnieren mit seiner Kutsche fast so viel Medaillen nach Hinterzarten gebracht hatte, wie Jörgli Thoma in seiner nordischen Hochphase.

Alfred ließ sich neben Vanessa auf die Bierbank fallen, Junkel quetschte sich neben Hugo. Die Bierhumpen standen bereits auf dem Tisch. „Wo warst du solange, du hast den ganzen Auftritt von Fidelius Waldvogel verpasst", sagte Vanessa. Wenn sie mit ihren mageren Armen ihren Humpen stemmte, sah es aus, als müsste sie sogleich unter dem Gewicht des gefüllten Maßkruges zusammenbrechen. Sie hatte Recht, der Auftritt des Kabarettisten ging gerade krachend und scheppernd zu Ende. Fidelius Waldvogel malträtierte eine große Pauke und hatte sich eine Stierkopfmaske auf den Kopf gesetzt, um mit schamanischen Heilsbeschwörungen das Letzte aus sich selbst und aus dem Zeltpublikum herauszuholen. Er nannte es „Enthemmungszauber". Die meisten Zeltgäste hätten aber keines Zaubers mehr bedurft.

Nach Fidelius Waldvogels Abgang begann die Band „Mockemalör" ihre Instrumente aufzubauen. Erstaunt registrierte Alfred, dass der Zimmermann Oswald Ganter die Bühne enterte und fleißig mit Hand anlegte. Spielte er etwa selber mit?

Die Umbaupause gab dem Bedienungspersonal Gelegenheit, neue Humpenbataillone ins Gefecht zu schicken. Bald stand auch vor Alfred ein schäumender Krug. Junkel bevorzugte Apfelschorle. Ein Zeichen dafür, dass er sich noch irgendwie im Dienst fühlte. Hugo hatte begonnen, auf den Oberkommissar einzureden. Erst interessierte Alfred sich nicht dafür, denn er fand es spannender, wie auf der Bühne aufgebaut wurde. Oswald Ganter unterhielt sich mit einer anmutigen jungen Frau, die dort Mikrofonproben machte, und immer mehr glaubte Alfred wirklich daran: Der alte Holzhauer bereitete tatsächlich einen Auftritt vor. Aber dann schnappte er aus dem Gespräch zwischen Hugo und Junkel mehrmals das Stichwort „Antiquitäten" auf, was ihn doch irgendwann alarmierte. Er spitzte die Ohren. Hugo, wie es seine Gewohnheit bei allen Menschen war, duzte den Kommissar und sagte gerade: „Ich kann meine Informanten selbstverständlich nicht verraten. Ganz ehrlich Kommissar, das musst du nicht wissen, das willst du nicht wissen."

„Und wer sagt mir, dass ich das glauben soll? Hört sich doch haarsträubend an."

„Dein Bier, Kommissar!", sagte Hugo und prostete Junkel zu. „Mir ist der Einbruch egal. Aber du kannst zwei Ganoven auf frischer Tat ertappen. Du musst einfach nur mit ein paar Handschellen und ein paar Streifenwagen an Ort und Stelle sein."

Alfred, der die letzten Sätze mitgehört hatte, mischt sich ein: „Um was geht es? Von welchem Einbruch redet ihr?"

Junkel setzte sein Schorleglas ab. Hugo zog, vom Kommissar unbemerkt, Grimassen, die Alfred als Warnung interpretierte, sich nicht einzumischen oder auf jeden Fall nichts zu verraten. Junkel knurrte unwillig: „Er will mir weismachen, dass demnächst in eure Villa eingebrochen wird. Dort lagern im Erdgeschoss angeblich teure Antiquitäten, und dein Kumpel behauptet, er wisse genau, dass zwei Kerle, die er gut kennt, ein Auge darauf geworfen haben und dass sie demnächst dort einsteigen wollen."
Alfred sperrte den Mund auf. Hugo machte weiter Grimassen. Junkel ergänzte unwirsch: „Ich traue deinem Kumpel nicht." Direkt an Hugo gewandt: „Du lieferst doch nicht zwei Kumpane der Polizei aus. Das passt überhaupt nicht zu dir. Du heckst etwas aus."
Hugo zeigte fröhlich den gelben Palisadenzaun seiner Zähne: „Wie sagt man dazu, Kommissar? Win-win-Situation. Klar habe ich auch was davon. Kann dir aber egal sein."
„Gefällt mir nicht!", knurrte Junkel. „Weiß noch nicht, ob ich mich darauf einlasse." Er schüttete den Rest seiner Apfelschorle in einem Zug hinunter, verzog das Gesicht dabei und schielte Hugo misstrauisch von der Seite an. „Vielleicht sollte ich besser dich verhaften."
Der Bürgermeister höchstpersönlich betrat die Bühne und sagte die Band „Mockemalör" an, indem er sich mit norddeutscher Akribie zunächst an einer Übersetzung versuchte: „Das Malör sagt uns allen etwas, es ist das kleine Missgeschick. Und hier im Schwarzwald gibt es den Ausdruck „Mocke", der, so habe ich mir sagen lassen, für alles Mögliche steht, für irgendetwas Handliches, Praktisches. Aber im Falle unserer Band ist es lediglich ein Kunstname, der einfach nur schon klingt. Nicht wahr?"
Mit den letzten Worten machte er eine verbeugende halbe Körperdrehung zu den Musikern, die sich hinter ihm auf

der Bühne versammelt hatten, und überließ ihnen dann die Szene mit den Worten: „Begrüßen Sie mit einem Applaus unsere Magdalena Ganter und ihre Band Mockemalör beim Nachtbummel in Hinterzarten“. Alfred war auf Gaudi- und Schunkelmusik eingestellt, doch schon fetzten E-Gitarre und Keyboard los, und die glockenhelle Stimme von Magdalena Ganter tönte sich bereits mit dem ersten Song bis unter den letzten Winkel der Festzeltplane. Die junge Sängerin bewegte sich anmutig wie eine Diva. Das völlige Kontrastprogramm zum Holzfällerauftritt von Fidelius Waldvogel. Scheinwerferkegel fingen die Elfe ein. Alfred begriff: Das war keine typische Festzeltband. Serviert wurde – in alemannischer Mundart – eine Art swingender Elektro-Chanson-Punk, dominiert von der extravaganten, zwischen lasziv und frivol changierenden Mezzosopran-Stimme der Sängerin.
Sie hatte ein Heimspiel und begeisterte mit ihrer Stimme und ihrer unorthodoxen Musik das Festzeltpublikum, auch wenn sie eindeutig nicht in die Fußstapfen von Tony Marshall trat. Bald erschloss sich für Alfred auch die Rolle des Zimmermanns, denn es wurde am Nachbartisch gemunkelt: „Die Magdalena, das ist die Tochter vom Ossi!“, sagte einer.
„Singen kann sie besser als er!“, sagte ein anderer.
„Sie sieht auch eindeutig besser aus“, kommentierte ein Dritter.
Und sie machte Durst. Alfred orderte bereits sein drittes Maß. Bislang hatte Junkel die Zeche übernommen. Die gute Phase musste man nutzen.
Oberkommissar Siegfried Junkel grübelte immer noch über seinem inzwischen nachgefüllten Schorleglas. Dem faltigen Gesicht war nicht anzusehen, was ihn beschäftigte. Dunkel und schwer besang Magdalena Ganter den Schwarzwald. Verwunschen und geheimnisvoll. Die Stimmung erfasste auch den Kommissar. Vanessa tätschelte seine knochigen

Schultern: „Was ist los mit Ihnen? Werden Sie schwermütig?"
Magdalena Ganter sang vom Schwarzwald: „Ewig – hier drusse git's it viel zum due. Hier herrsche andere Mächte …"
Junkel nickte schwermütig: „Es herrschen andere Mächte", murmelte er. „Auch draußen im Hochmoor. Der Werwolf, der Werwolf …. Das lässt mir keine Ruhe."
„Sie haben ihren Frieden mit dieser Geschichte immer noch nicht gemacht, nicht wahr?", stellte Alfred fest. „Obwohl sie den Täter haben und die Maske."
Betörend hoch kletterte Magdalena Ganters Stimme, hoch wie die höchsten Tannenwipfel, und sank dann wieder tief hinab, abgründig tief wie die tiefsten Gründe der Schwarzwaldschluchten. Junkel seufzte dazu: „Täter ja, Beweise ja, Motiv ja! Aber alles dünn, dünn, dünn. Viel zu dünn!"
„Und verwirrend", bestätigte Alfred. „Da sind ja auch noch die Franzosenmorde."
„Schwarzwald – dunkel und kalt", sang Magdalena Ganter. Das Festzelt sang mit. Man kannte den Titel. Alfred bekam eine Gänsehaut. Von der Bühne klang es düster: „Oh wie lang isch es her. Un wie viele Welte liege zwische dem was war un isch …"
Fast schien es Alfred, als gelte der Liedtext ganz speziell dem Geschehen im Hochmoor. „Schwarzwald – dunkel und kalt!" Als ginge es um die Aufarbeitung des Geschehens vom zum Wolf verwandelten Wildschütz Peter Hesselin über den Rückzug des französischen Generals Moreau bis hin zum Insektenforscher Günther Hesslin: „Schwarzwald – dunkel und kalt! – Und wie viele Welte liege zwische dem was war un isch."
Es ging Alfred wie Junkel. Auch er wurde gepackt von den intensiven Klängen. Auch er fühlte sich hineingezogen in einen düsteren, mystischen, undurchschaubaren schwarzen

Wald. Auch er dachte mit Grausen an die Geschehnisse im Hochmoor.
Aber nicht jeder empfand so. Hugo zerstörte die magische Stimmung mit der knallharten Feststellung: „Ich fand Fidelius Waldvogel lustiger. Das hier geht mir aufs Gemüt!“
Junkel erhob sich. „Er hat Recht. Lasst uns gehen.“
Sie zwängten sich durch die schwitzende Menge zum Ausgang. Draußen empfingen sie ein kühlender Wind und die mittlerweile über die Berge herunter gekrochene Dunkelheit. Aus dem hell erleuchteten Festzelt traten sie hinaus in die Nacht.
Schwarzwald – dunkel und kalt!

EN FRANZÖSLI G'SCHOSSE

„Eigentlich bist du auch irgendwie ein Latschari", bescheinigte Vanessa Alfred. Sie saßen wieder einmal im mürben Gras an der Dreisam, die nunmehr vollkommen ausgetrocknet war und die zwar nicht mehr von Fischen, dafür aber von Fotografen wimmelte. Sie fanden alle das trocken gefallene Flussbett, das sich wie eine Kieselsteinwüste durch die Stadt schlängelte, ausgesprochen fotogen. Alfred überlegte, was man außerhalb der Regionalpresse und der Katastrophenmedien mit einem solchen Motiv anfangen konnte. Vielleicht ein Kalendermotiv für die Kalender, die immer in Zahnarztpraxen aushingen. Der Anblick der wasserlosen Dreisam hatte gleichzeitig etwas Beruhigendes als auch etwas Beängstigendes. Er wurde in diesem Hitzesommer zum Symbolbild für den Klimawandel. „Sieht so bald unser Rhein aus?", fragte die Bild-Zeitung besorgt.
Vanessa hatte Alfred hierher beordert. Sie habe etwas herausgefunden, so ihre Ankündigung, das würde Alfred interessieren und da könne er eine tolle Story für Anna und die BZ im Hochschwarzwald machen. Letzteres hatte Alfred überzeugt. Er fütterte Anna seit Tagen mit Geschichten über das Hochmoor, die Moorleichen, den Werwolf und die Armee des General Moreau, aber die Unnahbare hielt ihn trotzdem auf Distanz. Sie telefonierten und mailten hin und her, aber immer wenn Alfred versuchte, einen Treff auszumachen oder sich zum Besuch in der Redaktion anzumelden, wehrte sie mit allerlei fadenscheinigen Argumenten ab. Sie sei gerade auf dem Sprung, sie erwarte Besuch, sie habe einen Termin beim Bürgermeister, sie nehme sich frei und fahre zu ihrer Mutter. So ging es seit Tagen und Wochen. Alfred musste nicht besonders feinfühlig sein, um zu erken-

nen, dass Anna ihm aus dem Weg ging. „Ein Latschaaaariii!“, brüllte Vanessa Alfred ins Ohr.
„Wie, was?“ Er hatte nicht zugehört. Er war in Gedanken versunken gewesen. Er hatte über Anna sinniert. Was hatte Vanessa gesagt?
„Was hast du gesagt?“
„Ich habe gesagt, dass du irgendwie ein Latschari bist. Erinnerst du dich nicht? Die Guggenmusik aus Hinterzarten? Die Latschari Blaari?“
„Ich erinnere mich. Aber was habe ich damit zu tun?“
„Du bist genauso, wie du mir einen Latschari beschrieben hast: ein trotteliger Träumer, der irgendwie in den Tag lebt und sich um nichts kümmert, auch keine Ratschläge annimmt, und sich immer irgendwie dämlich anstellt.“
„Du meinst, ich bin ein Trottel?“
„Das habe ich nicht gesagt. Ein Latschari. Das ist ja eher positiv belegt. Ein trotteliger Träumer.“
„Wie kommst du darauf?“
„Ha!“ Vanessa lachte laut auf. „Erst kommst du fast eine Stunde zu spät hierher zu unserem Treff. Dann hast du vergessen Tabak und Bier mitzubringen, wie ich es dir eigentlich aufgetragen habe. Dann träumst du vor dich hin und hörst mir nicht zu, was ich dir erzähle. Wenn das kein Latschari ist …“
Alfred seufzte. Vanessa hatte ja Recht. Er drehte sich zu ihr hin und blinzelte gegen die Sonne. „Was wolltest du mir erzählen?“
Sie streichelte seine Wange und er ließ es geschehen: „Jedenfalls bist du ein süßer Trottel“, beschwichtigte sie. „Ich wollte dir von meiner Entdeckung erzählen. Ich habe den Franzosenmord aufgeklärt.“
Alfred setzte sich gerade auf. „Den Franzosen …?“

„Ja! Ich weiß jetzt, wie die beiden zerschnittenen und aneinander geketteten französischen Soldaten ins Moor gekommen sind. Es gibt auch darüber eine Gerichtsakte."
„Was du nicht sagst?" Jetzt war Alfred ernsthaft interessiert. Vanessa erläuterte: „Ich war doch wegen dieser Werwolfgeschichte im Generallandesarchiv. Und ich habe dir erzählt, dass ich die gesamten Aktenbestände des sickingischen Hohen Gerichts abfotografiert habe. Ich wusste ja nicht genau, nach was ich suchen sollte, deshalb habe ich einfach alles abfotografiert. Darunter Prozessakten, die auch bis in die Zeit um 1800 reichen."
Alfred lauschte gebannt.
„Es gab 1796 einen Prozess gegen den Mooshofbauern. Du erinnerst dich an den Mooshof?"
„Ja! Das ist der Hof am Hochmoor, den es nicht mehr gibt. Der Hof, von dem die Familie Hesslin abstammt."
„Ganz genau. 1796 hieß der Hofbesitzer Michel Schwörer. Er hatte keine Kinder und deshalb den Hof zehn Jahre später verkauft. Zusammen mit seinem Knecht Bartle Hensler und einem Holzhauer namens Laurenz Weber musste Schwörer sich vor dem Hofgericht verantworten, weil man ihn denunziert hatte. Angeblich haben die drei Männer zwei französische Soldaten aus dem Tross des General Moreau umgebracht."
„Na und, es herrschte Krieg!", warf Alfred ein.
„Ja. Aber die zwei Franzosen waren Gefangene. Der Mooshofbauer hat sie im Hochmoor aufgelesen, wo sie sich nach dem Rückzug versteckt hielten, weil sie den Anschluss an Moreaus Tross verloren hatten. Sie hatten sich freiwillig ergeben und hätten vom Mooshofbauern eigentlich der Obrigkeit übergeben werden müssen. Er hat aber Selbstjustiz verübt. Da waren die Hochschwarzwälder Bauern damals nicht zimperlich."

„Was du nicht sagst!“, kommentierte Alfred. „Die Erfahrung habe ich selbst schon mehr als einmal gemacht.“

Vanessa fuhr nüchtern fort: „Es kam immer zu Zwischenfällen. Speziell auf den Dörfern und den Höfen. Du musst dir vorstellen, dass die Franzosen auf ihrem Rückzug zu einer Marschkolonne auseinandergerissen wurden, die sich über drei oder mehr Tage streckte. Da blieb schnell mal einer zurück oder ging verloren. Keiner fragte nach den Unglücklichen.“ Als Alfred nur wissend dazu nickte, fuhr Vanessa fort: „In Rötenbach wurde im Herbst 1796 ein französischer Kanonier aus dem Hinterhalt niedergeschossen. Er soll versucht haben, sich an der Tochter des damaligen Rösslewirts zu vergreifen. In St. Peter erschoss ein französischer Plünderer den Hummelhofbauern, als dieser sich weigerte, ein Paar Schuhe herzugeben. Ein anderer Bauer vom Dischenhof erstach einen plündernden Franzosen mit einer Heugabel. Die Leiche versteckte er zunächst im Mühlenteich der Booshofmühle, später vergrub er sie unterhalb des Booshofs beim Ibenbach. Um keine große und auffällige Grube zu machen, versenkte er den Leichnam senkrecht im Erdreich und pflanzte auf das Grab zur Tarnung eine junge Esche. An die Grabstelle erinnert noch heute der Flurname Franzos.“

„Und jetzt glaubst du, etwas Ähnliches habe sich auch in Hinterzarten beim Hochmoor auf dem Mooshof ereignet?“

„Ich glaube es nicht nur, ich weiß es“, sagte Vanessa. „Es gab einen Prozess darüber.“

Alfred erhob sich. „Hebe dir die Geschichte auf“, sagte er. „Ich gehe rüber zum Kiosk und besorge uns Tabak und was zu trinken. Auch ein Bier?“

Vanessa nickte. Sie war ein zuverlässiger Saufkumpan, auch wenn es schon am frühen Nachmittag bei 36 Grad in praller Hitze an der ausgetrockneten Dreisam losgehen sollte. Vanessa war nie zimperlich. Das schätzte Alfred an ihr.

Mit Anna hätte er bestenfalls stilles Mineralwasser trinken können. Beziehungsweise nicht mal das. Sie hätte sich erst gar nicht mit ihm in einem Rock der Lendenschurzklasse an die Dreisam gesetzt, so wie Vanessa einen trug. Vanessa zeigte ungeniert Beine, Bauch und nichtvorhandene Brüste, während Anna sich stets verpackte wie eine norwegische Skitouristin.

Alfred kletterte die Uferböschung hinauf, enterte den Radweg und fand sich auf der B31 in Höhe Johanneskirche wieder. Auf der anderen Straßenseite gab es einen Zeitungskiosk, den Alfred anpeilte, um sich mit Bier und Tabak einzudecken. Während er brav an der Ampel auf die Grünphase für Fußgänger wartete, klingelte sein Handy. Hugo war dran. „Du bist doch hoffentlich heute Abend dabei“, sagte er. „Wollte dich nur nochmal erinnern.“

„Wo bin ich dabei?“ Alfred stand auf dem Schlauch.

„Jetzt komm! Das lässt du dir doch nicht entgehen. Oberkommissar Junkel nimmt die Antiquitätendiebe fest. Er wird sie heute Nacht auf frischer Tat ertappen.“

Davon hatte Hugo schon auf der Rückfahrt vom Hinterzartener Nachtbummel im Zug erzählt. Alfred hatte es nicht ernst genommen. Aber jetzt interessierte es ihn doch. Die Ampel schaltete auf Grün. Alfred wurde im Fußgängerstrom mitgetrieben. „Hilf mir auf die Sprünge, Hugo. Was passiert genau heute Nacht?“

Hugo stöhnte in gespielter Verzweiflung: „Oh Mann, wie soll ich mit solchen Leuten eines Tages die Revolution gewinnen? Hast du gar nichts mitgeschnitten? Ich habe doch im Zug alles haarklein erzählt.“

„Hab ich vergessen. Bin halt ein Latschari“, verteidigte sich Alfred. „Erzähl einfach noch mal.“

„Nichts da. Du wirst es erleben. Heute Nacht ab 23 Uhr bei uns im Garten. Dein Oberkommissar ist auch da. Es kann nichts schiefgehen." Hugo beendete das Gespräch. Jetzt wusste Alfred immer noch nicht viel mehr. Aber Hugo hatte sein Ziel erreicht. Alfred würde den Treffpunkt nicht verpassen. Er änderte seinen Plan und kaufte statt des beabsichtigten Sixpacks lediglich zwei goldfarbene Büchsen Beck's Bier. Das musste reichen. Er wollte nüchtern zu diesem seltsamen nächtlichen Treffen erscheinen.

Als er zu Vanessa zurückkehrte, saß diese auf einem der trockengelegten Wackersteine im Bett der Dreisam und baute um sich herum kleine Steintürmchen. Alfred setzte sich dazu. Er reichte Vanessa eine der Bierdosen. Sie hielt sie sich an die Wange. „Schön kühl!"

Während Alfred für sich und Vanessa Zigaretten drehte, setzte die Freundin ihren Bericht fort: „Die Franzosen plünderten und mordeten auf ihrem Rückzug, das ist klar. Aber es bekam nicht jedem gut. Manch einer verlor auf seinen Streifzügen unter harten Bauernfäusten sein Leben. Niemand erfuhr davon. Das wäre wohl auch mit den beiden armen Seelen aus dem Hochmoor so gewesen, wenn nicht der Knecht Bartle Hensler die Sache verraten hätte. Er prahlte am Stammtisch im Gasthaus Rößle mit der Tat. Als ihm niemand glauben wollte, da zeigte er eine goldene Uhr vor. Und als die Küchenmagd des Gasthauses ihn fragte, wo er sie her habe, da habe er geantwortet: „I hab mir e Französli g'schossen. Gangt naus und schießt au eins."

„En Französli g'schosse?", vergewisserte Alfred sich.

„So steht es wörtlich in den Gerichtsakten."

„Und dann?"

Es zischte einladend, als Vanessa ihre Bierdose öffnete.

„Dann haben die Leute im Rößle den Knecht Bartle abgefüllt, bis er die ganze Geschichte erzählte. Und die ging so: Einige Wochen nach dem Rückzug der Franzosen entdeckte der Mooshofbauer Schwörer im Hochmoor ein geheimes

Lager aus Ästen und alten Teppichen und Fellen. Er legte sich mit dem Knecht Bartle Hensler und dem Holzhauer Laurenz Weber auf die Lauer und so fielen ihm zwei völlig heruntergekommene und schier verhungerte Franzosen in die Hände. Die beiden hatten bei der Flucht von Moreaus Armee den Anschluss verpasst und sich im Hinterzartener Hochmoor versteckt."
„Was machte der Mooshofbauer?"
„Jetzt kommt's. Bei der Gerichtsverhandlung erzählte die Magd, was im Rößle der Knecht Bartle Hensler angeblich im Suff ausgeplaudert hat, nämlich dass der Mooshofbauer die beiden gefangenen Franzosen zusammengekettet habe und sie dann zwischen zwei Bretter geschnürt und in seiner Klopfsäge lebendig verschnitten hätte. Anschließend habe er die Leichen verschwinden lassen."
„Aha! Das ist ja eine Riesengeschichte. Da mach ich was draus. Wie wurde der Bauer bestraft?"
„Überhaupt nicht", sagte Vanessa nach einem tiefen Schluck aus der Bierdose. „Man hat nämlich nie die Leichen gefunden, und der Mooshofbauer hat alles abgestritten."
„Die Leichen waren im Moor versenkt", kombinierte Alfred. „Raffiniert. Zweihundert Jahre lang hat das Moor dichtgehalten."
„Es kann nicht anders gewesen sein", bestätigte Vanessa, die sehr stolz auf ihren Rechercheerfolg war. „Die zwei zusammengeketteten Leichen, das waren die ermordeten Franzosen. In der Mühle des Mooshofes wurden sie grausam ermordet, vom Mooshofbauern."
„Ein echtes Ding", lobte Alfred. „Und eine prima Story. Muss mir bloß noch überlegen, wie ich das illustriere. Ich brauche ein Bild von einer Klopfsäge. Ich glaube, unten im Löffeltal am Heimatpfad steht noch so ein Ding."
„Dafür habe ich mir einen Kuss verdient", sagte Vanessa.

Alfred küsste sie auf den Mund. Der Kuss schmeckte nach Bier.

AUF FRISCHER TAT ERTAPPT

Oberkommissar Siegfried Junkel wartete in einem ramponierten alten Ford Fiesta am Straßenrand in einer Seitenstraße. Das Fahrzeug war auf jeden Fall schon einmal so, dass niemand mit Verstand es mit der Polizei in Verbindung gebracht hätte.

„Ihre private Kiste?“, fragte Alfred, als er mit Vanessa einstieg, er auf den Beifahrersitz, Vanessa nach hinten auf die Rückbank. Junkel hatte sie per Handy hierher gelotst.

„Rund um das Viertel sind noch ein paar Zivilfahnder verteilt“, muffelte Junkel wortkarg. Auf Alfreds Frage ging er nicht weiter ein. „Wenn dein Kumpel Hugo uns keinen Bären aufgebunden hat, dann kommt hier kein Antiquitätendieb ungesehen vorbei.“

„Sie werden einen Lastwagen brauchen, oder einen Lieferwagen“, mutmaßte Alfred. „Wenn sie wirklich was Wertvolles aus der Schiller-Villa stehlen wollen, dann wird es schwer und groß sein.“

„Du kennst dich da aus, nicht wahr!“, stellte Junkel trocken fest. Alfred blieb stumm. Ihm schwante, dass es besser war, nicht zu viel zu plaudern. Junkels Sardinenbüchse war heiß wie eine alte Kupferwärmflasche. Er hatte sämtliche Fenster herunter gekurbelt, was aber nicht viel half. Immerhin verzog sich der Zigarettenrauch, den sie nunmehr zu Dritt produzierten. Es war früher Abend, fast noch hell, zwei Stunden vor Mitternacht. Ganz Freiburg dampfte im schwülen Treibhaushoch, welches bereits den dritten Jahrhundertsommer im soeben erst angebrochenen 21. Jahrhundert produzierte. Es blieb viel Zeit, um nachzudenken. Wo steckte Hugo? Er hatte doch Junkel hierher dirigiert. Hugo wusste mehr als Alfred. Jedenfalls hatte er ihn nicht eingeweiht, was hier eigentlich gespielt wurde. Die Polizei sollte in dieser Nacht Antiquitätendiebe auf frischer Tat ertappen. So wie Alfred Hugo kannte, und wenn er alle Andeutungen des WG-Genossen richtig zusammenreimte, war klar, dass ein falsches Spiel gespielt wurde. Hugo hatte eine Falle gestellt. Und Alfred ahnte auch, wer in diese Falle hinein tappen sollte. Wie würde Hugo es anstellen …?

Sie warteten fünf Stunden. Hin und wieder versicherte Junkel sich per Funk, dass noch weitere Kollegen in Zivil in der Nähe waren. Hin und wieder fand ein Austausch der Personen statt, so dass nicht auffiel, dass überdurchschnittlich viele Leute in ihren heißen Autos am Straßenrand saßen und unauffällig die Nacht betrachteten.

Junkel war zunächst wortkarg wie ein Mönch. Sein schütteres Haar klebte ihm schweißnass am knochigen Schädel und in Zeitlupe rann ein kleines Rinnsal von Schweiß an seiner Wange hinunter und durch die Bartstoppeln Richtung Kinn, wo es versiegte.

Vanessa hatte sich hinten auf der Rückbank langgestreckt und versuchte zu schlafen. Alfred wagte einen Versuch, Junkel auszufragen: „Wie kommen Sie voran im Moorleichenfall?“

Oberkommissar Junkel antwortete nicht auf die Frage, sondern grübelte minutenlang vor sich hin, ehe er ein völlig anderes Thema aufmachte: „Die Leber-Semmlich sitzt mir im Nacken. Kannst du dir das vorstellen? Ich habe noch läppische drei Jahre bis zur Pensionierung. Und da fragt mich diese blöde Kuh, ob ich mich all meinen schwierigen Aufgaben noch gewachsen fühle.“ Er zischte die Worte bitter, so als wollte er damit jemanden erdolchen. Dass er seit geraumer Zeit mit seiner Vorgesetzten, der leitenden Kriminaldirektorin Dr. Gerda Leber-Semmlich einen Streit ausfocht und schier körperlich darunter litt, dass sie seine Vorgesetzte war, das hatte Alfred längst mitbekommen. Aber so resigniert hatte er den alten Fuchs Junkel noch nie erlebt. Er sprach doch selbst von „läppischen" drei Jährchen bis zur Pensionierung. „Das sitzen Sie aus", versuchte Alfred Trost zu spenden.

Junkel wog den Zuspruch ab und brauchte ein Weilchen, ehe er antwortete: „Ich muss nächsten Monat auf ein Seminar: Design Thinking und agiles Projektmanagement, so heißt es. Neue Methoden in der Polizeiarbeit."

„Klingt spannend", meinte Alfred.

„Klingt Scheiße! Und ist Scheiße!", entfuhr es dem Kommissar. „Ich habe bei Schwerverbrechen eine Aufklärungsquote von 96 Prozent. So viel wie kein anderer Kollege weit und breit. Die soll mich in Ruhe arbeiten lassen."

„Den Moorleichenmord haben Sie auch aufgeklärt", sagte Alfred und fügte ein fragendes „oder?" hinzu. Er hätte gerne gehört, wie Junkels Vernehmung von Wozniak ausgefallen war, von der er im Festzelt bei der Hinterzartener Nacht gesprochen hatte.

Zu Alfreds „oder" knurrte Junkel nur. Es dauerte noch eine Zigarette, ehe er von selbst das Thema wieder aufgriff: „Wozniak ist ein Gewohnheitsgauner, mit allen Wassern gewaschen. Der hat natürlich kein Wort gesagt. Alles abgestritten, was ich ihm vorgeworfen habe. Weiß nicht, weiß nicht, weiß nicht. Das waren so ziemlich die einzigen Worte, die er sprach. Den Unfall mit Klinger will er aus Unachtsamkeit verschuldet haben. Von einer Wolfsmaske weiß er nichts. Und die rätselhafte Gasexplosion in seiner Werkstatt … Alles Zufall, alles Pech, alles weiß nicht, weiß nicht, weiß nicht!" Junkel schnaubte. „Er hat seinen Lieferwagen als gestohlen gemeldet. Als ob ich mich auch noch um seinen verdammten Lieferwagen kümmern kann!"

Besser nicht, so dachte Alfred bei sich. Er hatte so seine Ahnung, wer den Lieferwagen gestohlen hatte. Der gleiche Unbekannte, der auch in der Nacht der Explosion an Wozniaks Werkstatttür gesehen worden war. Der gleiche Unbekannte, der Wozniak drei Zähne ausgeschlagen und Szatan die Nase gebrochen hat.
„Da kommt was“, flüsterte Vanessa von der Rückbank her. Im Standlicht schlich ein großes Fahrzeug um die Straßenbiegung. Ein Lieferwagen. Wozniaks Lieferwagen. Es war kurz nach drei Uhr nachts. „Es geht los“, funkte Junkel durch seinen Polizeifunk. Dann machte er sich klein, bis er unter das Lenkrad passte. „Versteckt euch“, flüsterte er Vanessa und Alfred zu. Sie alle duckten sich in ihre Sitze. Vorher wagte Alfred einen Blick. Er erkannte mindestens drei Silhouetten im Führerhaus. Und eine davon, die am Beifahrerfenster saß, gehörte zweifelsfrei zu Hugo. War der wahnsinnig geworden? Der Lieferwagen schlich vorbei. Als er in die Straße einbog, an der die Villa Schiller stand, sprang Junkel aus seiner Konservendose. „Ihr bleibt hier“, kommandierte er. „Den Rest erledige ich mit meinen Kollegen.“
Schon tauchte der alte Kommissar in der Nacht unter, huschte im Schutz der Alleebäume den Gehweg entlang und verschwand um die Ecke.
„Was nun?“, flüsterte Vanessa. „Haben wir dafür so lange hier in dieser Sauna gesessen?“
Selbstverständlich nicht. Alfred konnte nicht mehr untätig bleiben. „Wir gehen in die umgekehrte Richtung einmal um den Block“, schlug er vor. Vanessa folgte ihm bereitwillig. Alles war besser, als weiter in Junkels Fiesta zu schmoren.
Das Karree zu umrunden, das von mehreren Häuserblocks und alleinstehenden Villen gebildet wurde, nahm etwa eine Viertelstunde in Anspruch. Bei Alfred und Vanessa dauerte es noch etwas länger, weil sie unterwegs zweimal eine Ziga-

rettenpause einlegten und weil Vanessa es romantisch fand, Alfred unter jeder Straßenlaterne einen Kuss aufzunötigen.
„Glaub bloß nicht, dass wir ein Paar sind", wehrte sich Alfred. „Das hier ist Freundschaft, mehr nicht!"
„Ja mein Geliebter", schnurrte Vanessa.
Dann erreichten sie die Schiller-Villa und es war schon alles vorbei. Das Haus war hell erleuchtet, Streifenwagen hielten die Einfahrt besetzt, im Erdgeschoss standen alle Fenster offen, der Wozniak-Lieferwagen parkte mit geöffneten Hecktüren auf dem Gehweg und zwei traurige Figuren wurden in Handschellen abgeführt: Schorsch und Dinky. Das waren die beiden Kleindealer aus Hugos Bekanntenkreis.
„Wir haben sie tatsächlich auf frischer Tat ertappt", sagte Junkel, als Vanessa und Alfred in das Scheinwerferlicht des Gartens traten. „Die haben doch tatsächlich versucht, einen alten Schrank aus dem Fenster zu hieven." Er kicherte zufrieden: „Unter unserer Anleitung haben sie ihn dann brav wieder zurückgestellt."
„Aber … wie … woher …?" Alfred wusste nicht so recht, welche Frage er zuerst stellen sollte. Hier stank doch alles zum Himmel.
„Kommt mal mit", sagte Junkel und winkte Alfred und Vanessa hinter sich her. Sie gingen zum Lieferwagen. Dort stand ein Beamter in Zivil, der auf Geheiß Junkels mit einer Taschenlampe in den Laderaum hinein leuchtete. Alfred traute seinen Augen nicht. Im Heck des Lieferwagens lagerten noch immer die Chaiselongue und die Standuhr, beide von straff gespannten Spanngurten unverrückbar festgezurrt. Auch der Rokoko-Spiegel und der Nussbaum-Sekretär aus der Biedermeierzeit waren vorhanden.
„Diebesgut!", konstatierte Junkel. „Binnen kurzer Zeit haben die ganz schön was geschleppt."

Das war unmöglich. Alfred wusste, wie es sich anfühlte, eine Chaiselongue aus der Zeit Napoleons durch das Fenster des Erdgeschosses, durch den Garten und hinaus auf den Gehweg bis zu einem Lieferwagen zu schleppen. Dieses Diebesgut hatte sich bereits im Lieferwagen befunden, als dieser hier ankam. Die beiden auf frischer Tat ertappten Hugo-Kumpane hatten sich höchstens an dem Schrank versucht. Und nicht einmal den hatten sie bis zum Wagen gebracht.

Und wo war Hugo?

Für Alfred reimte sich einiges zusammen. Der schlaue Fuchs Hugo hatte den Wozniak-Lieferwagen mit den Antiquitäten bei seinem Ausflug nach Oberbränd gestohlen. Soviel stand fest. Dann war er damit nach Mannheim und vielleicht auch noch zu weiteren Zielen gefahren. Auf jeden Fall war es ihm gelungen, den Lieferwagen mitsamt seiner Ladung bis zur heutigen Nacht zu verstecken. Jetzt hatte er ihn hervorgeholt, um mit seinen zwei ahnungslosen Opfern zur Villa Schiller zu fahren, wo er diesen beiden Kerlen leichte Beute versprochen hatte. Und während die zwei in die Schiller-Wohnung eingestiegen waren, hatte Hugo sich aus dem Staub gemacht. So oder so ähnlich musste es gewesen sein.

„Der Tipp von deinem schrägen Kumpel war Gold wert", lobte Junkel. „Sag ihm einen schönen Gruß von mir Alfred, aber bis zuletzt habe ich nicht geglaubt, dass ich ihm trauen kann. Ich muss Abbitte leisten."

„Tun Sie mir einen Gefallen, Kommissar", bat Alfred im Gegenzug, während sie zusahen, wie Dinky und Schorsch in Handschellen in einen Streifenwagen verfrachtet wurden. Sie ließen sich widerstandslos abführen und wussten immer noch nicht, was ihnen eigentlich gerade widerfahren war.

„Welchen Gefallen?"

„Machen Sie bei Jochen Schiller Meldung, dass ich den Antiquitätendiebstahl aufgeklärt habe. Sagen Sie einfach, den entscheidenden Tipp hätte ich Ihnen gegeben. Tun Sie das?“
Junkel schaute misstrauisch: „Warum sollte ich?“
„Weil ich Privatdetektiv bin. Jochen Schiller hat mich engagiert.“

IN DER KINGENHOFSÄGE

Die Kingenhofsäge im Löffeltal lag am frühen Sonntagmorgen noch im Schatten. Es handelte sich um eine historische Klopfsäge, so wie einst der Mooshofbauer eine betrieben hatte. Der Verein Heimatpfad Hochschwarzwald hatte sie restauriert und wieder voll funktionstüchtig gemacht. Auf Anmeldung fanden hier Schauvorführungen statt. Die Säge funktioniert nach folgendem Prinzip: Das Wasser wird vom Löffeltal abgeleitet und über eine Rinne über etwa 60 Meter der Säge zugeführt. Dort strömt es über einen Kähner auf das Wasserrad. Dieses Wasserrad dreht den Wellbaum, auf dem ein Stirnrad die Kraft auf ein Krummrad überträgt. Das Krummrad befindet sich auf einer Kurbelwelle, die über eine Kurbelscheibe einen Schlegel hebt und damit ein Gatter in Bewegung setzt, an dem das Sägeblatt befestigt ist. Bei der Klopfsäge trägt der Wellbaum zwei Lupfarme, auch Schlegel genannt, die das Gatter nach oben werfen, so dass es von alleine zurückfällt und beim Hinunterfallen infolge der Schwerkraft einen Sägeschnitt durch das Holz schafft. Beim Anschlagen der Nocken an den Gatterriegel sowie beim Herunterfallen des Gatters entsteht ein weithin schallendes Geräusch; daher rührt der Name Klopfsäge. Allerdings hatten die Klopfsägen einst einen schlechten Ruf, sie wurden wegen des ungleichen und holzverderblichen Schnitts mehr für den Hausgebrauch von Bauernhöfen errichtet, weniger für große gewerbliche Sägewerke. Die Klopfsägen rissen das Holz mehr, als dass sie es sägten. Außerdem hatten sie wegen der Stoßbeanspruchung recht dicke Sägeblätter von bis zu fünf Millimetern, so dass erheblich mehr Sägemehl entstand, als bei den industriell gebräuchlichen Kurbelsägen. Mit den Klopfsägen war es aber immerhin möglich, Franzosen zu zersägen, wie Alfred wusste.

Und nun wartete Alfred hier schon seit dem Sonnenaufgang darauf, dass endlich der Antiquitätenhändler Meinrad Benz mit seiner historischen Kutsche auftauchte. Schon verschwand in der Morgensonne der letzte Tau von den Gräsern. Die Vögel zwitscherten um die Wette, der Löffeltalbach plätscherte unternehmungslustig und es roch nach sauberer, gesunder Luft. Der Löffeltalweg führte an der Kingenhofsäge vorbei. Benz musste also hier vorbeikommen, wenn er an diesem Sonntagmorgen Fahrgäste im Hofgut Sternen abholen wollte. Alfred hatte den Termin extra recherchiert. Er war beschwingt. Ja, es lohnte sich diese Mühe. Mit Benz und seiner Kutsche, mit der historischen Klopfsäge, mit dem alten Radschuh, den er extra mitgebracht hatte, um ihn an die Kutsche anzulegen, mit all diesen Requisiten würde er tolle Fotos schießen, um seine große Reportage vom Rückzug des Franzosengenerals Moreau und vom Mord an zwei französischen Soldaten zu illustrieren. Er hatte jetzt den Auftrag bekommen, diese Reportage für die Wochenendbeilage der BZ zu schreiben. Das bedeutete: Zwei Zeitungsseiten, mindestens drei oder vier Bilder, fettes Honorar. Jetzt plötzlich lief es in seinem Leben wieder. Befreit atmete er die frische Morgenluft. Er saß auf dem Holzboden der Kingenhofsäge und ließ die Beine über die Bruchsteinmauer baumeln, die das Fundament und Kellergeschoss bildete. Die alte Säge stand längs zum Löffeltalweg und bestand aus einem länglichen hölzernen Schuppen, der auf festen Bruchstein-Fundamenten stand, in die auch die schwere Achse eingelassen war, auf der die gesamte Sägenkonstruktion ruhte. In aller Seelenruhe hoppelte ein Hase über den Weg und verschwand im Ufergestrüpp des Löffeltalbaches. Wie sich doch alles binnen weniger

Tage zum Guten wenden konnte. Ein zufriedenes Lächeln stand auf Alfreds Gesicht. Die Festnahme von Dinky und Schorsch hatte bei Jochen Schiller eine Welle der dankbaren Begeisterung ausgelöst. Da gleichzeitig die bereits gestohlenen Antiquitäten wieder aufgetaucht waren, buchte Jochen Schiller dies alles als grandiosen Ermittlungserfolg Alfreds. „Ich habe es doch immer gesagt, du hast eine Spürnase, das ist unglaublich. Wirklich, du hättest zur Polizei gehen sollen." Und vor lauter Schulterklopfen, Herzen und Umarmen war Alfred gar nicht dazu gekommen, seinen Anteil am Erfolg zu relativieren. „Ein Privatdetektiv der Extraklasse!", so feierte Jochen ihn. „Dein Honorar hast du doppelt und dreifach verdient!"
Ergebnis dieser begeisterten Lobreden war jedenfalls, dass statt der vereinbarten zehn Tagespauschalen nunmehr 15 Tagespauschalen á 500 Euro zu Alfreds Gunsten verrechnet wurden. Abzüglich der Mietrückstände lief es somit auf eine Überweisung von über 13.000 Euro auf Alfreds Konto hinaus. Das hatte ihn so euphorisch gestimmt, dass er sogleich den Beschluss gefasst hatte, seinen bevorstehenden 30. Geburtstag mit einem großen Fest in der Spritz zu feiern. Der Wirt Günther hatte den Termin bereits reserviert und Alfred stand nun vor der Qual der Wahl, welche 50 Personen er einladen wollte, denn diese Zahl hatte er sich vorgenommen und mit Günther vereinbart. Jochen, Hugo, Vanessa, Linus mit Cindy, die Stammtisch-Kumpel Stromi, Knoddle, Karle, Harry, Max, Pinky, die ganzen Leute vom Dennenbergstüble, Dr. Bernold, Annelise und Hansi, Leuchter, sein Ex-Chef, vielleicht Junkel … die Liste wurde lang und länger. Und selbstverständlich Anna. Anna musste er auch noch einladen. Aber das wollte er persönlich machen. Vielleicht war das die Gelegenheit, endlich mit ihr

wieder zu einem so vertrauten Umgang zu kommen, wie es früher einmal gewesen war.

Als wäre dies alles nicht schon genug Glückssträhne, so war dann auch noch von Linus die atemberaubende Nachricht gekommen: „Die Versicherung zahlt. So viel war dein roter Flitzer nicht einmal zu seinen besten Zeiten wert. Du bekommst fett Kohle. Über 20.000 Euro!"

Von dieser Art waren die Nachrichten der letzten Tage gewesen. Alles wird gut. Das war die Stimmung, in der Alfred sich an diesem Morgen befand. Um ihn herum roch es nach Holz und Spänen. Die Kingenhofsäge war aus schweren alten Balken und massiven Brettern zusammengefügt. Auf dem Bohlenboden, auf dem Alfred saß, lagen Holzstaub und Rindenreste. Mitten in dem zum Löffeltalweg hin offenen Sägeschuppen waren die schweren Führungsbalken für den Stammwagen verankert. Auf dem Stammwagen selbst lag ein mächtiger Baumstamm, mit Ketten festgezurrt und zwischen Holzkeilen eingeklemmt. Er stand direkt an das bald zwei Meter hohe Sägegatter an, bereit, längs in klobige Bretter zersägt zu werden. Das Sägegatter selbst hing in einem schweren hölzernen Joch, einer Konstruktion, die Kraft und Gewalt ausstrahlte. Alfred betrachtete sich die Anordnung, um zu verstehen, wie eine solche Klopfsäge funktionierte. Außerhalb des Gebäudes führte die hölzerne Leitungsrinne bachaufwärts, wo sie irgendwo mit dem Löffeltalbach zusammenstieß, von dem sie ihr Wasser bezog und auf das Mühlrad der Säge leitete, sobald man den Schieber öffnete. Nachdenklich zupfte Alfred an der splitternden Rinde des eingekeilten Baumstammes. Wie mochten sich wohl die zwei bedauernswerten französischen Soldaten gefühlt haben, als der Moosbauer sie vor über 200 Jahren in seiner Klopfsäge vierteilte?

Zwei Eichhörnchen jagten vorbei. Idylle pur. Wie spät mochte es sein? Erst acht Uhr. Noch zu früh für Benz und seine Kutsche? Laut Flyer aus der Tourist-Information holte Benz seine Gäste um neun Uhr im Hofgut Sternen ab. Es konnte also nicht mehr lange dauern, bis er den Weg herunterkam. Seltsamer Kauz, dieser Benz. Er hatte immer noch nicht bezahlt. Und inzwischen hatte Alfred auch keine Hoffnung mehr, dass er je Geld für Chaiselongue, Standuhr, Rokoko-Spiegel und Biedermeier-Sekretär sehen würde. Er wusste ja, wo die Möbel geblieben waren. Er würde Benz zur Rede stellen. Aber vermutlich würde das nichts bewirken.
Nur war Alfred gerade in der richtigen Stimmung. Reinen Tisch machen! Jetzt, wo sich manches wieder günstig fügte, die Finanzen, das Studium, hoffentlich die Beziehung zu Anna. Reinen Tisch machen! Das hatte ja auch mit dem Verhältnis zu Doris funktioniert, wenngleich unfreiwillig. Alfred erinnerte sich mit Grausen. Es war schon ungewöhnlich gewesen, dass sie ihn gestern außer der Reihe an einem Samstagabend zu sich beordert hatte. „Erotisches Abenteuer“, so hatte sie am Telefon gegurrt. „Ich habe was Exotisches. Das wird dich antörnen.“
Unter diesen Umständen hatte Alfred den Samstagabend geopfert, den er eigentlich bei seinen Kumpels in der Spritz in Neustadt hatte verbringen wollen. Mit seinem Fahrrad hatte er sich auf den Weg zu Doris’ Appartement in der Habsburgerstraße gemacht und unterwegs die wildesten Fantasien durchgespielt, was wohl mit „etwas Exotisches“ gemeint sein könnte. Er sah sie in sündhaft frivoler Wäsche vor sich, er spekulierte auf ein Arrangement in der Badewanne, er stellte sich auf bizarres Spielzeug ein, ja sogar eine plötzlich aus dem Hut gezauberte Freundin von Doris für eine erotische Ménage-à-trois schloss er nicht aus. Was ihm

dann aber tatsächlich wiederfuhr, hätte er sich in den abenteuerlichsten Träumen nicht vorstellen können.

Doris hatte ihm bei früheren Begegnungen bereits erzählt, dass sie sich an den Wochenenden stets mit einem greisen Immobilienmakler aus der Schweiz traf, den sie eines Tages zu heiraten und zu beerben gedenke.

Nun lernte Alfred Reto kennen.

Zunächst schien in Doris Wohnung alles noch so, wie Alfred es gewohnt war. Sie überfiel ihn in Reizwäsche und mit einer Leidenschaft, die ihn bereits auf dem Weg ins Schlafzimmer Schuhe, Hemd und Hose kostete. Als er nackt bis auf die Unterhose in Doris' Schlafzimmer angekommen war, fiel ihm sofort der schräg zwischen Decke und Wand über dem französischen Bett aufgehängte überdimensionale Spiegel auf. Maße circa eineinhalb auf drei Meter.

„Wow!", lobte Alfred, den es allerdings davor gruselte, sich selbst bei der Bettgymnastik mit Doris zuschauen zu können.

„Hat mir Reto geschenkt", berichtete Doris stolz und drückte Alfred rücklings auf die Bettkante. Sie machte sich an seiner Unterhose zu schaffen.

Alfred wusste nicht so recht, auf was er sich konzentrieren sollte. Auf Doris flinke Finger oder auf das Bild, das er selbst im Spiegel bot. Immerhin war er schön braun, wie er jetzt feststellte. Die faulen Tage an der Dreisam hatten also doch ihr Gutes. Er erschrak: War das Doris, die da so asthmatisch schnaufte? War sie so erregt? Normalerweise gurrte und schnurrte sie, und wenn es ernst wurde stieß sie spitze Schreie aus. Aber jetzt machte sie Geräusche wie ein rasselnder Hund. Alfred lag auf dem Rücken, so dass er außer der Szene im Spiegel nicht viel sehen konnte. Solche Geräusche fabrizierte normalerweise nur jemand, der mit dem Taucherschnorchel nicht richtig umgehen konnte. Alfred hob den

Kopf und schielte über die Bettkante hinweg. Der bodenlange Schlafzimmervorhang wackelte wie der Vorhang einer Theaterbühne, kurz bevor die Akteure noch einmal für eine Zugabe hinter ihm hervorkommen. Alfred ließ einen Schrei ertönen, sprang auf, stieg über die verdutzte Doris hinweg und riss den Vorhang auf. Dahinter tauchte auf einem Stuhl sitzend die nackte Gestalt eines traurigen Opas auf, der sich heftig schnaufend aber vergeblich in Stimmung zu bringen suchte. Er glotzte Alfred aus tränigen Augen überrumpelt an. „Ähh … uhhh", keuchte er. Dann versuchte er mit tattrigem Arm den Vorhang wieder vor sich zuzuziehen.

Alfred drehte sich wütend um. Doris kniete immer noch.

„Soll das die erotische Überraschung sein?", fuhr Alfred sie wütend an. „Dass du diesem senilen Spanner hier erlaubst, uns beim … uns … zuzugucken?" Schnurstracks verließ er das Schlafzimmer, stieg in seine Hose und packte sein Hemd. Das war ja allerhand. Das Letzte!

„Alfred …", bettelte Doris hilflos. „Alfredilein … komm, was ist schon schlimm daran? Reto bleibt doch unsichtbar …"

„Zum Kotzen!", brüllte Alfred. „Zum Kotzen finde ich das. Ekelhaft!"

„Aber …"

„Vergiss es! Das war's mit uns beiden. Mich siehst du nie wieder." Er zog sich die Schuhe an und schritt zur Wohnungstür.

„Alfred …", unternahm Doris einen letzten Versuch. Jetzt klang sie aber schon giftig: „Vergiss nicht, was ich für dich getan habe. Ich habe deine Privatinsolvenz abgewehrt. Wenn rauskommt, wie ich die Unterlagen gefälscht hab, … das … das kann mich den Job kosten."

„Dann gib Acht, dass es nicht rauskommt!", giftete Alfred zurück. „Auf Wiedersehen!" Er riss die Wohnungstür auf, stürmte hinaus und schmiss sie hinter sich zu. Das war das

Ende seiner knapp vierwöchigen Beziehung zur kastanienbraunen Doris. Er hatte genug von ihr.
Er musste jetzt lächeln, als er in der Klopfsäge saß und an den gestrigen Abend dachte. Der alte Knacker! Wie pervers! Zum Glück waren sie auf Doris' Bett noch nicht ernsthaft zur Sache gekommen.
Inzwischen fluteten die Strahlen der aufsteigenden Sonne den Löffeltalweg, und Alfred vermeinte, in der Ferne bereits Hufgeklapper zu vernehmen. Das musste Benz mit seiner historischen Kutsche sein.
Alfred richtete sich auf. Vor ihm auf den Bohlenbrettern lag der immer noch in Lumpen gehüllte antiquarische Bremsschuh. Den würde er stilecht an die Wagenräder der Kutsche anlegen. Ihm schwebte ein Foto vor mit Wagenrad und Bremsschuh im Vordergrund, Klopfsäge im Hintergrund. Darunter ein Bildtext, ungefähr wie folgt: „Beim Abstieg durch das steile Löffeltal, vorbei an seinen Sägen und Mühlen, mussten Moreaus Soldaten ihre Fuhrwerke mit solchen Radschuhen absichern, damit ihnen Pferde und Wagen nicht talwärts durchgingen." Und dann würde er auch noch das Sägeblatt der Klopfsäge fotografieren und die Mordtat von den zersägten Soldaten erzählen.
Die Kutsche tauchte oberhalb der Klopfsäge um die letzte Biegung auf. Auf dem Kutschbock saß Zigarillo rauchend Meinrad Benz, stilecht in der Montur eines Fuhrmannes aus dem vorigen Jahrtausend. Er trug ein blaues Bauernhemd, darüber eine Lederweste, einen Strohhut und Pluderhosen. Der Brilli in seinem Ohr funkelte im Sonnenlicht. Rechts am Weg stand noch eine kleine Holzhütte, das Sägerhäusle. Dort hielten die Pferde jetzt auf das Kommando „Hoja" an. Die Kutsche kam zum Stehen. Meinrad Benz hatte Alfred erspäht. Er rückte das Drahtgestell seiner Brille auf der Nase zurecht. Alfred sprang auf den Weg und winkte. Benz betä-

tigte die Wagenbremse. Vorsichtig kletterte er vom Kutschbock und näherte sich misstrauisch. Er hatte Alfred erkannt. Er zog an seinem Zigarillo und pustete kleine Rauchwölkchen von sich.

„Sie …? Hier …? Warten Sie etwa … auf … mich?“

„So ist es“, bestätigte Alfred.

„Ich hab das Geld noch nicht …“, ging Benz sogleich in die Offensive. „Es ist … es wird … es gibt da ein Problem.“

Alfred ließ den Antiquitätenhändler stammeln. Mal sehen, was er vorzubringen hatte.

„Welches Problem?“, fragte er scheinheilig.

„Unser … mein Partner, also, äh, mein Zwischenhändler, der wurde … den hat man bestohlen. Man hat die ganzen Sachen gestohlen. Unbekannte haben seinen Lieferwagen geknackt … und …“ Benz machte eine ausholende Bewegung mit beiden Armen, die Bedauern und Hilflosigkeit ausdrücken sollte. „Kann man nichts machen!“

„Versicherung?“, fragte Alfred listig.

Benz biss sich auf die Lippen. Den glühenden Zigarillo warf er weg, besann sich dann aber sofort, ging ihm nach und trat die Kippe aus. „Waldbrandgefahr!“, erklärte er.

„Versicherung?“, wiederholte Alfred seine Frage.

„Weiß nicht?“ Benz zuckte mit der Schulter. „Da muss ich den … ihn … meinen Partner, äh Zwischenhändler, den muss ich erst fragen. Weiß nicht, ob er versichert war.“

Alfred überlegte kurz, ob er preisgeben sollte, dass er diesen angeblichen Zwischenhändler kannte. Aber er wollte Benz nicht verprellen. Erst die Fotos. Danach konnte er immer noch um die ausstehenden Zahlungen feilschen.

Er deutete auf seine Kamera. „Ich würde gerne ein paar Fotos schießen. Von der Kutsche.“

Benz’ Miene hellte sich auf. Nachdem Alfred sein Ansinnen erklärt hatte, bestieg Benz wieder den Kutschbock und ließ

die Pferde die Kutsche diesmal direkt bis vor die Klopfsäge ziehen. Alfred holte unterdessen das Bündel hervor, in dem sich der eingewickelte historische Radschuh befand. Das Ding wog etliche Kilo. Alfred hatte es am frühen Morgen vom Hofgut Sternen, wo ihn der Bus abgesetzt hatte, die eineinhalb Kilometer zur Kingenhofsäge hoch geschleppt. Er wickelte den öligen Lappen auf, den er seinerzeit um das eiserne Stück gewickelt hatte, als er es aus Benz' Antiquitätenwerkstatt mitgenommen hatte. Anders als im Halbdämmer der Werkstatt sah Alfred jetzt im gleißenden Sonnenlicht zum ersten Mal richtig, wie verrostet und dreckig das wuchtige Eisen war. Er schabte am Rost. Das war gar kein Rost. Das war auch kein Dreck. Er bekam nicht mit, wie Meinrad Benz aus dem Radkasten seiner Pferdekutsche mehrere Spanngurte zerrte und sich um die Schulter warf.
„Sag bloß!“, entfuhr es Alfred, so dass Meinrad Benz aufmerksam wurde, der hinter ihm stand. „Ist das etwa Blut? Das ist ja Blut!“
Meinrad Benz drängte sich vor. Auch er starrte auf die krustigen Blutspuren, die jetzt deutlich sichtbar an den Kanten des Radschuhs sichtbar waren. Er atmete schwer.
„Das ist Blut!“, wiederholte Alfred. Und im gleichen Moment, in dem er es aussprach, griffen in seinem Verstand plötzlich auch alle Zahnrädchen ineinander und setzten sich kombinierend in Bewegung. „Und das heißt … das könnte … vielleicht ist das …“ Er sprach nicht aus, was er dachte: Vielleicht ist das Menschenblut. Und wenn es identisch ist mit dem Blut an der Werwolfsmaske, dann ist es das Blut des ermordeten Günther Hesslin. Und dann ist dieser eiserne Radschuh möglicherweise die lange gesuchte Tatwaffe. Weiter wollte er eigentlich nicht denken. Er wusste den schwer atmenden Meinrad Benz hinter sich. Ihm gehörte dieses Eisen. War er vielleicht …?

Ehe Alfred eine weitere Bemerkung machen oder eine Frage stellen konnte, hörte er ein kurzes, schnappendes Geräusch, dann spürte er den Spanngurt, den Benz ihm über den Kopf um die Brust warf, beide Arme eingeschlossen, und hinten am Rücken festzurrte. Das ging so schnell, dass Alfred keine Zeit zur Gegenwehr blieb. Die Kamera polterte auf den Weg. Schon waren Alfreds Arme gefesselt und bewegungsunfähig. Er wollte laut protestieren, doch Benz schlug ihm mit seinen schweren Fuhrmannsstiefeln so gegen die Fußknöchel, dass er sofort einknickte und zu Boden sank. Ein zweiter Spanngurt fesselte auch seine Beine aneinander. Benz brauchte nur wenige Sekunden, dann war sein Werk vollendet. Befriedigt schnaufend stand der Antiquitätenhändler breitbeinig über Alfred. Er zündete sich einen neuen Zigarillo an. Sein Gesicht glühte vor Anstrengung. Aber es hatte nicht mehr diesen gutmütigen Meister Eder Ausdruck wie bisher, sondern wirkte grimmig, zu allem entschlossen.

„Es ist tatsächlich Blut“, bestätigte Benz nun knapp. „Und ich war so blöd, das Ding aus den Händen zu geben.“

Alfred verrenkte sich so lange, bis er auf dem Rücken lag. „Sind sie verrückt geworden?“, fragte er empört. „Was haben Sie vor?“

Benz antwortete nicht. Stattdessen packte er Alfred unter den Achseln und hievte ihn ächzend auf die Bohlenbretter der Kingenhofsäge. Dann kletterte er selbst hinauf und zog Alfred über den Bretterboden bis zu dem schweren Baumstamm, der im Stammwagen festgezurrt war. Wortkarg schuftete Benz. Endlich hatte er Alfred auf den Baumstamm gewuchtet. Dort lag Alfred auf dem Bauch. Er konnte sich kaum bewegen und demgemäß auch nicht wehren. Ehe er sich wieder vom Baum hinunterwälzen konnte, hatte Benz schon den nächsten Spanngurt parat und Alfred an den Baumstamm fixiert. Die grauen Augen des Antiquitätenhändlers hinter den verstaubten Brillengläsern blickten jetzt kalt und mitleidslos. Er musterte Alfred einige Sekunden und schien zu überlegen. Dann schnappte er sich den öligen Lumpen, in den der Radschuh eingeschlagen gewesen war und drehte ihn mit flinken Bewegungen zu einem Knebel zusammen, den er Alfred in den Mund zwängte und hinter dessen Kopf zusammenknotete. „Du wirst viel und laut schreien wollen", sagte Benz emotionslos. „Wäre blöd, wenn dich jemand hören würde." Dann verschwand er aus Alfreds Blickfeld. Was hatte er vor? Alfred lief der Schweiß. Er konnte den Kopf nur unter Mühen bewegen, so dass er nicht mehr zur Holzwand der Säge blickte, sondern nach draußen ins Freie. Von Benz war nichts zu sehen. Die Kutsche stand noch an Ort und Stelle. Plötzlich hörte Alfred ein lauter werdendes Gurgeln und Plätschern. Irgendwo floss plötzlich Wasser. Es knirschte im Gebälk. Irgendetwas rüttelte an der ganzen Säge. Ächzend schabte Holz auf Metall, Holz auf Holz. Das Mühlrad setzte sich in Bewegung. Und Alfred dämmerte: Meinrad Benz hatte den Schieber geöffnet. Es floss Wasser auf das Mühlrad. Das Mühlrad drehte sich. Der Wellbaum im Untergeschoss drehte sich. Benz nahm die Säge in Betrieb.

Alfred wollte schreien. Der Knebel erstickte alle Laute. Die Geräusche, die die Säge nun machte, übertönten alle seine dumpfen Hilferufe.

Der Wellbaum setzte die Hubwalzen in Gang, die Hubwalzen hoben das Sägegatter bis zu einem höchsten Punkt, von dem aus es dann mit dem mächtigen, fünf Zentner schweren Holzjoch im Rücken fast 50 Zentimeter herunterknallte auf die Federbäume, die den schweren Fall abfederten. Dabei entstand das typische Klopfgeräusch, das weit durch den Wald und das Löffelbachtal hallte. Und schon hob sich das

Sägegatter wieder. Gleichzeitig schob sich der Stammwagen mit dem Baumstamm einige Millimeter gegen das Sägeblatt. Das geschah, weil der Stammwagen durch ein Hebelgestänge mit Schubvorrichtung bewegt wurde, bei jedem Herabfallen des Gatters um etwa fünf Millimeter. Auf diese Weise fraß sich das Sägeblatt bei jedem Herabfallen des Gatters mit einem neuen Schnitt in den Baumstamm hinein. Alfred hatte am Morgen genug Zeit gehabt, die Erklärtafeln zu lesen, die diesen Vorgang beschreiben. Während das Sägegatter herabfällt, frisst sich das Sägeblatt – aufgespannt im Sägegatter – in den Baumstamm weiter, während jeder vollen Umdrehung des Wasserrades dreimal.

Aus den Augenwinkeln sah Alfred, wie sich die Kutsche in Bewegung setzte. Benz verschwand. Er ließ ihn hier alleine. Gefesselt auf dem Baumstamm, der zitterte und bebte und bei jedem Klopfen der Säge weiterrückte. Die Kingenhofsäge wackelte, als würde das Löffeltal von einem Erdbeben heimgesucht. Das konnte nicht wahr sein. Alfreds Verstand rotierte. Er brachte keinen klaren Gedanken zuwege. Benz wollte ihn umbringen. Benz machte sich aus dem Staub. Er überließ Alfred diesem mörderischen, unaufhaltsamen Monster von Säge, diesem lauten, staubigen, unerbittlichen Zusammenspiel von Mühlrad, Wellbaum, Gatter und Sägeblatt.

Alfreds Körper bäumte sich auf, doch er konnte sich nur um wenige Zentimeter bewegen. Benz hatte die Spanngurte kundig und fachgerecht festgezurrt. Es gab kein Entkommen. Alfreds Schicksal war besiegelt. Alles in ihm brüllte vor Angst, schrie vor Hilflosigkeit, doch der Knebel verschluckte alle Laute. Panik erfasste Alfred. Und der Baum ruckelte bei jedem Schnitt. Wie lange würde es dauern, bis das Sägeblatt bis zu Alfred vorgedrungen war? Es machte ihn schier wahnsinnig, daran zu denken, es sich vorzustel-

len. Er lag mit den Füßen zum Sägeblatt. Die Säge würde sich zwischen die Beine in seinen Leib fressen … und dann … ein qualvoller, ein schmerzvoller Tod stand ihm bevor. Er weinte. Er heulte. Tränen der Angst und des Selbstmitleids strömten aus ihm heraus. Wie hatte er bloß in diese Lage kommen können? Wieso traf es ihn, immer ihn? Wieso war sein Leben so schief gelaufen? Nichts war mehr übrig von der Euphorie des Morgens, von den beglückenden Zukunftsplänen, von der Lebenslust und Energie. Jetzt war Alfred nur noch ein kümmerliches, zitterndes Häuflein Mensch, und im Angesicht des Todes auch nicht gnädig mit sich selbst. Immer bin ich der Trottel, so überkam es ihn, während der Baumstamm zuckte und hüpfte. Der geborene Trottel. Der ewige Verlierer. Der Stümper, dem alles missrät. Der Pechvogel. Ja, Vanessa, du hast Recht. Ich bin ein Latschari. Ach, Vanessa. Wenn du wüsstest. Und Anna! Wenn er doch nur Anna noch hätte sagen können, wie sehr er sie liebte, begehrte, wie sehr er litt … Alles umsonst. Alles in meinem Leben ist misslungen. Ich habe nur gepfuscht, ich habe nie Erfolg, ich bin immer der Loser. Das waren die Gedanken, die Alfred durch den Kopf schossen, während die Kingenhofsäge unerbittlich klopfte und klopfte. Und klopfte, und klopfte, und klo … und plötzlich setzte das Klopfen aus.
Das Mühlrad knirschte noch, aber es drehte sich nicht mehr. Die Mechanik stand still. Letzte Reste von Wasser plätscherten. Alfred heulte Rotz und Wasser. Er hörte Schritte, die im Kies des Löffeltalweges knirschte. Eine wohlvertraute Stimme sagte: „Niemals kann man dich alleine lassen. Ich hab mal vorsichtshalber das Wasser abgestellt."
Es war Hugo. Der Himmel schickte ihn. Alfred wurde bewusstlos.

Später ließ Alfred sich erzählen, dass noch etwa 60 Zentimeter oder umgerechnet etwa zwei bis drei Minuten gefehlt hätten, dann hätte es seine neuen Schuhe gekostet. Bis zum Schicksal der französischen Soldaten wären vielleicht noch ein paar weitere Sekunden geblieben. Aber knapp war es auf jeden Fall. So aber sprang Alfred dem Tod durch Zersägen gerade noch einmal von der Schippe. Das hatte er Hugo zu verdanken, der Alfreds Verschwinden am frühen Morgen bemerkt und falsch interpretiert hatte. Alfred hatte verlauten lassen, dass er sich mit Meinrad Benz treffen wolle, angeblich, um die Kutsche zu fotografieren. Aber Hugo glaubte das nicht. Er hatte vielmehr Sorge, dass Alfred auf eigene Faust einen Deal mit dem Antiquitätenhändler plante, um das Geld für sich zu behalten, welches dieser ihnen noch schuldete. Um das zu verhindern und sich seinen Anteil an der Beute zu sichern, war Hugo Alfred gefolgt. Da er ihn in Hinterzarten vermutete, war auch Hugo in Hinterzarten gelandet, wo er aber von Meinrad Benz' Ehefrau Mareike nur noch erfuhr, dass der Antiquitätenhändler mit der Kutsche durch das Löffeltal unterwegs zum Hofgut Sternen war. Also hatte Hugo sich zu Fuß durch das Löffeltal aufgemacht, weil er ahnte, dass unterwegs irgendwo Alfred warten würde. Und so war er gerade noch zur rechten Zeit gekommen, um Alfred aus der Klopfsäge zu retten.

Meinrad Benz wurde noch am gleichen Tag verhaftet. Der eiserne Radschuh fand sich im Löffeltalbach, unweit der Kingenhofsäge. Die Gerichtsmediziner ermittelten schnell, dass es sich tatsächlich um die Tatwaffe handelte und das Blut vom Mordopfer Günther Hesslin stammte. Meinrad Benz' Fingerabdrücke mitten in der Blutkruste überführten ihn auch zweifelsfrei als Mörder. Rudi Hesslin kam wieder auf freien Fuß.

Wozniak wurde erneut vernommen und hatte es nun plötzlich eilig, die eigene Haut zu retten. Also gestand er, dass er sich am Tag seines Unfalls auf dem Bohlenweg dort mit Meinrad Benz getroffen und dieser ihn engagiert habe, jenen Unfall zu inszenieren, der in der Mordnacht Dr. Utz Klinger aus dem Hochmoor fernhielt. Wozniak und Benz, so stellte sich heraus, waren Schulkameraden aus alten Eisenbacher Tagen. Denn bevor Benz Mareike Hesslin heiratete und nach Hinterzarten zog, hatte er in Eisenbach gewohnt. Meinrad Benz war hoch verschuldet. 100.000 Euro hatte er sich von Günther Hesslin geliehen, konnte sie aber nicht zurückzahlen. Weil Hesslin die Summe zurückgefordert und damit gedroht hatte, Benz anzuzeigen und aus dem Haus zu werfen, musste er sterben. Außerdem gehörte zu Benz' infamem Plan auch, dass Rudi Hesslin als Mörder verurteilt werden würde und somit das Haus der Hesslins komplett an seine Frau überginge. Oberkommissar Junkels Ermittlungen ergaben außerdem, dass Mareike Benz völlig unschuldig und nicht an der Tat beteiligt war, auch nichts davon gewusst hatte. Um den Verdacht auf Rudi zu lenken, hatte Benz die Werwolfmaske verwendet. Maskiert schlich er in der Mordnacht ins Hochmoor und hatte Rudi Hesslin einen solchen Schrecken eingejagt, dass dieser in Panik aus dem Moor geflohen war. Danach hatte er in aller Ruhe kaltblütig Günther Hesslin mit dem eisernen Radschuh niedergeschlagen und anschließend im Moor ertränkt.

Benz gestand auch, dass er von Konstanz aus in der Nacht nach Hinterzarten gefahren war und nach dem Mord sofort wieder zurück nach Konstanz, um dort am nächsten Morgen wieder an seinem Flohmarktstand zu stehen.

„Auf meine Rettung und auf die Aufklärung dieses Falles“, prostete Alfred und stieß mit Hugo, Vanessa und Junkel die Biergläser an. Sie saßen in der Spritz, wo Alfred mit dem Wirt Günther die letzten organisatorischen Details hinsichtlich seiner Geburtstagsfeier besprach, und von wo aus Alfred noch einen schwierigen Gang plante. Er erhob sich: „Ich geh jetzt mal runter zur BZ. Wartet hier auf mich. Ich will Anna einladen. Am Telefon ist das blöd. Ich gehe einfach unangemeldet zu ihr. Sonst wird das nie was, sie hat ja immer Ausflüchte, wenn ich mich mit ihr treffen will.“

„Laber nicht, mach endlich“, schimpfte Vanessa, deren Gesicht man nicht ansah, was sie von der Angelegenheit hielt. Sie wusste, wie es um Alfred bestellt war. Sie schluckte Bier, um nicht zeigen zu müssen, wie es in ihr drin aussah.

Junkel winkte unwirsch: „Wir kommen auch ohne dich klar.“

So stiefelte Alfred klammen Herzens die Scheuerlenstraße hinunter zum BZ-Haus, wo er Anna in der Redaktion wusste. Jetzt oder nie. Zu lange schon hatte er sich mit fadenscheinigen Ausreden abwimmeln lassen. Wenn er sie zu seinem dreißigsten Geburtstag einlud, dann konnte sie nicht ablehnen.

Er merkte, wie nervös er war. Nichts anmerken lassen. Er betrat fröhlich lächelnd die Redaktionsräume. Anna saß an ihrem Schreibtisch, vollkommen gefangen von einem Text auf dem Bildschirm, den sie so intensiv studierte, dass sie Alfreds Eintreten erst wahrnahm, als dieser sich mit einem übertrieben burschikosen „Hallo Anna“ bemerkbar machte. Sie sah überrascht auf. Sie war schön wie immer. Ein schwarzhaariges, bleiches Schneewittchen mit dunklen Rehaugen, die etwas bestürzt aus der Wäsche schauten. „Du …?“

Alfred lächelte verschämt. „Sorry, so unangemeldet, ich weiß! Aber ich hab was Wichtiges!“

„Deine Reportage zum Rückzug Moreaus war übrigens klasse. Wurde von der Chefredaktion sehr gelobt“, lenkte sie ab. Kein Wort der Begrüßung, kein Anzeichen von Freude, kein Bussi, keine Umarmung. Alfred nahm seinen ganzen Mut zusammen: „Ich will nicht lange stören. Wollte nur eine Einladung loswerden.“

„Eine Einladung?“ Anna machte ein skeptisches Gesicht. Ihr keckes Mündchen wurde ganz spitz: „Was für eine Einladung?“

„Du weißt doch, ich habe bald Geburtstag. Ein Runder. Da mache ich ein kleines Fest. Oben in der Spritz. Nur für die allerbesten Freunde. Du bist natürlich dabei. Das wollte ich dir persönlich sagen.“ Er nannte Datum und Uhrzeit.

Als sie stumm blieb und nicht reagierte, setzte er ängstlich hinzu: „Du kommst doch? Oder?“

Anna seufzte und erhob sich von ihrem Stuhl. Sie blieb aber im Schutz ihres Schreibtisches. „Oh Alfred, einmal musst du es ja doch erfahren. Dann halt jetzt.“

„Was?“ Alfred klang überrumpelt, entsetzt.

„Ich kann an dem Tag nicht. Wirklich, es tut mir leid. Ich wäre gerne gekommen. Aber es geht nicht. Ich habe da selber was.“

„Aber … aber … was kannst du da haben, an meinem Geburtstag?“ Eigentlich hätte die Frage lauten müssen: Was kannst du haben, was wichtiger ist als mein Geburtstag? Stattdessen aber sagte Alfred nur: „Ich werde nur einmal dreißig.“

„Ich weiß, Alfred. Und es tut mir auch leid. Aber ausgerechnet an dem Tag, an dem Tag … da geht es wirklich nicht. Da findet meine Hochzeit statt.“

Wie das Gespräch weiter verlief und wie er schließlich aus der Redaktion wieder hinausgefunden hatte, vermochte Alfred später nicht mehr zu sagen. Er wusste nur noch, dass er nach „Wer … wen … wer ist …?“ gefragt hatte und dass die Antwort ihn wie ein Hammer traf: „Peter und ich, wir heiraten.“ Peter Sterzer. Der BZ-Fotograf. Der Schleimer, der Rivale, der Einschmeichler, der Frauenversteher …

„Du stehst da wie der Depp“, sagte Vanessa, als sie ihn schließlich rauchend vor der Spritz aufgabelte.

„Ich bin auch der Depp!“, antwortete Alfred.

„Nicht ganz“, sagte Vanessa und nahm ihn in den Arm. „Eher ein Latschari“, sagte sie liebevoll. „So ein kleiner, süßer, verwirrter Dorftrottel.“

„Torftrottel!“, korrigierte Alfred. „Mit dem Moor hat schließlich alles angefangen!“